시대를 앞서간
농구코치 전규삼

오른손을
묶어라

프롤로그 5

제1장 밀고 당기고, 줄 때 예를 알기 11
제2장 충동감정 주기 당당당 21
제3장 좋-리필요소 31
제4장 양방향 43
제5장 개통법 55
제6장 동구화원적 양의료를 69
제7장 오픈틸름 꿈어가기 79
제8장 인질에게 마음 주구돌 89
제9장 해소는 돌이켜보자 매듭짓기 101
제10장 감정유틸 111
제11장 소통인원활 127
제12장 중립감정 137
제13장 당당적수 이중할 151
제14장 중요한 우리는 마음이 얹힌드라 167
제15장 이게, 정확히 답해보시다 177

제16화 **갈등** 189

제17화 **원석, 버려지다** 203

제18화 **전설의 시작** 215

제19화 **호랑이를 잡으려면** 229

제20화 **젊은 사람이 필요합니다** 241

제21화 **할아버지를 위한 메모** 255

제22화 **전규삼이 만든 세상** 267

제23화 **몇십년 전의 스킬 캠프** 279

제24화 **너는 평범한 사람이니까** 291

제25화 **마지막 춤** 303

제26화 **마지막 전규삼 키즈** 315

제27화 **나와 친구 합시다!** 327

제28화 **전규삼의 농구는 끝나지 않았다** 339

제29화 **참스승** 351

에필로그 361

이 전기에 묘사된 인물의 행동, 역사적 배경과 기록 등은 모두 사실입니다. 다만, 대화의 경우 녹취가 존재하지 않으므로, 해당 인물에 대한 역사적 사실과 기록을 기반으로 재구성하였습니다.

프롤로그

송도 고등학교에 가는 언덕은 높고도 험하다. 이 길이 초행이라면 등산하듯 낑낑대고 올라야 한다. 길을 더 넓히면 겨울에는 눈썰매장으로 사용해도 좋을 것 같다는 생각이 들 정도로 경사가 대단하다. 아무리 호기심 많고 모험심 강한 남학생들이라도 공포를 느끼지 않을까 싶다. 나는 지금 송도고에 가고 있다. 농구 전문기자 생활을 시작한 지 어느덧 20년. 어지간한 학교는 다 취재를 해 봤다 생각했는데, 정작 송도고에 온 것은 이번이 처음이다.

"한번 찾아뵙겠습니다."

"손 기자, 꼭 한번 와서 아이들 훈련하는 것 좀 보

고 가요!"

대회를 마칠 때면 다들 주고받는 한마디. 친구들끼리 "언제 밥 한번 먹자"라고 하는 말과 크게 다르지 않다. 어쨌든 그 약속은 제대로 지켜진 적이 없다. 오늘처럼 누군가를 취재해야 할 때가 아닌 이상, 이렇게 평일 대낮에 중, 고등학교를 찾는 일은 그리 많지 않다. 학교 홈페이지 약도에 나온 설명대로 한참을 낑낑대며 올라가다 보니 마침내 교문. 교정에 들어선 후 난 다시 한 번 소리를 질렀다.

"아, XX! 또 올라가야 돼!" 체육관에 가려면 교문에서 더 올라가야 한다. 그래도 낫다. 학교까지 오는 길에 비하면 이곳은 경사가 완만하다. 학교에 들어서니 '먼저 인간이 되어라'라는 글귀가 담긴 비석이 가장 먼저 눈에 들어온다. 송도 고등학교의 교훈이자, 내가 취재하고자 하는 그분이 생전에 입버릇처럼 했던 말이기도 하다. 교비를 보자 불현듯 그런 생각이 든다.

'그렇다면, 그분도 매일 이 언덕을 걸어서 오르내리셨다는 말인데……'

체육관에 가까워질수록 농구공 소리가 선명하게 들려온다.

통.통.통.통

끽.끽.끽.끽

'쿵-짝 쿵-짝' 드러머가 심벌과 스내어를 정확하게 박자에 맞춰 치는 듯한 느낌이다. 공 튀기는 소리. 그 다음에는 농구화 밑창이 마룻바닥에 쓸리면서 내는 특유의 마찰음. 오로지 농구장에서만 들을 수 있는 소리다. 살며시 문을 열고 고개를 슬쩍 들이 밀어 보니 선수들이 훈련 중이다. 아마도 공격 전술 훈련인 모양. 그때 골대 바로 밑에서 휘슬을 물고 있던 한 거구가 날 보더니 부리나케 달려온다.

"자알~ 오셨습니다."

"제가 어중간한 시간에 와서 방해한 건 아닌가 모르겠군요."

"천만에요. 그냥 자체 훈련이에요."

190cm는 족히 넘어 보이는 큰 체구의 그는 송도고를 18년간 이끌어온 최호 코치다. 현역 때는 제법 각 잡힌 몸매가 터프한 분위기를 풍겼던 그였지만, 40대 후반이 된 지금은 인상도 몸매도 모두 둥글둥글해 보인다. 모발 역시 세월이란 바람을 이제 막 받아들이기 시작한 것 같다. 최호 코치는 나를 코트 한쪽에 마련된 코치실로 안내했다. "올라오는데 힘드셨죠? 여기가 좀 높습니다. 하하."

"운동 좀 해야 할 것 같다는 생각이 들었어요. 어휴, 어찌나 경사가 가파르던지."

"할아버지도 매일 이곳을 걸어 다니셨죠. 예전에는 학교 주변에 건물이 많지 않아서 여기(농구부실)에서 보면 할아버지가 버스에서 내리셔서 저 밑에서 올라오는 게 다 보였어요. 빨리 오시진 못하니까, 그 모습 보고 나선 '할아버지 오신다!'라며 부랴부랴 준비했던 기억이 있습니다."

우리가 만난 이유는 최호 코치가 방금 말한 그 할아버지 때문이다. 그의 스승이고, 송도 고등학교 농구의 '전설', 더 나아가 한국에서 운동 좀 가르친다는 모든 학생 스포츠 코치들의 롤 모델로 불려왔던 전규삼이다. 코치 생활만 30년 넘게 했다. 80살이 되어서도 선수들을 지도했다. 그러다 보니 그 무렵의 학생들은 전규삼을 '코치님', '선생님'이 아니라 '할아버지'라 불렀다. 그의 지도 이력과 제자들은 죄다 한국 농구역사를 관통하는 이들이다. 유희형, 김동광, 이충희, 정덕화, 서동철, 강동희, 신기성, 그리고 김승현에 이르기까지……. 국내대회는 물론이고, 크고 작은 아시아대회에서도 명성을 떨친 제자들이 모두 전규삼으로부터 농구를 배웠다.

나는 문득 '그날'이 궁금해졌다. 내가 이곳으로까지 취재를 온 이유였다.

"그날도 그랬던 것이겠죠?"

"그날이요?" 최호가 되묻는다.

내가 궁금해한 '그때'는 1988년 7월 14일이다. 송도 고등학교 이사회 결정에 학교 농구부, 아니 대한민국 농구가 흔들린 날. 당시 전규삼은 일흔이 넘었지만, 그때도 그 언덕을 걸어 올라왔다. 그렇게 땀을 뻘뻘 흘리며 올라왔건만, 교장실에서 날아온 소식은 해고 통보였다. 나이가 들어 함께 일하기 어렵다는 것이었다. 해고 통보가 있기 10일 전에도 송도고는 쌍용기(당시 24회) 대회에서 준결승을 한 터였기에 놀라울 수밖에 없었다. 할아버지가 쫓겨났다는 소식이 들려오자, 서울 안암동 고려대 체육관과 서울 흑석동 중앙대 체육관이 난리가 났다. 정봉섭, 박한 등 대학 농구부 감독들은 훈련을 중단시키고 송도 출신 제자들을 불러 모았다. "할아버지를 지켜드려라. 송도 출신들은 문제 해결되기 전까지는 돌아올 생각도 하지 마!"

이미 유희형과 김동광, 신종철 등 송도 출신들이 교장실에 쳐들어갔다. "학교가 필요 이상으로 간섭하고 있는 것 아닙니까!" 후배들은 체육관에 모여 대자보를 만들고, 동문들에게 알렸다. 학부모들은 힘내라며 시위하는 졸업생들을 위해 다과를 준비했다. 저녁이 되자 중앙대 감독이던 정봉섭도 제자들과 시위대에 합류했다. 허재와 김유택, 강동희 등을 길러낸 '대부' 정봉섭은 '옳지 않은 일'이라며 학교 측 결정을 비판했다. 〈동아일보〉

같은 언론도 도와준다니 농구인들의 목소리도 더 커져 갔다. 사태는 일파만파 커지기 시작하고, 학교는 혼란스러워졌다. 결국 제자들과 농구계의 반발로 학교는 해고 의사를 철회했다. 기사가 난 지 4일 만이었다. 제자들이 그를 구해낸 것이다. 할아버지 농구 감독 전규삼. 도대체 그는 어떤 인물이었을까. 과연 어떤 영향을 주었길래 이처럼 동문부터 학부모, 그리고 언론사까지 들고 일어섰던 것일까.

제1화

바스껫볼,
한 번
해볼 뗀가

"규삼이, 빠스켓볼이라고 들어봤는가?" 1931년 봄 개성. 16살 전규삼은 그날 김정배가 건넨 말 한마디가 자신의 인생을 바꿔놓을 것이라고는 상상도 못 했다. 전규삼보다 3살 많았던 정배는 그가 막 뛰어노는 법을 알아갈 무렵부터 어울리던 형이었다. 송도고보에는 2년 먼저 입학해 농구부를 만든 학교 선배이기도 했다. 전규삼이 15회, 김정배가 13회 입학생이었다.

170cm로 작고 호리호리한 규삼과 달리, 정배는 한눈에 봐도 '운동 참 잘하게 생겼다'는 말이 나올 정도로 체격이 좋았다. 부리부리한 눈매에 어깨도 떡 벌어진, 흔히 말하는 '장군감'이었다. 키도 180cm는 족히 되어 보였는데, 와이셔츠 단추들은 마치 아슬아슬 매달려 있는 듯한 느낌을 주었다. 김정배는 소문난 스포츠맨이었다. 어찌나 스포츠 지식이 해박한지, 둘이 만날 때면 스포츠로 이야기꽃을 피웠다. 아니나 다를까 이번에도 만나자마자 운동 이야기를 꺼낸다. 그때 김정배는 전규삼에게 농구라는 것을 처음 알려 준다. "경성에서는 이걸로 일본놈들 콧대를 눌러 줬다더군!" 김정배는 한참 공을 튀기더니 땅을 박차고 뛰어올라 두 손으로 허공을 향해 공을 날렸다. 신기했다. 공을 발로 차지 않고, 손으로 만지다니.

"이걸 드리블라고 하는데, 이렇게 공을 튀기다가 두 손으로 짬-! 뿌 해서 골대에 집어넣으면 골인! 그러면

2점이 올라가지."

"와! 1점도 아니고 2점씩이나 준다고요?" "어때, 빠스켓볼 하러 가지 않을래?"

김정배 말처럼 이미 경성에서는 농구가 대유행이었다. 황성 기독 청년회가 처음 소개한 이후, 농구는 무서운 속도로 퍼져나갔다. 황성 기독청년회는 오늘날 'YMCA'라 불리는 그 단체다. 경성에도 실내에 농구코트가 있는 곳은 종로에 있는 청년회관 건물뿐이었다. 경성 청년들에게는 이 건물 마룻바닥 위에서 농구 하는 것이 로망이었다. 당시만 해도 대부분 흙바닥에 목제 골대가 전부였다. 나무 기둥이 골대요, 나무판자가 백보드였다. 여기에 철제 링을 붙였다. 연습이 있는 날이면 가지런히 흙을 정리하고, 주전자로 물을 날랐다. 물을 조심스레 뿌려가며 중앙선과 끝 선을 표시했다. 그동안 초짜들은 옹기종기 모여앉아 농구공을 닦았다. 몇 분 뒷면 다시 흙바닥에서 먼지란 먼지는 다 들이마실 신세일 텐데도 항상 농구공은 깨끗해야 했다.

2019년 5월 작고한 농구 원로 이우재(1911년생)는 필자에게 이런 말을 했다. "농구공은 '모셔야 하는' 대상이었죠. 지금만 해도 흔하지만, 우리 어릴 때만 해도 공한 개가 귀하던 시절이었거든요. 공을 윤기 있게 안 닦아놓으면 선배들한테 엄청 혼나던 시절이었습니다. 처음에 농구공이 생겼을 때 품에 안고 잤던 기억도 있습니다."

그나마도 1910년 이전엔 골대에 아래가 뚫린 바구니만 매달았다. 그랬더니 관중들이 기둥을 흔들어 조준을 못 하게 방해하는 것 아닌가. 주로 돈을 건 도박꾼들 짓이었다. 그래서 판자를 갖다 붙여 보드를 만들고, 나무 막대도 네 개를 갖다 붙여 더 무겁게 만들었다. 딴짓은 꿈도 못 꾸게끔.

종로 청년회관에서 경기가 열리는 날이면 코트 주변은 겹겹이 에워싼 관중들로 인산인해를 이루었다. 대한민국 농구협회가 발행한 〈한국농구 80년사〉에 따르면 입장료가 1원 50전이나 했다. 당시 소학교를 나온 공장 여공 월급이 9원이었으니 아무나 볼 수 있는 가격은 아니었던 셈. 그런데도 체육관은 1층도 모자라 2층까지 꽉 찼다. 나중에는 선수들이 경기에 집중하는 데 방해가 된다 하여 1층은 귀빈만 모시고, 2층만 입장을 허용했다. 시원하면서도 화려한 동작에 관중들은 열광했다. 김정배는 마치 농구에 대해 모든 걸 다 아는 사람 같았다. 함께 있는 내내 잠시도 말을 멈추지 않았다. 농구가 이 나라에 어떻게 들어왔는지, 개성에서 얼마나 인기가 있는지, 누가 잘했는지. 그리고 이것이 일본을 이길 수 있는 방법이라는 말도.

"드리블로 이렇게 상대를 제치고, 날아올라 슛!"

전규삼은 김정배가 선보이는 동작에 어리둥절해했다. "평양에 숭실 중학 알지? 거기가 실력이 기가 막혀! 개성에 있는 연희전문이랑도 한판 붙었는데 이겼다더라고? 거기 안태경이라는 선수가 멀리서 롱 패스를 했는데, 묘기가 따로 없었지! 공이 그렇게 정확하게 전달된 건 나도 처음 봤다고!"

전규삼이 농구를 처음 접할 무렵, 개성의 주요학교들은 일본의 중학교, 대학교 콧대를 꺾어놓으며 시민들에게 쾌감을 전해주고 있었다. 김정배는 전규삼에게 그 쾌감을 느끼게 해주고 싶었던 것 같다. 규삼을 마을 공터로 데려갔다. 흙바닥 위에 농구 골대가 외롭게 홀로 서 있었다.

"어디 한번 따라 해 봐. 이렇게, 점프해서 슈-웃!"

김정배가 솟구쳐 올라 두 팔을 펼치자, 농구공은 포물선을 그리며 링을 향한다. 전규삼은 그 포물선이 마치 무지개 같다는 생각을 했다. 아름답다. 우아하다. 어떤 표현을 써도 아깝지 않을 장면. 그 장면을 눈과 가슴으로 담았다. '농구'와의 첫 만남이었다.

"빠스켓볼은 몇 명이서 하는 겁니까?"

호기심이 생긴 듯, 그때부터 전규삼의 말이 많아지기 시작했다. 김정배는 농구는 다섯 명씩 팀을 나누고, 골을 넣을 때마다 가운데로 돌아온다고 말했다.

"축구랑 같은 규칙입니까?"

"가운데 돌아오는 건 같지만, 공격권이 바뀌는 건 아니야. 팀에서 제일 키 큰 사람 둘이 점프를 해서 공을 갖는 팀이 공격하는 식이지."

"그러면 공격권을 못 가져오면 어떻게 됩니까?"

"어떻게 되긴~ 공격 못 하는 거지. 상대가 실수하거나 슛을 못 넣길 바라는 수밖에 없어."

"불공평하군요."

"그래, 맞아. 키가 깡패지. 커야 이길 수 있어!"

그래서 종종 농구에는 퍼펙트게임이 나오곤 했다. 공 한 번 못 잡고 수비만 하다가 10-0, 20-0으로 졌던 것이다. 전규삼은 미간을 찌푸렸다. 자신처럼 키가 작은 사람에게는 정말 어울리지 않는 스포츠라 생각했다. 그런 전규삼의 생각을 읽은 듯, 김정배는 말했다. "걱정 마라, 걱정 마. 이 조선에 서양 놈들 말고 키 큰 놈이 몇이나 된다고. 다 거기서 거기여. 후반전 되면 지치기도 하고. 실수도 하니까."

점프볼 규칙이 불공평하다고 생각한 건 정배도, 경성의 농구인들도 동의하고 있었다.

대한민국 농구협회가 창립 80년을 맞아 펴낸 〈한국농구 80년사〉에는 '경기가 재미없다는 말이 나오기 시작하자 1930년대 중반부터는 이 규칙이 없어졌다. 골을 넣으면 공격권이 상대에 넘어갔다'는 문구를 발견할 수 있었다. 그러니까 전규삼과 김정배의 대화가 이뤄질 무렵에는 이미 농구인들 사이에서 규칙 개정의 논의되고 있었던 시점이었다.

"너는 키가 작으니까 가드를 보면 되겠구만.""가드요? 그게 뭡니까."

"밖에서 볼을 배급해주는 역할이지. 센터들이 받기 쉽게 잘 주는 사람이 제일이야. 경성에 이성구라는 선수가 있는데 기가 막히더라고. 키는 너만한데, 점프하면 내려오는 데 한참 걸리더라니까."

그때 들은 '이성구'라는 사람이 얼마나 대단한 선수인지, 전규삼이 알기까지는 그리 오랜 시간이 걸리지 않았다. 이성구는 한국 농구선수로는 최초로 올림픽에 출전했던 전설적인 농구인이었다. 때는 1936년 1월. 일본 농구협회는 베를린올림픽에 나갈 남자농구대표팀을 일본과 조선 최고의 선수로 구성하겠다고 했다. 처음에는 조선인 회유책에 불과한 발표였다. 당시 일본 최고팀인 도쿄제국대학이 막강한 우승 후보로 떠오르자 자신감을 얻은 일본 농구협회는 대표 선발전 격이라 할 수 있는 제16회 전 일본 종합 선수권 대회 우승팀이 올림픽에 참가할 것이라고 갑자기 규정을 바꾸었다. 사실상 한국인들을 제외한다는 의미였다. 그런데 놀랍게도 이 대회에서 연희전문이 도쿄제대를 제압하고 우승을 차지했다. 그 중심에 바로 이성구가 있었다. 1911년생으로 25살이었던 이성구는 그때만 해도 농구공을 내려놓고 연희전문의 관계자 신분으로 대회에 참가하고 있었다. 그러나 연희전문의 주장이었던 이만걸이 폭행 사건에 연루되어 종로경찰서로 연행되자, 학교 측에서는 부랴부랴 이성구를 선수로 등록시켰다. 은퇴한 지 2년이나 됐다며 난색을 표했던 그는 끝내 설득에 못 이겨 선수로 출전했는데, 그럼에도 불구하고 팀을 우승시켜 일본농구협회를 아연실색하게 만들었다. 결국 일본 농구협회는 마지못해 이성구와 장이진, 염은현 등을 대표팀 명단에 올려놓았고, 이들은 마라톤 종목의 손기정과 함께 당당히 조선인으로서 올림픽에 출전하는 쾌거를 이루었다. 이처럼 엄청난 성과를 이루었으니 그 시기 농구 좀 한다는 사람들은 이성구를 모를 수가 없었다. 1990년대 농구대잔치 대회에서 장내 아나운서로 활동했던 농구인 염철호는 〈점프볼〉과의 인터뷰에서 이성구에 대해 이렇게 회고했다. "이성구 씨는 공을 받자 바로 득점으로 연결시키는 능력이 뛰어났습니다. 한국농구의 스타였죠, 스타."

이성구도 전규삼처럼 키가 작았다. 키는 170cm 남짓. 김정배가 말했던 이성구만큼 점프를 높게 뛸 자신은 없었다. 하지만 전규삼은 빠르고 유연했다. 어릴 적부터

빙상, 수영 등을 배웠을 정도로 운동신경이 나쁘지 않았다.

김정배에게 건네받은 농구공은 축구공보다는 묵직하고 가죽의 감촉이 달랐다. 무심코 땅에 한 번 튀겨보니 바로 무릎 부근까지 튀어 오른다.

"거참 신기하네요! 형!"

전규삼의 눈빛은 반짝반짝 빛나고 있었다. 훗날 전규삼은 1986년 9월 22일 〈KBS 1TV〉에서 방영된 토크쇼 〈11시(時)에 만납시다〉에 출연해 "그때 처음 보는 운동이었는데 신비스럽고 재미있게 느껴져 시작하게 됐다"고 회고했다.

그가 입가에는 미소를 가득 머금은 채, 몇 번이고 손바닥으로 공을 억눌렀다 놓기를 반복하자 김정배가 팁을 건넸다.

"규삼이, 드리블은 손바닥이 아니라 손끝으로 하는 거야. 손끝."

'농구 전도'에 성공했다는 듯 흐뭇한 표정을 지어 보인다. 오른손을 펼쳐 보이더니 왼손 검지로 오른 손바닥이 아닌 손가락 쪽을 가리켰다. 형 말대로 손끝으로 드리블을 해보니 뭔가가 다르다. 그러다 무릎을 굽혔다 펴며 하늘로 뛰어올라 봤다. 눈썰미가 좋은 덕분에, 처음이었는데도 형의 동작과 어느 정도 닮아있었다.

19

탁… 통… 통… 통…

그렇게 하늘 높이 쏘아 올린 공은 백보드를 맞고 링 위를 몇 번 더 맴돌다 링 안으로 쏙 빨려 들어갔다.

통! 다시 지면과 조우한 농구공은 한 번 더 힘껏 뛰어 오른다. 통, 통, 통. 몇 번 더 땅에서 점프한 농구공은 먼지를 머금은 채 규삼 쪽으로 돌아왔다.

"방금 봤어요, 형? 들어갔어요! 와!"

인생의 첫 골. 그 첫 골은 전규삼 스스로도 상상하지 못할 정도로 길고, 유구한 역사의 시작과도 같았다.

제2화

송도고보 농구 구락부

개성 사립 송도 고등 보통학교. 윤치호가 초대 교장으로 학교를 설립할 때만 해도 한영서원(韓英書院)이라고 불렀다. 송도고보는 부유한 집 자식들만 다닐 수 있다고 소문난 학교였다. 졸업생들은 "교문 앞에 서면 마치 '소문만 그런 게 아니야'라는 걸 뽐내는 것 같은 느낌도 받았다"고 입을 모은다.

해방 이전 송도 동문들의 기록과 그들이 남긴 사진을 통해 학교를 묘사해본다면, 송도고보는 마치 학교가 아닌 공원 같았다. 송악산 기슭에 위치해 가을이면 참나무 숲이 장관을 이루었다. 한 폭의 수채화처럼, 보고 있으면 평화로운 기분도 들었다. 교정은 어찌나 컸던지, 해방 후 개성에 주둔한 미군이 '대학 캠퍼스인 줄 알았다'고 착각했다는 말도 있다. 규모 20만 평에 석조 건물만 3개였다. 체육관에는 모든 운동기구가 완벽하게 구비되어 있어 비 오는 날도 수업이 어렵지 않았다. 화강암으로 웅장하게 디자인된 강당은 2,000명도 넘게 들어갈 수 있었는데, 졸업생들은 "이승만 박사도 와서 연설하고 간 곳"이라고 자랑스럽게 말하곤 했다. 교사들을 위한 한옥 기와집과 양옥 5~6채도 있었다. 100평대 수영장까지 있었다. 100명이 넘는 학생들이 수학여행으로 금강산도 다녀왔고, 저 멀리 경주에도 다녀왔다.

송도고보 학생이었던 전규삼도 돈이 아쉬운 환경

은 아니었다. 전규삼 집안은 정미소와 토목소를 운영했다. 당시 상업 중심 도시였던 개성에서 정미소를 운영한다는 것은 '부'의 상징과도 같았다. 그 시절 정미소, 양조장, 방직공장은 근대화를 표현하던 가장 상징적인 장소였다. 정미소가 세워진 것이 신문에 날 정도였다. 실제로 곡식을 찧으려는 이들로 발 디딜 틈이 없었다. 삼성의 고 이병철 회장도 1930년대 경남 마산에서 정미소를 운영하며 사업기반을 다졌다. 덕분에 학교가 교복에 수영복에 체육복에 이것저것 요구하는 것이 많았지만, 아들에게 필요한 걸 무리 없이 보낼 정도로 넉넉했다. 계절별로 행사를 한다고 돈을 걷어갈 때만 '너무 한다' 싶어 뿔이 날 때도 있었어도 그것 때문에 가계가 쪼들릴 정도는 아니었다. 부친과 집안 어른들은 틈날 때마다 입버릇처럼 말했다.

"학교 잘 졸업하고, 아버지 일 물려받아야 한다. 봉급쟁이 할 필요 없어. 아버지 일 잘 배워야 돼."

그런데 하나뿐인 아들 녀석이 17살이 되고 나서는 집에 얌전히 붙어있는 날이 없어졌다. 농구인지 뭔지를 하겠다며 공을 분신처럼 옆구리에 끼고 다니더니만, 늦은 밤에 교복에 먼지를 뒤집어쓰고 돌아오기 시작한 것이다.

"그게 밥 먹여 주나!"라며 핀잔을 주긴 했지만 부

친은 전규삼이 취미로 좀 즐기다 말겠지 싶었다. 농구에 미치기 전에도 탁구, 빙상, 체조 등 다방면에서 소질이 있다는 말을 들어왔지만, 전문 선수로 나서겠다는 말을 한 적은 없었기 때문이다.

하지만 농구는 이미 전규삼의 마음속 깊은 곳에 자리하고 있었다.

'퉁…퉁…퉁….' 김정배로부터 처음 농구를 배우고 며칠은 귓가에서 드리블 소리가 떠나지 않았다. 아버지를 졸라 동네 체육사에서 농구공을 구입해 종일 공을 튀겼다. 6원짜리 '다찌가라 볼'이 인기였다. 6원이면 결코 싼 가격은 아니었기에 이왕이면 조선 사람이 파는 농구공을 사고 싶었다. 하지만 김정배가 "서울 안국동이라는 곳에 있는 스파르타 운동구점 말고는 안 판다"고 해 이내 단념했다. 둘레 77cm, 무게 600g. 전규삼은 흑색 농구공을 손에 넣은 뒤부터는 공터만 보이면 달려갔다. 사람들이 집으로 발길을 재촉하는 해질 녘까지 손에서 공을 놓지 않았다.

그러다 보니 처음에는 벅찼던 슛도 제법 자연스러워졌다. 들어가지 않을 때면 처음 정배가 공을 던지던 순간을 떠올렸다. '무릎을 이용하라고 했지….' 집에 오면 교복은 아무 데나 벗어던지더라도 농구공만큼은 깨끗이 수건으로 닦아내 소중히 모셨다. 언제 깨질지 모르는 도

자기를 다루듯, 전규삼에게 농구공은 신줏단지처럼 귀한 것이었다. 그렇게 혼자 농구의 재미에 푹 빠져있던 전규삼이 농구에 대한 또 다른 욕심을 갖게 된다. '다른 사람들과 팀을 이뤄서 농구를 하면 어떤 기분일까?'

1931년 10월, 송도고보 야외구장에서 열린 송도고보 농구단과 사리원 농업학교 농구부의 경기가 그 욕심을 갖게 했다. 장면 하나하나가 방금 전일처럼 생생하게 머릿속을 맴돌았다.

"경기는 30분으로 하십시다."

"중게(中憩·하프 타임)는 10분만 하지요."

경기 시작에 앞서 양 팀 대표자들이 감독관과 의논했다. 송도고보 쪽에는 낯익은 얼굴이 감독 겸 주장이었다. 김정배. 타이트한 흰색 유니폼은 김정배의 멋진 몸을 더 두드러지게 했다. 다른 선수들이 상대적으로 왜소해 보일 정도였다. 유니폼에 한글로 새겨진 '송도고보'라는 글자가 눈에 띄었다.

주변은 요란했다. 관중들이 겹겹이 에워싼 가운데, 키가 작아 보이지 않는 몇몇 학생은 나무에 올라가 보기도 했다. 재학생들은 교실에서 머리를 쏙 내밀고 보고 있었다. 명당이 따로 없었다. 요즘 말로 '스카이 박스'라 해야 할까. 오로지 재학생이라 누릴 수 있는 특권 중 하나였다. 경기는 송도고보가 일방적으로 주도했다. 양 팀 모두 키 큰 선수는 없었지만 슛 정확도는 송도고보가 더 좋았다.

김정배는 팔방미인이었다. 점프볼에서 공격권을 따내더니 몇 번의 드리블만으로 상대를 금세 제쳤다. 드리블이 어찌나 리드미컬한지, 그가 드리블을 할 때마다 주변의 관중들은 "우와! 묘기네!"라며 감탄을 금치 못했다. '까-드'로 표기된 우만형과 '포-드' 포지션의 이명현도 옆에서 공격을 거든다. 우만형은 정배보다 1년 많은 선배였고, 이명현은 정배의 1년 후배였다. 슛을 넣을 때면 주변 학생들이 외쳤다. "두 점이오!"

전규삼은 서로 공을 주고받으며 점수를 올리는 장면에 희열을 느꼈다.

혼자 공을 치다가 슛을 던지는 것보다 더 재밌겠다고 느꼈다. 정배의 패스를 받은 우만형이 점수를 올린 뒤 "정배! 패스 좋았어!"라며 정배의 엉덩이를 툭 친다. 그 장면이 그렇게 멋있을 수가 없었다. 경기가 끝이 났다. 칠판에 분필로 새겨진 최종 스코어는 31-10. 송도고보가 이겼다. "저 형들과 함께하고 싶다."

경기를 보고 난 뒤부터 전규삼에게 새로운 목표가 생겼다. 김정배를 찾아간 건 그로부터 1주일 뒤였다. 우만형이 이듬해 졸업을 앞두고 있었기에 팀 입장에서는 선수가 한 명이라도 더 있는 것이 좋았다. 전규삼은 키는 작았지만 운동 신경이 좋았다. 게다가 우만형과 같은 가드였다. 김정배가 굳이 전규삼을 찾아가 농구를 전도한 것도 '혹시나 하는' 생각 때문이었다. 그는 자신의 작전이 성공했다는 듯 큰 미소로 후배 전규삼을 반겼다.

"그래! 잘 왔다! 우리 팀 목표는 내년 전조선 학생 농구선수권 대회에 출전하는 것이다!" 김정배의 우렁찬 외침은 선수들의 사기를 끌어올렸다. 전조선 학생농구선수권 대회는 그 시기 한국에서 가장 규모가 큰 대회였다. YMCA 대회, 중등학교 구락부 대회, 전조선 중등학교 농구대회 등도 있었지만 농구인들 사이에서 전조선 학생 농구선수권 대회가 갖는 상징성은 어마어마했다. 이 대회는 중앙기청(中央基靑)이라 불렸던 중앙 기독교 청년회가 주최하고 〈동아일보〉가 후원했다. 1924년에 '농구의 메카' 종로에서 시작된 이래 매년 9월에 열렸으며, 해마다 규모를 키워왔다. 경성은 물론이고 평양, 전주, 개성 등 전국의 내로라하는 강팀들이 출전했다. 예선은 종로청년회관 뒷마당에 있는 야외코트에서 열렸지만, 결선부터는 마룻바닥이 있는 코트에서 진행됐다. 그 마룻바닥은 농구 좀 한다는 조선의 청년들에게는 꿈의 무대와도 같았다.

1930년대 초반, 최초의 중국 상해 원정을 떠났던 국가대표선수들도 이 대회를 통해 배출됐다. 같은 시기 일본과의 경기에서 상대 심판들의 편파판정을 이겨내고 승리했던 이성구나 염은현, 장이진 같이 일명 '전국구 스타'들도 출전했다. 이렇다 보니 참가 선수들은 자신들이 조선 방방곡곡 이름이 알려진 농구 스타들과 겨룬다는 것만으로도 가슴 벅차했다. 처음엔 무슨 대회인지 몰랐던 전규삼도 김정배의 이러한 장황한 설명을 듣다 보니 가슴이 부풀어 올랐다. 정작 본인은 아직 정식 경기조차 한번 안 가져봤으면서도 말이다. 하지만 일단 송도고보가 대회에 출전하려면 갖출 것이 많았다. 우선은 개성 대회에서 1등을 해서 개성을 대표하는 팀이란 인정을 받아야 했다.

송도고보는 1932년 전조선 학생농구선수권 대회를 바라보며 훈련에 돌입했다. 첫 번째 목표는 전규삼이 5대5 농구에 적응하게 만드는 것이었다. 혼자서만 농구를 했기에 패스는 어떻게 해야 하는지, 패스를 주고 난 뒤에는 어디로 어떻게 움직여야 하는지 알 턱이 없었다. 아침, 저녁으로 공터와 운동장에서 먼지를 마셔가며, 때로는 선배들로부터 호되게 혼도 나면서 배워야 했지만 전규삼은 마냥 행복했다. 그동안 혼자 농구를 해왔던 그에게는 '송도고보'가 새겨진 유니폼이 있다는 것, 그리고 자신에게 공을 줄 동료가 있다는 것은 더할 나위 없이 큰 행복이었다. 농구를 하면서 깨닫게 된다. 함께 패스를 주고받으며 하는 농구야말로 진짜라는 것을. 그리고 본인도 더 좋은 선수가 될 수 있다는 것을.

그렇다면 전규삼과 선배들은 목표로 했던 전 조선 학생농구선수권 대회에 출전할 수 있었을까? 당시 신문 기사와 농구협회 기록을 돌아보면 송도고보가 전국대회에 출전했다는 기록은 없다. 게다가 1932년을 끝으로 우만형과 김정배가 학교생활을 마치고 졸업하면서 팀 전력도 많이 약화됐다. 그렇지만 전규삼이 3학년이 된 1933년, 새로운 주장 이명현이 팀을 재정비하면서 송도고보는 그나마 농구 팀다운 경기력을 보일 수 있었다. 1933년 6월 18일에는 전 조선 중등학교 대회에 출전했다. 전 조선 중등학교 대회는 연희전문(지금의 연세대학교)이 개최한 대회로, 비록 목표로 삼았던 전 조선 학생 농구 대회 정도의 수준 높은 대회는 아니었지만, 당시의 몇 안되는 전국 대회였기에 선수들의 마음가짐은 다를 수밖에 없었다. 사실, 처음에는 다른 사립 학교가 개최하는 대회에는 절대 나갈 수 없다는 교장의 반대가 심해 낙심했으나, '학교 위상을 드높일 수 있다'는 간곡한 설득에 힘입어 개성으로 향할 수 있었다. 전규삼에게는 첫 전국 대회였다.

제3화

손-디펜스

희한했다. 패스가 오고 가는데 수비자들이 쫓아다니지를 않는다. 그저 양팔을 일자(一字)로 양쪽으로 뻗은 채 자리만 지키고 서 있다. 당연히 자기를 쫓아올 거라 생각했던 공격자는 당황한다. 수비자가 자기를 쫓아오면 드리블로 수비를 제친 뒤 돌파를 하려 했는데, 자기 자리만 지키고 있으니 무슨 의도인가 싶다. "네가 안 막으면 내가 뚫고 가면 되지!"라며 공격을 시도할 때면 수비자들이 간격을 좁혀 틈을 주지 않았다. 공격자는 제풀에 지쳐 에라 모르겠다는 심정으로 슛을 던진다. 그러나 멀리서, 급하게 던지는 슛이 들어갈 리가 없다. 그렇게 공격권이 사라진다. 코트 밖에서 경기를 지켜보던 전규삼과 송도고보 선수들은 당혹감을 감추지 못했다. 저런 수비가 있었던가. 생전 처음 나가본 전국대회는 그야말로 '경성 구경'에 불과했다. 관중은 어찌나 많은지, 전규삼과 선수들은 행여 짐이라도 잃어버릴까 경기를 보는 동안에도 긴장의 끈을 놓치지 않았다. 벤치에 줄지어 앉아있는 선수 숫자에도 위축됐다. 잘하는 팀들은 경기 내내 한 번 일어서보지도 못한 선수들이 많았다. 그러나 그들은 실망한 내색 한번 없이 경기 내내 선수들을 응원했다. 그 목소리가 어찌나 크던지, 관전자였던 전규삼조차도 위축될 정도였다. 방금 바라본 특이한 수비도 놀라웠다.

하도 신기해 무슨 수비냐 주변에 물어보니 '손-되

헨스'라고 한다. '손 방어(防禦)'라고 말하는 사람도 있었다. 〈동아일보〉를 비롯한 당시 매체들이 사용한 이 용어는 '지역 방어'라 불리는 존 디펜스(Zone Defense)를 의미했다. 선수 한 명씩 짝지어 졸졸 쫓아다니는 '대인 방어'와 달리 '손-디헨스'는 각자 맡은 구역만 지키며 상대 선수의 침투를 막는 수비였다.

이 수비는 정말 말도 안 되는, 우연한 상황에서 만들어진 수비였다. 체육 선진국이라 불리는 미국조차 난방이 제대로 안 되던 1910년대, 체육관 바닥이 얼어 빙판이 되자 코치가 "선수들을 일일이 쫓아다니지 말고 그냥 지키고만 서 있어"라고 지시했는데 그게 지역방어의 시초였다. 코치 입장에서는 많이 움직이다가 미끄러져 다칠 것을 우려했던 것이 100년 넘게 많은 팀들을 골탕 먹인 수비로 발전한 것이다. 조선에는 1930년대에 도입됐고, 많은 지도자와 선수들의 연구와 훈련을 통해 발전을 거듭했다.

송도고보도 이때의 경험이 약이 됐는지, 1933년 8월 18일, 개성 농구협회가 주최한 제1회 개성 농구 연맹전에서는 4전 전승을 거두며 우승한다. 성적을 떠나 전규삼은 농구를 함께 즐길 동무가 있다는 것만으로도 기뻤다. 금방 질리거나 승부욕이 생기지 않았던 다른 종목과 달리, 농구는 하면 할수록 더 심오해지고 그만큼 성취감도 강했다.

그렇게 하루하루를 보내던 어느 날, 졸업한 김정배가 학교를 찾았다.

까까머리였던 농구부 선수들은 머리를 곱게 빗어 뒤로 넘긴 그의 헤어 스타일을 부러워했다. 한눈에 봐도 잘 나가는 졸업생 같았다. 그는 후배들 지도를 자청해 그날 훈련을 진행했다. 후배들 움직임을 보며 "몰라보게 좋아졌다"는 말을 반복했다.

전규삼은 그런 김정배가 고마웠다. 졸업 후 근황이 궁금해 물어보니 우만형과 함께 성인들로 구성된 농우(籠友) 구락부에 가입해 활동을 이어가고 있었다고 했다.

"농구(籠球)로 만들어진 벗(友)이라…. 참 낭만적이십니다."

전규삼이 말을 건네자 김정배가 껄껄 웃으며 또 한 번 손을 내민다. 졸업하고 농우 구락부에 합류하라는 제안이었다. 전규삼은 김정배의 달콤한 제안에 기뻐하면서도 내심 부담스러웠다. 도무지 지금 자신의 실력으로는 어림도 없어 보였기 때문이다.

마음속으로는 부정하고 있었지만, 자신이 한계에 부딪혔다는 사실도 잘 알고 있었다. 왜소한 체격이 첫 번째 문제였고, 자신보다 머리가 1~2개는 더 있는 장신 선수들을 이겨낼 방법을 못 찾았다. 팀이 우승을 하는 동안에도 대부분의 골은 주장인 이명현이 넣었지 본인은 한 게 없었다. 소문으로만 들었던 이성구처럼 점프력이 남들보다 월등했다면 모를까. 또 전체적으로 팀에 키 크고 요령있는 선수들이 없다는 것도 문제였다. 그는 고민을 털어놓았다. 그러자 김정배는 현실적인 답을 내놓았다.

"이성구 선수는 점프력만 있는 게 아니었어. 드리블 기술도 얼마나 화려했다고. 하루 이틀 연습으로 나올 수 있는 건 아니지. 계속 연습하고 상상해야 해."

김정배는 계속해서 용기를 북돋워 주었다. "하지만 형, 제가 잘 한다고 해도 팀이 형이 계실 때만큼 노련하지가 못합니다. 저도 키가 작고요."

"그렇다면 수비에서 조금 더 힘을 쏟아보면 어떨까. 지역방어를 써보는 거야. 장신자들을 괴롭히는 거지."

김정배가 전파한 지역방어, 일명 '손 방어'는 이미 경성에서 맛보았기에 낯설지 않았다. "이건 일본보다 우리가 더 빨리 배웠다지! 그래서 일본이 우리 지역 방어에 땀을 삘삘 흘렸어. 규삼이, 그 지역 방어를 어디서 제일 먼저 썼는지 알아? 바로 평양이야, 평양! 경성이 아니라! 우리도 열심히 하고 연구 많이 하면 그런 팀이 될 수 있어."

김정배는 한참 동안 후배들을 모아놓고 지역 방어

35

를 설명했다. 그러나 구력이 오래되지 않은 팀이었기에 경기 중에는 끝내 사용하지 못했다. 전규삼 역시 좋은 아이디어라고는 생각했지만 자신이 없었다. 1934년. 농구로 고민을 하던 사이, 그렇게 그의 학창 생활이 끝났다. 농구로 활력을 얻고, 함께 할 친구를 만들었던 그였지만, '농구'로 무언가를 더 남기지 못했다는 것이 못내 아쉬웠다.

이따금씩 평양 숭인상업(崇仁商業)과 광성고보(光成高普) 등이 일본에서 열리는 대회에 출전해 일본의 내로라하는 강팀들을 보란 듯 쳐부수었다는 소식을 들을 때면 뭉클해지고 뭔가 벅차오르는 느낌이 들었다. 하지만 자신과는 다른 세상에 사는 사람들이라는 생각에 이내 풀이 죽기도 했다.

전규삼이 학교를 마치자 부친은 기다렸다는 듯 아들에게 정미소 운영을 맡겼다. 쳇바퀴 돌아가는 듯 단조롭고도 고단한 삶이 시작된 것이다. 그런 지루한 삶을 버티게 해준 건 농우 구락부였다. 학창시절처럼 길게 훈련을 하진 못했지만 다들 일을 마치면 저녁마다 모여 손발을 맞췄다. 삶의 낙이었다. 1934년 3월 28일 밤, 여느 때처럼 야외 코트에서 훈련을 마치고 쉬고 있을 때 김정배가 팀원들을 앞에서 소리쳤다. 그의 손에는 너덜너덜해진 신문지 한 장이 있었다. 〈동아일보〉 1면이다.

"우리는 4월에 개성 농구 연맹전에 나갈 거야! 가

자! 우승하자!"

전규삼이 학교를 졸업할 무렵, 개성에도 마침내 농구협회가 창립되어 기지개를 켜고 있었다. 1933년 창립 후 〈동아일보〉 개성지국의 힘을 빌려 제1회 개성 농구 연맹전을 성공리에 치른 터였다. 협회에는 졸업 후 한동안 농구를 떠나 있었던 우만형과 김정배도 이사로 이름을 올리고 있었다. 김정배는 자신이 뜯어온 신문지를 보여줬다. 1934년 4월 2일, 3일부터 송도고보구장에서 제2회 대회가 열린다는 내용이 1면에 실렸다. '참가비는 2원이고 주전 선수 5명에 후보자 3명, 감독 겸 인솔자 1명까지 등록이 가능하다'는 내용이었다.

농우팀도 선수가 그리 많은 편은 아니었다. 손홍일, 김정용, 전규삼, 강설성, 고영조, 김정배 등 6명이 번갈아 풀 타임을 소화할 각오로 대회를 준비했다. 경기일이 다가왔다. 선수입장 후 김학상 회장의 개회사로 대회가 시작됐다. 주심을 맡은 송기수 심판이 양 팀에게 페어플레이할 것을 신신당부했다.

김정배는 심판이 시작하기도 전부터 주의를 주자 불쾌해했다. 아이 취급당하는 기분이 들었다고 한다. 반면 전규삼은 일리가 있다고 생각했다. 농구나 축구 할 것 없이 반칙 행위로 인해 경기가 중단되거나 싸움이 일어나는 경우도 있었기 때문이다. 승패가 중요한 대회인 만

37

큼, 감정이 격해지는 것도 당연했다. 전규삼은 스포츠에 규칙이 있다는 사실이 좋았다. 어느 나라 사람이든, 몇 살이든 어디까지나 순수하게 규칙에 따라 실력으로만 겨룰 수 있었기 때문이다.

첫 상대는 송도고보. 불과 몇 개월 전까지 본인과 동고동락했던 후배들을 적으로 만나게 되다니.

"잘 부탁드립니다, 선배님!" 자신보다 한 살 어린 우낙균이 경기에 앞서 예를 차린다. 후배와 적이 되다니, 처음 겪는 경험에 어딘가 어색했다. 후배들은 초반부터 기세가 맹렬했다. 당황한 농우 팀은 한참을 점수를 올리지 못한 채 헤맸다. 전반은 송도고보가 16-14로 앞서며 마쳤다. 박응수에게만 전반에 10점을 내줬다. 농우도 센터 강설성이 맞받아쳤지만, 후배들의 왕성한 활동량에 혀를 내둘렀다. 상대 수비를 요리조리 피하는 우낙균의 재치가 돋보였다. 우낙균은 훗날 보성전문학교(고려대학교)에 진학, 1948년 런던올림픽 국가대표로 발탁된 선수였다. 어린 녀석의 재간에 농구의 형님들은 잔뜩 약이 오른 듯했다. 중게 시간. "몇 살 차이나 난다고! 우리가 후배들에게 지면 되겠어?" 참다못한 김정배가 버럭 화를 냈다.

그리고 김정배의 시선은 전규삼에게 향했다. 전반에 적극적이지 못한 전규삼에게 불만이 있었던 것. 전규삼은 전반에 팀에서 유일하게 무득점이었다. 쥐구멍에라도 들어가 쉬고 싶은 심정이었다. 몸과 마음이 따로 놀았다. 정식 경기가 오랜만인데다 같이 운동했던 후배들을 만났다는 부담감 때문이었을 것이다.

전규삼은 이내 마음을 다잡았다. "저에게 스크린을 걸어주십시오."

미국의 전설적인 지도자 레드 아워백은 '농구는 전쟁과 같다'고 말했다. 전쟁의 역사를 돌아보면 공격을 위한 무기가 등장하면 이를 막을 무기를 만들어냈다. 창이 생기고 방패가 등장했듯이 말이다. 농구에서도 마찬가지였는데 서로 잘 막고, 잘 공략하는 방법을 찾다 보니 어느덧 지역 방어가 등장했고 그 지역 방어를 뚫기 위한 방법을 연구하기 시작했다. 그 중 하나가 바로 스크린 플레이였다.

농구의 '합법적 진로방해'라 불리는 스크린 플레이는, 동료가 상대 수비자 길목에 벽을 치듯 자리를 잡아 우리 팀 선수가 쉽게 움직이거나 슛을 던질 수 있도록 돕는 플레이였다. 1938년 2월 〈동아일보〉에는 '여자 체육에 알맞는 농구연습지침'이라는 기사가 실렸는데, 팀 농구에 필요한 협동력을 기를 수 있는 방법으로 스크린 플레이가 소개됐다. 여자농구가 태동기였다는 점을 감안하면, 스크린 플레이는 이미 1920년대, 1930년대에 우리나라에 전파되어있었다는 것을 알 수 있다. 적극적으로 플레이를 요청하는 모습에 김정배는 그때서야 만족한다는 듯 미소를 지었다. 전규삼은 후반전에만 8점을 기록했다. 동료들의 스크린을 받아 레이업 슛을 올라가고, 슛을 던졌다. 경기를 역전시킨 이후 농우 팀은 패스를 돌렸다. 공격 제한 시간 같은 게 없었기에 공을 뺏기지 않는 이상 공격권을 이어갈 수 있었다.

농우 팀은 후반에만 20점을 올리며 34-31로 이겼다. 전규삼이 영웅이 됐다. 동료들은 전규삼을 얼싸안고 기뻐했다. 기쁨에 도취된 손홍일이 소리를 질렀다.

"규삼이, 자네가 히-로 구만!"

송도고보를 꺾으며 순항한 농구 팀은 마침내 결승전에 오른다. 전규삼은 물론이고, 팀원 모두에게 의미 있는 첫 결승 진출이었다. 그들의 상대는 사현(沙峴)단. 오합단, 송도고보 등 경쟁상대들을 가볍게 제압하고 올라온 강팀이었다.

결승 진출의 기쁨도 잠시. 선수들은 "4시부터 시작된다"는 주최 측의 말에 아연실색하고 만다. 송도고보를 따돌린 지 겨우 10분 지났는데, 20분 뒤에 다시 경기라니 기가 찰 노릇. 4월이라고는 해도 아직은 바람도 쌀쌀한 시점, 피로에 찬바람까지 선수들을 괴롭혔다. 땀 때문에 젖어있는 유니폼이 왜 이리 무겁고 거추장스럽게 느껴지는 것일까. 결국 농우 팀과 전규삼의 첫 결승 도전은 준우승으로 끝나고 말았다. 주최측이 마련한 월계수는 44-11로 크게 이긴 사현단 선수들이 가져갔다. 전반에 이미 22-5로 밀려 승패는 결정된 것이나 다름없었다. 전규삼은 전반에 첫 골을 넣으며 기뻐했지만 그 뒤 찬스를 얻지 못했다. 농구 박사 같았던 김정배도 점수를 올리지 못했다. 경기 후 선수들은 개성 농구협회 사무소가 있는 만월정을 향해 걸었다. 농을 건넨다거나 그리 화기애애한 분위기는 아니었지만, 그렇다고 길을 걷는 동안 누구도 고개를 숙이거나 실망하지도 않았다. 저마다 끓어오르는 무언가를 참고 있는 듯했다. 전규삼은 깨달았다. 혼자서는 작은 키를 극복할 수 없을지 몰라도, 좋은 동료들과 좋은 팀 플레이를 준비한다면, 그리고 혼신의 힘을 다한다면 다음에는 더 강한 팀을 만나더라도 좋은 경기를 할 수 있지 않을까. 농구하는 즐거움이 더 커지지 않을까. 농구로 만든 벗(友)들이 선사한 최고의 교훈이자, 경험이었다.

사현단 우승 소식은 개성 곳곳에 퍼져나갔다. 워낙 큰 점수 차로 이긴 덕분인지 이 사람, 저 사람 입을 옮겨 다니는 동안 사현단은 거의 연전, 보전 수준의 강팀처럼 부풀려져 있었다. 정미소를 찾는 손님들도 약속이라도 한 듯 전규삼에게 그날의 경기를 물었다. 마치 자신이 거인에 도전했다가 짓밟힌 약자처럼 여겨졌다. 속상했지만 달리 방법이 없었다. 실력 차는 엄연히 존재했으니까. '언젠가는 설욕하겠지'라는 생각에 저녁 훈련을 떠올리는 전규삼이었다. 그러나 전규삼이 다시 대회에 나서는 일은 없었다.

부친의 격렬한 반대 탓이었다. 그는 자식이 남의 눈에 띄고, 남의 입에 오르내리는 것이 싫었다. 1930년대 정미소는 방직 공장과 함께 부의 상징이었으며, 동시에 지역주민들이 가장 왕래가 잦은 곳이었다. 동시에 일본인들도 눈독을 들이던 곳이었다. 써먹고 빼먹을 궁리만 하던 이들이니 그럴 만했다. 한번 눈 밖에 나면 별 트집을 잡아 괴롭혔다. 여러 체육 단체가 허락을 받지 않고 자주적으로 협회를 만들었다고 경찰서로 연행되고, 밤새 고초를 겪다 나오곤 했던 시절이었으니 부친이 그런 걱정을 하는 것도 전혀 이상하지 않았다. 자연스럽게 부자 갈등이 시작됐다.

제4화

해방

오랜 상의 끝에 전규삼은 일본 동경에 가기로 결정했다. 사실, 전규삼은 정미소 일을 싫어하진 않았다. 아버지가 왜 그러는지도 이해했다. 그렇지만 그에게도 탈출구가 필요했다. 어린 시절부터 이 운동, 저 운동 배워가며 연구하고 즐겼던 그였다. 그것을 가능하게 한 것도, 평생 같은 일에 몸 바쳐 왔던 부친의 헌신이 있었다는 걸 알면서도 정작 본인은 단조로운 삶을 사는 것이 두려웠다. 그래서 결심한다. '일단 떠나자.' 부친 역시 유학이 나쁘지 않은 선택이라 생각했다. 괜히 눈에 띄어 구설에 오르느니 얌전히 공부나 시키자는 생각이다.

그랬던 전규삼이 다시 개성 땅을 밟은 것은 서른 살이 되던 1945년, 유학을 떠난 지 10년 만이었다. 졸업은 어렵지 않게 했지만, 전쟁으로 인해 조선의 곳곳이 비정상이 됐다는 소식에 섣불리 귀국 생각을 못 했다. 그러다 1945년 4월, 장인장모가 돌아가셨다는 소식을 듣고 부랴부랴 돌아왔다. 전규삼이 고향에 돌아온 지 4개월 여 지난 8월 15일, 대한민국은 그토록 기다리던 소식을 맞는다. 일본이 패전을 인정하면서 마침내 해방이 찾아온 것이다. 거리마다 "대한독립 만세!" 함성이 울려 퍼졌다. 며칠 뒤부터는 일본군이 하나둘 쫓겨나듯 철수하기 시작했다. 전규삼에게는 태어날 때부터 없던 '조국'이 생겨난 셈.

전규삼은 이 무렵, 일본으로 돌아가겠다는 생각을 접고 새로운 일을 찾아 나섰다. 바로 교사가 되는 일이었다. 이때도 집안의 반대가 있었다. "월급쟁이 선생을 왜 해! 그냥 집안 두레나 잘하지!" 부친은 정미소를 물려주길 포기하지 않았다. 사회적으로 존경받는 직업은 아닐지 몰라도, 사람 부려가며 아쉬움 없이 넉넉하게 자라길 바랐던 것이다.

그렇지만 전규삼의 생각은 달랐다. 해방 후 많은 것이 달라지고 있던 혼란의 시절, 그는 학생들이 일어서야 조국이 바로 설 수 있다고 믿었다. 학생들을 제대로 가르치는 것이 중요하다고 느꼈다. 이 시기 12세 이상 총 인구의 78%가 문맹이었다. 학생들마저 전장에 끌려갔던 일제 강점기 말, 학교에서는 고등교육이 제대로 이뤄지지 않았다. 일본은 한국인들이 고급 지식과 기술을 배우지 못하도록 억제했다. 여러 사료를 돌아보면 식민지 교육정책의 목표는 근로인, 하급관리, 사무원 양성에 있었다. '명문' 송도고보조차 수업이 단축됐고, 학생들은 전쟁 수행을 위한 노역과 군사훈련에 시달렸다. 체력적, 정신적으로 힘든 나날이었다. 마침내 일본이 전쟁에서 패하고 일본 교사들이 빠져나가면서 이제야 우리의 정신을 담은, 한글로 된 교육이 제대로 이뤄질 시기가 되었나 싶었지만, 이때부터는 각 학교마다 교사가 부족했다.

1946년 1월, 전규삼은 개성중 교사 모집 공고를 보고 찾아가 도덕, 사회, 역사 과목을 맡았다. 그리고 1년 뒤에는 모교 송도고보의 부름을 받았다. 마찬가지로 교사가 부족해 허덕이던 차, 전규삼이 교사가 됐다는 소식을 들은 학교 선배가 모교 부임을 주선했던 것이다. 송도고보와의 긴 인연은 그렇게 시작됐다. 송도고보는 여전히 '부자 학교'였다. 전규삼은 사회과와 독일어 교육을 맡았지만, 송도고보의 역사를 돌아보면 전규삼의 이름은 체육에서 더 자주 발견됐다. 농구와 빙구, 야구, 빙상, 수영, 기계 체조 등 여러 운동부 학생들도 돌봤다. 전규삼이 학생들에게 운동을 가르치는 일에 집중했던 이유는 여러 가지가 있는데, 그중 가장 중요한 것은 '소속감'과 '일체감'을 갖게 하는데 있어 운동이 긍정적인 영향을 준다는 것이었다. 그리고 그 운동을 통해 개개인은 '자긍심'과 '자립심'도 갖게 된다. 이는 전규삼이 학창시절 농구부원들과 손발을 맞추고, 패스를 받아 골을 넣으면서 갖게 되었던 그 감정과도 일치했다.

또 하나는 '탈출구'로서의 운동이었다. 광복을 했지만, 학생들은 일본 간섭을 받던 시절보다도 더 심한 단속을 받아야 했다. 개성 경찰이 만든 '풍기계'가 학생들 훈육을 담당했는데, 학생들은 여전히 머리를 기르지 못했고, 어딜 가든 감찰관들이 학생들을 감시했다. 전규삼은 일제식 지도방식이 바뀌어야 한다고 주장했지만, 분위기는 쉽게 바뀌지 않았다. 그는 그게 못마땅했다. 이제는 눈치를 봐야 할 대상도 없는데 아직도 학생들을 억압하는 것이 싫었던 것이다.

이처럼 엄격했던 분위기였기에 운동은 학생들에게 탈출구와 같았다. 전규삼은 도움을 필요할 때면 언제, 어디든 달려갔다. 빙구반 재건도 도왔다. 당시 빙구팀이 있는 학교는 개성 시내에 송도고보 외에는 없었다. 그래서 학생들 실력 향상을 위해 졸업생들을 일일이 찾아 교외 체육 팀을 만드는가 하면, 연전(연세대학교), 보전(고려대학교) 등이 개성으로 전지 훈련을 올 때면 교류전도 주선했다. 덕분에 빙구반은 빠르게 실력 향상을 이루며 1947년 전국 학생 빙구 경기 연맹의 제2회 전국 학도 빙구 대회에 출전했다.

그러나 전규삼이 가장 신경 쓴 종목은 바로 농구였다. 학창 시절, 자신의 심장을 쿵쾅거리게 했던 바로 그 농구. 선수로는 두각을 나타내진 못 했지만, 뭔가를 가르치기 위해 계획을 세우고, 설명을 하는 데 있어 전규삼은 탁월한 능력을 발휘했다. 덕분에 1946년 5월 12일, 개성 농구협회가 주최한 전 개성 농구 대회 우승을 시작으로 같은 해 9월 9일부터 열린 제1회 종별 선수권 대회, 조선 기독교 청년회 주최 중등 농구 연맹전 등에 꾸준히 출전했다. 전국 대회에서는 경복, 휘문, 배재, 양정 등 경성 학교에 밀려 큰 성과를 거두진 못 했지만 적어도 개성 시내에서는 개성중과 쌍벽을 거둘 강팀으로 평가되고 있었다. 이때만 해도 전규삼은 '코치' 신분이 아니었다. 그저 여러 체육부를 인솔하고 담당하던 '지도 교사' 신분이었다. 하지만 학생들이 정치·사회적 혼란기에서 받는 스트레스에서 자유롭게 해 주고 싶었다. 그래서 팀을 만들고, 실력을 키우고, 대회에 나가 성취하는 장면을 보며 뿌듯함을 느꼈다. 여러 체육부 활동의 발자취에 '전규삼'이라는 이름이 남아 있는 이유다. 그러나 그 성취감도 오래가지 않았다.

1950년 6월 25일. 새벽 4시. 남북 군사 분계선(軍事分界線)이던 38도선 전역에 걸쳐 북한군이 불법 남침을 시도하며 6·25전쟁이 발발한다. 3년 1개월이나 계속된 이 전쟁은 전규삼의 운명을 송두리째 바꿔 놓았다. 전쟁이 일어나면서 전규삼은 당시 중학생이던 막내 동생 전규진만 데리고 남으로 피난한다. 1986년에 방영된 〈KBS 1TV〉의 토크 프로그램 〈11시(時)에 만납시다〉에서 그는 "1·4 후퇴 당시에 남으로 건너왔다"고 말했다. 여러 신문 인터뷰에서도 비슷하게 말했다. "20일만 피해 있으면 될 것 같아서 중학생인 아우 하나만 데리고 피난했습니다."

전쟁 발발 직후 시내는 아수라장이 됐다. 송도 32회 졸업생 이상은이 〈송도학원 이야기〉에 남긴 글을 인용해 보자. '6·25 아침 비가 내리는데 창밖을 내다보니 소가 끄는 달구지가 끝도 없이 줄을 이어 내려가고 있었다. 달구지에는 뭔가 잔뜩 싣고, 달구지 뒤에는 사람들이 뒤를 따르고 있는 것이 뚜렷하게 보였다.'

다음날인 월요일에는 모두가 평상시처럼 등교했지만 2~3일 후부터는 숨기 시작했다. 학교에는 북측 정치부 사무소가 설치됐고, 학생들은 의용군에 끌려갈까 외출도 하지 못했다. 고향으로, 시골 친척집으로 몸을 숨겼다. 전규삼이 1·4 후퇴 때 남으로 왔다고 하니, 아마도 그도 이 기간에는 은둔 생활을 했을 것이다. 1950년 10월 7일, 국군과 UN군이 개성을 수복하면서 사태는 진정되는 것처럼 보였다. 학교도 10월 9일에 다시 학교를 열었다. 당시 교재, 교구는 전투 때문에 다 파괴되고 분리되어 온전한 것이 없었다. 하지만 교사들과 학생들 모두 "전쟁은 승리하고, 위란(危亂)은 극복해야 한다"며 '일상 복귀'를 위한 강한 의지를 보였다.

하지만 평화는 오래가지 않았다. 회복을 위한 의지가 무색하게도 전쟁의 향방도 얼마 가지 않아 뒤집히고 말았다. 10월 19일, 중공군이 전쟁에 개입했다. 함경남도 풍산 남방까지 진출해 통일을 목전에 두었던 국군과 UN

군은 중공군 반격에 밀려 대규모 철수를 계획할 수밖에 없었다. 12월 4일 평양, 12월 24일 흥남에서 철수했고, 12월 말에는 38도선 이북을 완전히 중공군에게 넘기고 말았다. 서울이 장악된 것은 그로부터 며칠 지나지 않은 일이었다.

애써 일군 학교도 12월 13일, 무기 휴교에 돌입했다. 사실상 송도 학교가 '개성 시대'를 마치던 날이었다. 이 무렵, 적지 않은 이들이 고향과 이별했다. 학생 중에서는 구국을 위해 펜 대신 총을 잡고 학도병에 자원 입대한 이들도 있었다. 그들의 군번은 '023-'으로 시작됐다. 그 당시 송도고보 학생들은 개성을 떠나 기풍군 영정포를 거쳐 김포로 향했다. 김포에 상륙한 피난민들은 서울을 통해 12월 말 인천과 부산 등으로 갈라졌다. 미국 국적 2만 1천톤급 대형 화물선 사우스-윈드호가 그들의 피난을 도왔다. 아마도 전규삼 일행도 그 루트를 따라 같은 배에 몸을 피했을 가능성이 높다.

그 와중에 아우만 챙긴 것으로 보아, 아직 서른여섯 밖에 되지 않은 본인과 곧 고등학생이 되는 아우가 군대에 징용될 것을 우려한 것이 아닐까 싶다.

전규삼 역시 금방 전쟁이 끝날 것이라 여겼을 것이다. 전규삼은 젊은 아내와 다섯 살, 두 살 난 사내아이, 여기에 부모와 조부모까지 두고 왔다. 당시 대부분의 학생들은 부모 없이 고향을 떠났다. 사람들은 지금의 상황은 중공군이 개입해 일시적으로 어려워진 것일 뿐이고, 곧 전황이 회복되면 개성도 안전해질 것이라 기대했다. 그러나 그날 이후 지금까지 누구도 고향땅을 다시 밟지 못했다. 전쟁이 진행되면서 그 아름답던 교정의 참나무에 대한 기억을 공유할 이들도 줄어 갔다.

피난 생활은 고달팠지만, 전규삼은 이 생활이 그리 길어지지 않을 거라 생각했다. 그래서 버텼다. 그저 끝나기만을 기다렸다. 정미소 아들로 태어나 어려움 없이 자라고, 공부도 원 없이 했던 그에게 작금의 어려움은 잠깐 겪는 악몽 같은 것이라 여겼다. 지긋지긋한 전쟁이 끝나면 곧 학교도 정상화될 테고, 아우와 함께 고향으로 돌아가 가족도 만날 수 있지 않을까.

이렇게 생각한 사람은 전규삼만이 아니었다. 송도중학교 황석주 교장의 행적에서도 이를 짐작할 수 있었다. 송도중의 7대 교장이었던 황석주는 학교 직인을 소지하고 부산으로 피난했다. 그곳에서 그는 졸업 예정 증명서 발급을 도왔다. 대학에 진학하고자 하는 학생들을 위해서였다. 계속 공부를 원했던 학생들의 전학도 도왔다. 그렇지만 다른 학교들과 달리, 피난지에서 학교를 새로 열지는 않았다. 조금만 기다리면 북에 두고 온 '우리 학교'에 돌아갈 수 있을 것이라 봤기 때문이리라. 그러나

1952년, 개성이 끝내 미수복지로 남게 됨을 알자, 1회 졸업생인 최규남을 비롯해 윤영선과 박홍근, 김성찬 등이 모여 재개교 준비에 돌입한다. 더 지체할 순 없다는 이유에서였다. 재개교에 있어 어디에 학교를 세워야 하느냐 문제가 대두됐는데, 영등포와 수원, 인천 등 물망에 오른 후보지 중 인천이 선정됐다. 피난 학생들의 지리적 상황을 고려했을 때 인천이 가장 적당하다고 봤던 것이다. 같은 해 졸업한 왕호, 6년 후배 박영래 등 송도 졸업생 출신 교사들이 수소문 끝에 똘똘 뭉쳤다.

그 사이 전규삼은 인천 소학교에서 피난 온 어린 학생들을 가르치며 생계를 이어갔다. 전쟁 피해가 없거나 적었던 지역에서는 피난 온 학생들이 수업을 받을 수 있도록 배려해 주었다. 피난민들을 수용할 공간도 마련해 주었다. 덕분에 전규삼도 한겨울의 칼바람을 피할 수 있었다. 여전히 먹을 것도 부족했고, 물 한 모금이 귀한 시대였다. 벼룩과 이, 악취 정도는 굶주림과 추위 앞에서는 그저 지나가는 소나기 같은 것이었다. 전규삼은 추위는 피할 수 있다는 생각에 만족했다. 그렇게 하루하루 버티고 살아가던 1951년 8월 어느 날, 전규삼에게 찾아온 '재개교'라는 이슈. 송도의 재건. 이는 그가 다시 살아가야 할 새로운 이유이자 '종교'가 됐다.

그리움을 잊으려면 그 방법밖에 없었기 때문이다.

마침 전규삼에게는 점점 확신이 없어져 가던 상황이었다. '다 죽었을 거야. 남하 가족이 있는 집인데, 살아남을 수 있었을까. 다 죽었을 거야. 죽었어…….'

〈우리교육〉 1995년 4월호에 실린 인터뷰 기사에서 인터뷰어 김서령이 규삼에게 "나중에라도 혹시 (가족) 소식을 들은 적은 없는가"라고 물었을 때, 전규삼은 담담한 표정으로 이렇게 답변했다. "생각하고 있으면 못 삽니다. 그런 생각은 팽개치고 살았습니다. 문제가 닥치면 해결하는 방법에는 두 가지가 있는 것 아닙니까. 거기 매달려 악착같이 싸워 이기든가, 아니면 무관심하게 팽개쳐 버리든가." 남북 문제는 결국 그에게 팽개쳐 버릴 수밖에 없는 불가항력의 문제였다.

제5화

새출발

지하철 1호선 동인천역 2번 출구로 나와 한참을 걷다 보면 신포 국제 시장이 나타난다. 지하철역에서 1km 정도 떨어진 곳. 신호등도 많지 않아 여기저기 두리번두리번 걷기에 딱 좋은 코스다. 국제 시장을 지나 2~3블록을 더 지나면 사거리가 하나 나오는데 오래전부터 그곳은 '답동 사거리'라 불렸다. 송도 중학교는 답동 사거리에서 우회전을 하면 나온다. 송도 중학교 출신들은 송도 중학교 교문 바로 앞에 있는 신흥 약국부터 떠올린다. 전규삼이 체육관만큼이나 자주 찾았던 곳이기 때문이다.

1987년 송도고 졸업생 신동재는 그 약국을 이렇게 기억한다. "선배들이 학교에 와서 훈련을 대신 시킬 때가 있었어요. 그럴 때면 할아버지는 슬그머니 자리를 피하셨어요. 그리고는 그 약국으로 가셨지. 훈련 끝날 때까지 그 약국에 계셨던 것이 기억나요. 나는 약국 간다는 이야기가 정말 무서웠어요. 하하."

'할아버지가 약국에 간다'는 것은 선배들의 지옥 훈련이 시작된다는 것과 같은 의미였다. 9년 먼저 졸업한 정태균도 "할아버지가 약국에 간다고 하실 때마다 '오, 제발'이란 생각이 들었죠. 우리가 할아버지 마음 약한 걸 이용해서 까불거린다는 것을 알고선 선배들이 자발적으로 찾아왔었어요. '네 이놈들 혼 좀 나봐라'라는 의미였을까요. 선배들은 야속했고 할아버지는 얄미웠죠. 그런데 나중에는 저희도 그랬습니다. 할아버지 대신 애들 세게 굴렸거든요. 하하"라고 기억했다.

신흥 약국을 지나 교문을 드나들던 신동재는 자라서 농구 심판이 됐고, 정태균은 감독과 해설 위원으로 활동했다. 이들이 말한 '할아버지'는 바로 전규삼. 1950년, 36살의 젊은 나이에 아우와 함께 강을 건넜던 바로 그 송도 출신 교사였다. 그 약국에 대한 기억은 대부분 비슷했다. 정태균과 신동재를 고려 대학교로 스카우트 해간 농구부 감독 박한은 송도 출신이 아닌데도 그 약국을 생생히 기억했다. '할아버지'로부터 선수들을 약속받기 위해서였다. "약국 주인이 아마 내 또래(박한은 1946년생이다)였을 겁니다. 할아버지를 거의 아버지처럼 모셨지요. 훈련 끝나고 오갈 데 없으면, 그 약국에 계셨던 것이 기억이 나요. 송도 농구부 출신이라면 그 약국 모르는 사람이 없을 겁니다." 하지만 처음부터 약국이 '농구인 사랑방'이었던 것은 아니다. 처음에는 아무 것도 없었다. 그 자리에 학교가 세워지고, 학생들이 드나들고, 농구공 튀기는 소리가 들려온 것은 전규삼이 남으로 피난 온지 3년도 더 지나서 이뤄진 일이었다.

1932년부터 13년간 7대 교장을 맡았던 김준성 선생을 중심으로 '송도인'들은 인천 고등학교에 개교 준비

사무실을 설치, 중학교와 고등학교 재개교 준비에 돌입했다. 1952년 4월 5일, 마침내 인천 중구 송학동에서 남녀 피난 학생 500명을 대상으로 새롭게 학교를 설립했다. 몸 돌릴 틈도 없이 빼곡히 학생이 들어선 좁은 운동장. 그들은 반주도 없이 교가를 불렀다.

"산수 좋고 역사-깊은 천년고도에 우~리 학교 차지한 터 반석이로다."

오늘날까지도 송도중과 송도고가 함께 사용하는 이 교가는 교사 이상춘이 지었다. 이상춘은 국어학자 주시경 선생의 제자로 잘 알려졌다. 개성 시대에 조선어 교사로 지내는 동안 작사한 교가다. 전규삼은 얼마 만에 부르는 것인지 기억도 나지 않았지만, 가사는 마치 어제 불렀던 것처럼 생생히 기억났다. 교가를 제창하는 그들의 눈시울은 뜨거워져 있었다. 전규삼도 이미 눈물을 흘리고 있었다. 고향에 대한 그리움을, 가족에 대한 그리움을 조금이나마 잊게 해줄 식구와 터전이 생겼다는 것에 대한 기쁨의 눈물이었다. 이곳은 그에게 가정이고 고향이었으며, 구원이었다.

한동안 피난민과 함께 건물을 사용했던 그들은 1953년 11월 9일, 답동으로 교사를 이전한다. 19개월에 걸친 긴 '피난 학교' 시대를 마치고, 답동 40번지에서 새롭게 역사를 시작하게 된 것이다. 전규삼과 동료 교사들에게 답동에 세워진 교문은 새로운 시작이자, 과거에 대한 완전한 포기를 의미하는 셈이었다.

교문을 열기 하루 전, 전규삼은 동료 교사 왕호와 함께 교문을 바라보며 중얼거렸다.

"왕 선생, 이제는 못 가겠지?"

"금방 돌아갈 수 있을 것 같았는데. 벌써 53년이구만."

"가족 얼굴 한 번만 다시 볼 수 있으면 좋겠는데……. 아니 살아 있는 지라도 이야기를 들으면 좋겠는데."

'답동 시대'의 송도 중학교는 날로 규모를 확장해 갔다. 교장부터 교사까지 그리고 졸업한 동문들까지 학교 재건에 대한 의지가 워낙 컸던 덕분이다. 교사들도 월급의 2할씩을 보탰고, 학생들도 매월 회비를 내면서 재개교 5년 만인 1958년에 학교를 3층까지 지어 올렸다. 운동장도 갈수록 넓어졌다. 각자 배경도 다르고 사정도 달랐겠지만, 신축 학교를 가정이자 고향, 그리고 구원이라 느낀 것은 어쩌면 전규삼만은 아니었던 것 같다.

그렇게 답동에 부지를 마련하고 학교를 만들긴 했어도, 사실 송도인들의 마음속에는 개성에 두고 온 '우리 학교'가 사라지지 않았다. 학교 재건에 몸 바친 인물들이 하나둘 세상을 떠나고, 언젠가는 돌아갈 것이라는 믿음이 헛된 것이라는 것을 인정하기 전까지는 그랬다. 나중에 이르러서는 조금 더 넓은 부지를 알아봤다면 좋았을 것 같다는 말도 나왔다. 급하게 터를 마련해 건물도 지어 올리고, 여기저기 도움을 받아 땅도 매입해 넓혀봤지만 정작 학생들이 안전하게 운동할 체육관조차 마련하지 못했기 때문이었다.

초창기 농구부의 경우, 체육관도 없이 운동장에서 365일을 보내야 했다. 문제는 한두 가지가 아니었다. 흙바닥이다 보니 여름에는 선수들이 점프하고 착지할 때면 바닥에서부터 안개처럼 하얀 먼지 꽃이 뭉게뭉게 피어올랐다. 한두 명만 뛰어도 먼지바람이 휘몰아쳤다. 훈련을 위해 선수들이 모두 모이면 말할 것도 없었다. 여름에는 뙤약볕을 이겨냈고, 겨울에는 강추위와 싸웠다. 여름에는 흘러내리는 땀을 닦아내느라 바빴고, 겨울에는 틈만 나면 손을 비비고 호호 온기를 불어넣으며 드리블하고 슛을 던졌다. 그래서인지 선수들은 눈 오는 날, 비 오는 날만 기다렸다. 그날은 노는 날이었다. 1956년, 농구부가 생긴 지 첫 3년은 그랬다. 이때만 해도 전규삼은 농구부와는 관계가 없었다. 처음에 학교를 재건하고 아이들을 가르치는데 집중했다. 모든 것이 부족했던 그 시절, 전규삼은 학생들이 올바른 교육을 받고, 올바른 방향으로 가길 바랐다. 그가 이처럼 교육에 열정을 쏟고, 학생들이 불편해하는 부분을 찾아 개선하고자 했던 것은 아들 때문이었을 것이란 말도 많다.

그 학생들을 통해서 아들을 봤던 것이다. 전쟁 후 남하한 지 어느덧 6년. 만일 첫째가 살아있다면 중학교에 입학할 나이가 됐을 것이다. 그리움을 달랠 길은 그 하나밖에 없었다. 자식 돌보듯, 세월이 지나서는 손자 돌보듯 그에게 학생은 더 이상 만나지 못할 아들들을 대신해줄 존재였다. 전규삼을 취재하면서 만난 송도 선수 출신들은 단 1명도 빼놓지 않고 같은 말을 했다. "아빠였고, 스승이었고, 할아버지였다"고. 비록 지도에 관여하지 않았지만, 전규삼은 운동부 창설에 관한 일은 발 벗고 나섰다. 애교심 탓이었다. 그는 교장 김연우를 지속적으로 설득했다.

"우리도 운동부를 만들어야 합니다."

"지금 학교 형편에 운동부를 만들 수 있겠습니까?" 교장이 반문했다.

"아무래도 애교심은 개성 시절보다 덜 합니다. 학생들이 교문만 나서면 자신들이 어느 학교 소속인지를 금방 잊는 것 같습니다. 학교를 벗어나기가 무섭게 모자를 바로 벗어버리고, 협동심도 부족하죠. 이런 것들을 이겨내기 위해서는 학교를 대표해 주고, 학교를 알리는 역할을 해 줄 무언가가 필요합니다. 그게 운동부였지요."

61

농구부와 유도부는 그런 이유로 만들어졌다. 그러나 시작은 열악했다. 체육관 없이 시작된 농구부. 바닥이 온전치 않으니 신발이 견딜 리가 없다. 농구화라고 해야 고무를 몇 겹 덧붙인 것이 전부. 그러다 고무가 떨어지면 수선집에 가서 붙이고 돌아왔다. 모두가 어려웠기에 새 운동화를 사달라고 말하는 것은 꿈도 못 꾸던 시절이었다. 농구공도 귀하긴 마찬가지. 그러니 대회 성적이 좋을 리가 만무했다.

농구부가 본격적으로 기지개를 켠 것은 송도중이 1961년, 두 명의 중심을 얻으면서부터였다. 유희형과 서상철이다. 두 인물은 전규삼이 키워낸 첫 스타였다. 이들의 성장사는 한국농구의 역사와도 궤를 함께한다.

유희형은 고교생 신분으로 국가대표팀에 발탁된 수재였고, 서상철도 당대 최고 센터로 은퇴 후에는 금융팀 역사상 최장기간 감독을 맡을 정도로 능력이 출중했다. 그중에서도 유희형은 '새로운 송도'가 낳은 최초의 슈퍼스타였다. 신동파, 김인건, 이인표 등과 함께 아시아를 주름잡았던 득점원이었다. 아울러 전규삼과 관련된 행사가 열릴 때면 늘 앞장서는 인물이기도 하다. 185cm, 어깨가 떡 벌어진 다부진 체격에 호탕한 웃음이 매력적이었던 그는 그 당시 한국 선수들과 달리 점프력과 힘이 무척 좋은 선수였다. 깡마른 몸매 때문에 그 당시 선배들 사이에서 '와리바시(젓가락의 일본말)'라는 별명도 있었는데, 그 몸매에도 어울리지 않는 힘이었다.

또한, 유희형은 스스로도 점프에 자신감을 보였을 정도인데, 가끔 자기 이야기에 심취할 때면 "내가 그 시절 한국의 마이클 조던이었어"라고 말할 때도 있었다. '유희형이 정말 잘했다'라는 것은 마치 대명제로 여겨질 정도로, 이에 대해 핀잔을 주거나 고개를 절레절레 흔드는 사람이 없었다. 그런 유희형이 농구를 시작한 건 학비 때문이었다. 집안이 어려워 학비를 면제받으려면 운동부 입부밖에 없었다. 공부를 잘하는 방법도 있었지만 쉽지 않았다. 학교에서 우열반을 나누면 꼭 우등반에 들어가긴 했지만 도저히 따라갈 수가 없었다. 그래서 운동부를 기웃거렸다. 달리기는 좀 할 줄 아니까. 유희형은 대전 청원군 출신의 촌놈이었다. 대전 현도 국민학교를 졸업했는데, 학급이라 해 봐야 2개밖에 없는 작은 학교였다. 그는 달리기에 소질이 있었다. 덕분에 4학년 때부터 단거리 대회가 있으면 꼭 학교 대표로 출전했다. 그러다 6학년 때는 군 대표로 선발돼서 우승도 했다.

그렇다면 청원군 촌놈이 인천 송도까지 오게 된 이유는 무엇일까. 청원군에서 중학교를 다니려면 하숙을 해야 했는데, 집에 그럴 만한 여유가 없었다. 다행히 출가한 큰 누나가 받아주겠다 하여 서울 성북동으로 옮기게 됐다. 그런데 인천 송도중에는 육상부가 없었다. 핸드볼, 유도 등 이것저것 찾아 봤지만 마음이 가지 않았다. 그때 '농구'라는 것을 소개받았다. 농구부 아이들이 운동장에서 우르르 뛰어다니다가 점프해서 골대에 집어넣는 게 재밌어 보였다. 틈 날 때마다 농구부 운동하는 걸 보러 갔다가 당시 농구부를 인솔하던 민병준 선생에 이끌려 농구공을 잡게 됐다. 1961년 5월이었다. 호기심에 함께하게 된 농구는 그의 인생을 바꿔 놓는다. 일단 유희형은 빠르고 잘 뛰어다녔다. 농구부를 하면서도 종종 100m 대회에 출전했을 정도였으니 그 스피드가 얼마나 빨랐는지 짐작할 수 있을 것이다. 그래서인지 유희형은 "만약에 농구를 안 했다면, 축구나 육상을 계속 했어도 잘했을 것 같아"라는 말을 하기도 했다. 하체도 길어서 같이 달리기 시작해도 동료들보다 몇 걸음 더 앞서갔다. 운동신경도 좋았던 덕분에 금세 선배들을 제치고 선발 멤버가됐다.

전규삼은 유희형에게서 스타가 될 소질을 발견한다. 그냥 잘하는 선수가 아니라 '엄청나게' 잘하는 선수가 될 가능성을 보았다. 유희형은 실력이 좋으면서도 매사에 열심히 하는 선수였다. 겨울에 눈이 쌓이면 눈을 쓸고, 돌멩이를 걷어내 드리블 연습을 했다. 공부도 소홀히 하지 않았다. 전규삼이 그를 마음에 들어했던 이유였다.

그러나 둘의 만남은 1961년 겨울까지 이뤄지지 않았다. 앞서 말했듯이 전규삼은 어디까지나 송도 중학교 교사 신분이었기 때문이다. 적어도 겨울까지는 말이다.

전규삼이 농구부에 본격적으로 관여하게 된 건 교사직을 내려놓은 뒤부터였다.

유희형은 그때 일을 이렇게 기억한다. "1961년에 교감 자리가 났었어요. 아무래도 나이로 보나, 학교 재건에 힘쓴 걸로 보나 선생님 본인이 교감이 될 줄 알았는데, 그만 다른 사람이 앉게 된 거죠. 화가 났던 모양이에요. 그래서 그 길로 교사 자리를 내려놓으셨다고 합니다. 그때만 해도 혼자셨으니까, 과감히 사표를 쓰시고 집에서 쉬셨죠. 그 와중에도 농구를 좋아하셔서 그런지 종종 농구부를 들여다보시곤 했습니다."

동기 서상철도 "갈수록 교사 중에 후배들이 늘어가니까, 본인도 교감 정도는 순서가 올 것이라 생각한 것 같습니다. 물론 자리를 탐내셨던 분은 아닙니다. 애들 가르치는 게 그분 삶의 낙이었어요. 나중에 유명해지신 뒤로는 여자 농구나 그런 곳에서도 스카우트 제의가 많았다고 들었어요. 그런데 다 마다하셨죠. 교편을 잡으시면서 코치를 하셔도 됐을 텐데, 한 가지 일에만 계속 집중하셨습니다"라고 돌아봤다.

기다리면 기회가 왔을지도 모른다. 그렇지만 학교

를 '종교'처럼 믿고 학생 교육만 신경 썼던 전규삼은 배신
감도 들고 아쉬움도 남았다. 학교에선 평교사로 남아 주
길 바랐지만 더 그러고 싶지 않았다. 미련을 남기고 싶
지 않아 아예 인천을 떠날까도 생각했다. 그 무렵, 농구
부에는 작은 변화가 일어난다. 농구부를 지도하던 코치
가 팀을 떠나게 된 것이다. 초창기 농구부는 최복영이 지
도하고 있었다. 송도 출신으로 그 당시 농협 농구 선수였
던 최복영은 군 복무 대신에 농구부 지도를 맡고 있었다.
군 복무 대신 온 것이니 전문적인 지도가 이뤄졌을 리는
없다. 그러나 그가 복무를 마치고 돌아가자 그마저도 이
끌어 줄 지도자가 없었다. 선수들은 궁리 끝에 전규삼을
찾아가기로 한다. 평소 오가면서 건네주었던 '원 포인트
팁'이 기억났기 때문이다. 유희형과 서상철, 김정규, 김호
성, 김호선, 김진태, 이강일, 왕우종 등 선수들이 다 같이
전규삼 앞에서 고개를 숙였다. "저희 좀 끌어주십시오!
농구를 잘하고 싶습니다!"

그런데 문제가 있었다. 학교에는 코치를 위해 마련
해 둔 자리가 없었다. 한동안은 무급 코치로 일하는 수
밖에 없었다. 까까머리 중학생들이 전규삼이 왜 학교를
갑자기 그만두었는지, 왜 선뜻 제안을 수락할 수 없었는
지 그런 속사정을 알 리가 없다. 선수들이 코치를 부탁하
고 일주일이 지났지만 전규삼은 나타나지 않았다. '안 오

66

시나보다' 싶어 낙담했던 선수들. 찬바람이 체육복의 숨은 틈 곳곳을 파고 들던 어느 겨울날, 손을 비벼가며 농구하던 학생들 앞에 낯익은 실루엣의 중년이 나타났다. 170cm 밖에 안 되는 작은 체구에, 털모자에 외투를 두껍게 껴입은. 바로 전규삼이었다.

"드리블부터 시작할까?" "감사합니다!" 운동장에 중저음의 함성이 울려 퍼진다.

'농구 코치' 전규삼의 역사가 시작되던 순간이었다.

전규삼은 송도를 너무 좋아했다. 학생들을 좋아했다. 그리고 농구를 좋아했다. 모든 것을 두고 떠나기에, 전규삼이 정신적으로 의지해 온 부분이 너무나 컸다. 무급이면 어떠하랴. 심기일전한 그는 자식들을 보러, 농구를 보러 다시 '친정' 교문을 들어섰다. 농구가 송도 중학교, 송도 고등학교의 교기가 된 것은 아마도 그때부터가 아니었을까.

제6화

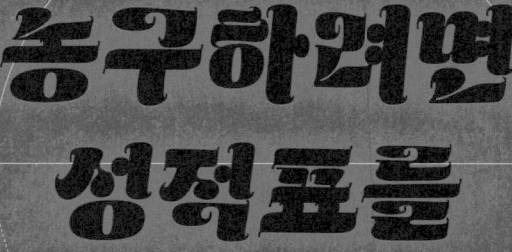

농구하려면
성적표를

1960년대 초, 체육관 없이 농구 하던 선수들은 지쳐 갔다. 학교도 고민이었다. 체육관이 없어 새로운 선수를 수급하는 것에도 한계가 있었다. 스카우트를 하려면 '당근'이 필요한데 선수들을 구슬릴 명분이 부족했다. 잘한다는 유망주들은 서울로 몰리고 있었다. 지원도 좋고, 합숙 시설을 갖춘 곳도 있었다. 대학 감독들이 인천 끄트머리에 있는 학교까지 스카우트를 하러 올 이유가 없었다. 1975년부터 고려 대학교 감독을 지낸 박한은 1970년대 '답동 가는 길'을 이렇게 회상했다.

"1호선 동인천역을 가려면 서울역에서 출발해야 했어요. 그래서 안암동에서 버스를 타고 서울역에 가서 다시 거기서부터 지하철을 타고 쭉 갔죠. 가끔은 강남에 있는 집에서 출발할 때도 있었는데, 강남에서 반포, 다시 흑석동에 가서 버스를 갈아타고 노량진에 가서 다시 버스나 지하철을 탔습니다. 가는 데 2시간, 오는 데 2시간이었습니다. 멀었죠. 정말."

박한은 그 먼 길을 2달 가까이 매일 오갔다. 출근 도장 찍듯 간 것이다. 그가 이런 고생을 사서 한 이유는 단 하나. 바로 송도고가 배출한 유망주들을 데려오기 위해서였다. "전규삼 선생님을 뵈러 갔죠. 갈 때마다 인사드리고 식사 같이 하고, 그러면서 매일 졸랐습니다. '선생님, 저 아이 제게 주시지요'라고요."

고려대 스카우트 역사에서 가장 큰 지분을 차지하는 송도고와의 인연은 아직 훗날 이야기다. 유희형과 서상철이 자랄 때만 해도 아직 송도중, 송도고 농구는 대한민국 아마추어 농구에서 '변방'에 불과했다. 서울의 양정고, 용산고, 경복고, 성동공고 등은 전쟁 후 고교 농구를 주도해 온 소위 말하는 '주류'였다. 지금은 농구부가 해체된 성동공고는 1957년부터 3년 연속 우승을 하기도 했고, 60년대에는 이인표와 최명룡 같은 거물들을 배출하기도 했다. 비로소 체육관이 생긴 건 1964년, 두 선수가 고등학교 1학년에 진학한 뒤였다. 사실, 체육관이라고 말하기에도 굉장히 초라했다. 2층 교실 서너 개를 허물고 연결시켜 공간을 마련했다. 마룻바닥을 깔고, 농구 골대까지는 들어갔다. 문제가 있다면 급하게 공사하느라 바닥이 울퉁불퉁했다는 것 그리고 교실을 허물고 만든 탓에 천장 높이가 무척 낮았다는 것이었다. 1960~1970년대만 해도 '3점 슛'이라는 것이 없었다. 한국에 3점 슛은 1984년에 도입됐는데, 그전에는 몇 미터 거리에서 던지든 모두 2점이었다. 그러다 보니 먼 거리에서는 슛을 던질 엄두도 내지 못했다. 천장에 걸렸던 탓이다.

그래도 선수들은 이게 어딘가 싶었다. 추위에 떨지 않고 공을 던질 수 있게 됐으니 말이다. 마침 선수들 사이에서는 '김영기 따라 하기'가 유행이었다. 유희형보다

13살 많은 1936년생인 김영기는 당대 최고의 농구인이었다. 1955년 배재고를 졸업하고, 고려 대학교를 다니며 코트를 휩쓸었다.

한국 농구의 '슈팅 테크니션' 계보는 신동파에서 시작되어 이충희와 김현준(작고), 문경은과 우지원 등으로 연결되는데, 그 계보에 앞서 이미 원 핸드 점프 슛을 자유자재로 던지고, 돌파도 기가 막히게 했던 테크니션이 바로 김영기였다. 김영기는 훗날 유희형이 국가대표가 되어 금메달을 목에 걸 당시 대표팀 감독을 맡은 인물이기도 했다. 김영기의 드리블은 사람들을 매료시키기에 충분했다. 고수는 고수를 알아보는 법이라고 농구를 잘하는 사람들일수록 김영기의 기술에 홀딱 반해버렸는데, 유희형도 그중 하나였다. "야외 코트에서 처음 그를 봤는데, 그 울퉁불퉁한 코트에서도 어찌나 드리블을 자유자재로 안정적으로 보여 주던지 밤새 따라 했습니다."

체육관은 선수들의 발전을 끌어낸 마당이 됐다. 학생, 교직원 할 것 없이 모두 귀가하고 교문이 잠긴 뒤에도 선수들은 체육관을 떠나지 않았다. 때로는 촛불 하나 켜고 어둠에 가려 보일까 말까 한 곳에서 의자를 쌓아 놓고 피하면서 드리블 연습을 했다. 잘 안 보였지만, 바닥 대신 앞만 보며 드리블을 이어가고 슛도 던졌다. 이런 훈련 방식은 1970년대 이충희 시대까지도 계속됐는데, 이들 모두 "바닥은 울퉁불퉁하고 주변은 어두워서 실력이 더 향상된 것 같다"고 입을 모았다.

체육관 시설에 가장 기뻐한 인물은 바로 전규삼이었다. 선수들이 시간, 공간 제약 없이 좋아하는 농구를 즐길 수 있게 됐으니 말이다. 하지만 그 체육관에 아무나 들어오지는 못했다. 전규삼은 농구부원들을 모아두고 한 가지 당부를 했다.

"우선은 사람이 되어라." 아니, 우리가 사람이 아니면 짐승인가? 선수들은 술렁였다.

"인격적으로 준비가 되어 있지 않으면 농구를 할 수 없어. 너희는 수업에 꼭 들어가야 돼! 수업도 안 끝났는데 땡땡이 치거나 체육관에 오는 놈들은 다시는 공 못 잡을 줄 알아! 그리고 성적표도 제출해야 돼! 성적 많이 떨어지는 녀석들도 농구 못 해. 공부해야 돼. 알았어?"

선수들은 설마설마 하면서도 일단 대답부터 하고 봤다. "네!"

그로부터 40여 년이 지난 2019년 봄. 나는 당시 이야기를 취재하기 위해 유희형의 동료였던 서상철과 연락했다. 마침 서상철의 장남도 농구기자가 된 덕분에 다른 농구원로들에 비해 연락이나 섭외는 비교적 수월했다. 그의 장남을 보며 '피'는 속일 수 없다는 말이 생각났다. 그 아들은 〈점프볼〉이라는 농구전문잡지에서 나와 함께

73

일한 후배 서민교 기자였다. 부친을 닮아 키도 크고 인상도 서글서글하니, 입사 초기에는 '농구 기자계의 연정훈(배우)'이라는 별명도 있었다. 아마도 그 외모와 큰 키는 부친에게서 물려받은 것이리라. 서 기자에게 전규삼 선생과 서상철의 이야기를 묻자 흔쾌히 연결시켜주었다.

전화를 받자마자 서상철은 껄껄 웃으며 말했다. "우리 노장이요?(서상철)", "네? 노장이요?(손대범)" "그래요, 노장. 지금 아이들은 '할아버지'라고 부른다지. 우리 때는 선생님이라 불렀는데, 안 계실 때는 '노장'이라 불렀어. 나이 드셨는데도 체력이 어찌나 좋으신지, 우리가 '노장'이라 불렀지.(서상철)"

서상철은 전규삼의 '학업'에 대한 욕심을 이렇게 설명했다. "내가 이제 72살인데, 사회생활을 하다 보니까 노장이 했던 말이 그렇게 와 닿을 수가 없소. '운동이 전부가 아니다. 사람이 중요하다'라는 말을 했는데, 그게 내 인생에서 정말 큰 영향을 주었죠. 공부도 해야 하고, 자기 개발도 소홀히 하면 안 된다고 강조했습니다. 나중에 저는 은퇴하고 농구와 관계없이 은행원이 되겠다고 결심했는데, 선생님 가르침 덕분에 은행 업무에 잘 집중했고, 남부럽지 않게 경력 쌓고 은퇴했습니다."

서상철은 1986년 산업은행 감독을 맡아 8년 간 팀을 이끌어 최장수 감독 기록을 세웠다. 1994년 2월, 감독에서 은퇴한 서상철은 현업으로 복귀해 정년까지 근무했다.

서상철의 말처럼 전규삼은 선수들에게 "너희는 지금 배운 지식으로 평생을 살아야 한다"는 말을 강조했다. 선수들에게 아침 7시까지 집합을 지시, 1교시가 시작되는 9시까지 훈련을 시켰다. 수업을 듣고서 7교시가 끝나는 3시에는 다들 체육관으로 돌아왔다. 그때부터 저녁 7시까지 팀 훈련이 이어졌다. 팀 훈련이 끝나면 9시까지 개인 훈련이었다. 내일모레 대회가 열려도 훈련 시간은 절대 바뀌지 않았다. 꼭 들어야 할 학교 수업을 다 듣기 전에는 소집하지 않았다. 대회가 오전에 끝나면 오후 수업을 들여보냈다. 수업 시간에 조는 일도 용납하지 않았다. 땡땡이도 칠 수 없었다.

그에겐 비밀 출석부가 있었다. 제시간에 등교를 하는지, 수업 시간에 졸지는 않는지, 시험은 잘 봤는지 교사들을 통해서 꼼꼼하게 체크했다. 전규삼에게는 상대 팀 전력을 분석하는 비밀 노트보다도 중요했다. 실제로 선수 중 한 명이 오전 수업을 며칠째 등한시했다는 이유로 농구부 근처에 발도 못 붙이게 했던 사건이 있었다. "네 놈이 여기서 농구 잘한다고 크게 잘되고 그런 거 아니다! 학생이면 학생답게 공부를 해야지. 지금 네가 하는 일이 올바르다고 생각하나!" "죄송합니다. 너무 힘들어서 그랬습니다." 학생이 무릎을 꿇고 빌자, 전규삼은 한 번 더 힘주어 말했다. "술, 담배, 여자! 나중에 커서도 얼마든지 할 수 있는 것들은 나중으로 미뤄 두라고! 너희는 운동하는 기계가 아니야. 운동하면서 공부하는 학생이라는 걸 잊어선 안 돼!"

전규삼은 매달 시험을 볼 때마다 성적표를 걷어 조사했고, 영어와 한자를 외우게 해 불시에 쪽지 시험도 봤다. 이처럼 학업에 대한 코치의 열정이 진심이며, 굉장히 진지하다는 것을 깨달은 선수들은 '에라, 모르겠다'는 심정으로 아예 맨 앞자리에 앉아 버렸다. 피곤하다는 핑계로 졸거나 지나칠 것을 걱정해서였다. 학교 수업이 없는 일요일만이 유일하게 '하루 종일 농구하는 날'이었다. 그런데 흥미롭게도 전규삼은 결코 농구 때문에 기합을 주거나 회초리를 들지 않았다. 경기 중에 실수를 해도 허허, 연습 중 동작을 틀려도 허허, 슛을 못 넣는다 해도 허허.

그렇지만 '기본'을 우습게 여길 때만큼은 호랑이가 됐다. 전규삼이 강조한 '기본'은 단순히 '공부 잘하는 사람'이 아니었다. 그는 사람을 대할 때도 기본을 지키길 바랐다. 당시만 해도 운동부는 '패는 일'이 일상이었다. 코치는 학생을, 선배는 후배를, 구타와 폭언의 대물림이 이어졌다. 그 시절 선수로 뛰었던 10명 중 7명은 "하도 매질을 당해 허벅지가 터져서 나중에는 바지도 제대로 못 입을 정도였다"는 기억을 갖고 있었을 정도. 맞을 때는 '난 커서 저런 선배는 되지 않을 거야'라고 속으로 분통을 터트리면서도 정작 본인이 선배가 되고서는 똑같은 방식으로 후배를 길들이는 군대식 문화가 체육계 전반에 자리 잡고 있었다. 송도라고 다르지 않았다. 전규삼이 오기 전까지만 해도 얼차려는 흔한 일이었다. 그러나 전규삼은 팀을 맡은 뒤부터 그런 선배들을 보고 넘기지 않았다. 지시하지 않은 기합이나 폭언이 발각될 때면 즉시 체육관에서 나가야 했다. 불같이 화를 냈다.

"나는 선생님이랑 함께한 내내 한 번도 맞은 적이 없어요. 그땐 몰랐지만, 나중에 알고 보니 정말 고마운 일이었죠." 유희형의 말이다. 서상철도 똑같은 말을 했다. "어휴, 운동한 사람 중에 매 한 번 안 맞고 졸업한 사람은 송도 선수들밖에 없을 겁니다. 나는 은퇴할 때까지 대학에서 기합 받은 게 전부였어. 매라는 것을 모르고 자랐지. 주위에 팀들이 여자들 때리고 그러는 걸 보면 겁이 나더라고. 근데 노장은 절대 매를 안 들었어요. 선배가 후배를 기합준 거 걸리는 날에는……. 어휴, 말도 못 합니다."

이처럼 농구에 관해서는 한없이 관대했지만 전규삼은 자신의 정해둔 '사람의 원칙'을 벗어나지 않았다. 마치 자식을 돌보듯, 자식 잘되기만을 바라듯 학업과 농구의 밸런스를 맞출 수 있도록 최선을 다했다. 체육관에서도 마지막 한 명이 운동을 마치고 나갈 때까지 함께했다. 쉰 살이 다 될 무렵까지도 지친 기색 하나 없이 선수들을 열성적으로 가르쳤다. 그래서 붙은 별명이 바로 '노장'이었다.

"농구 코치가 된 뒤부터는 1년, 365일, 24시간 내내 농구 생각만 했던 양반이었어요. 그래서 어린 마음에 그런 생각도 해 봤죠. '야, 저 선생님은 아프지도 않나.' 선생님이 편찮으시면 우리가 좀 쉴 수 있지 않을까 생각했던 거지. 그런데 우리보다도 쌩쌩했습니다. 하하. 쉬는 날이 없었어. 그러니 '노장'이었지."

서상철은 학창 시절을 떠올리며 이렇게 말했다.

제7화

오른팔을 묶어라

"선생님, 이게 뭡니까?" 전규삼의 손에는 노끈이 있었다. 유희형에게 오른팔만 뒷짐을 지라고 하더니 노끈으로 몸부터 팔까지 칭칭 두르기 시작했다. 포승줄에 묶인 죄인처럼, 유희형은 영문도 모른 채 오른팔만 묶이는 자신을 보고 놀라움을 감추지 못했다. 오로지 왼팔만 자유였다. 처음에는 깔깔 웃던 동료들도 전규삼의 진지한 표정을 보고선 이내 표정관리에 들어갔다. 노장이 저러는 데에는 다 이유가 있을 거라 생각한 것이다. 오로지 당황한 유희형만이 답답함과 불편함이 섞인 표정으로 "어, 어……. 선생님? 왜 그러십니까?"를 되풀이하고 있었다.

"자, 지금부터 일주일이야. 농구선수로 성공하려면 오른손, 왼손 다 쓸 줄 알아야 돼. 김영기 선수 좋아한다고 했지? 김영기 선수 봐 봐. 다 잘 쓰잖아. 너는 오른손잡이라 습관적으로 오른손을 쓰게 되니까. 지금부터는 아예 왼손으로 생활해. 연필도 왼손으로 잡고, 밥도 왼손으로 먹어. 양치할 때도, 밑 닦을 때도 왼손이라고."

전규삼의 이 방식은 굉장히 즉흥적인 것이었지만, 그렇다고 마냥 비전문적이진 않은 방식이었다. 1980년대와 1990년대 한국 농구를 주름잡으며 '농구 대통령'이라 불린 허재나, 미국 프로 농구(NBA)를 지배한 슈퍼스타 코비 브라이언트(Kobe Bryant), 크리스 폴(Chris Paul) 같은 스타들은 양손을 다 잘 쓰고 싶어서 다른 한 팔을 묶고 생활하며 이를 습관화했다는 내용이 있다. 핸디캡을 극복하기 위해서는 그 핸디캡과 정면 승부를 벌이는 수밖에 없다. 그래서 미국 농구 명문 대학 듀크(Duke)에서 대학 감독 중 가장 많은 승리를 거둔 마이크 슈셉스키(Mike Krzyzewski)는 "모든 경기는 노력과의 정면 승부다"라는 명언을 남기기도 했다.

유희형은 그날부터 모든 생활을 왼손으로 했다. 왼쪽 드리블이 가능하도록, 상황에 따라 왼손으로도 슛이 가능하도록 말이다. 단 일주일 만에 완벽하게 사용하기란 불가능했을 터. 그러나 평소에도 노력파로 유명했던 유희형이 왼손에 적응하기까지는 그리 오랜 시간이 걸리지 않았다. 전규삼은 그때부터 새로운 과제를 내린다. "너는 밖에서 플레이할 줄 알아야 돼." 여기서 '밖'은 골 밑이 아닌 '외곽'을 의미한다.

한마디로 센터가 아니라 가드와 포워드 포지션을 맡으란 이야기였다. 그 당시만 해도 한국에서 185cm는 굉장한 장신이었다. 다른 학교였다면 그는 센터 내지는 파워포워드를 맡았을 것이다. 드리블은 꿈도 꾸지 못한 채 리바운드 잡는 연습, 골 밑에서 패스를 받아 슛 넣는 연습을 중심으로 했을 것이다. 태생적으로 장신 선수가 부족한 한국 농구 현실을 감안하면 굉장히 현실적인 부분이었다.

그러나 전규삼은 유희형을 하나의 포지션에 묶어 두지 않았다. 어디서 공을 잡든 재주를 발휘할 수 있는 선수로 만든 것이다. 장신인 유희형은 육상에도 소질이 있었을 정도로 스피드가 좋았다. 전규삼은 그 스피드와 높이라면, 전천후가 되어 모두를 압도할 수 있을 것이라 내다봤다. 그리고 작은 선수들을 상대할 때도 잘 발휘될 수 있도록 매일 새벽마다 달리게끔 했다. 증언에 따르면 훗날 유희형은 대표팀 발탁 뒤 태릉 선수촌에서 산악 구보를 할 때마다 전 종목 국가대표 선수들을 통틀어 1등을 놓치지 않았단 후문이다. 드리블도 어지간한 가드 못지않게 능했다. 게다가 힘과 탄력까지 좋아 국내에서는 상대할 선수가 없었다.

전규삼의 훈련 시간은 길고 고되었지만, 지루할 틈이 없었다. 드리블, 패스, 슛, 다시 드리블, 패스, 슛. 전술 훈련보다는 기본적인 공격 기술만 반복시켰다. 송도중과 송도고가 분리되기 전까지 중학교 1학년부터 고등학교 3학년까지, 모두가 계속 같은 훈련을 반복했다. 고등학교 3학년은 이 훈련을 6년째 반복하는 것이었지만 선수들은 매번 전규삼의 아이디어에 놀라곤 했다. 전규삼이 지도한 방식은 남달랐기 때문이다.

전규삼이 지휘봉을 놓을 무렵이었던 2000년대에 그의 지도를 받았던 제자 김현중은 전규삼을 '대한민국 최초의 스킬 트레이너'라고 표현했다. 프로 농구 선수를 거쳐 지금은 선수들을 대상으로 기술을 가르치고 있는 김현중은 "상상하기 힘들 정도로 선진적이었다"라고 돌아봤다. 이는 서상철, 김동광, 이충희 등 60~70년대에 지도를 받은 제자들도 동의하는 부분이다.

실제로 그가 1960년대에 가르친 기술 중에서는 2000년대 들어서야 비로소 한국 농구에 보급이 되기 시작한 기술들도 더러 있었다. 예컨대 투 볼 드리블(Two Balls Dribble ; 농구공을 2개 갖고 하는 드리블 훈련), 스텝 백(Step back ; 제 자리에서 뒤로 점프하여 한 걸음 물러서서 던지는 슛), 플로터(Floater ; 레이업 슛처럼 뛰어올라 훅슛처럼 던져놓는 슛으로 주로 장신들을 피해 높은 포물선으로 던지는 슛) 등인데, 오늘날에도 보수적인 지도자들 사이에는 '화려한 개인기' 정도로 여기는 경향이 있는 고난이도 기술들이다.

유희형의 뒤를 이어 몇 년 뒤 송도 농구의 새 간판으로 등장했던 김동광도 말한다. "지금 생각하면 참 희한하죠. 그때는 인터넷도 없고, 지금처럼 NBA 농구를 매일 해주던 시절도 아니었는데 그 양반은 그걸 신기하게 다 알고 있었어요. 지금 애들이 하는 걸 우리는 그 당시에 배웠거든요."

서상철도 같은 기억을 꺼냈다. "제가 생각나는 건

농구부실에 NBA 스타 선수들 사진이 많이 붙어 있었다는 거예요. 사진에 담긴 선수들의 동작들을 가리키면서 '너희도 저 선수들처럼 할 수 있어'라고 말씀하셨어요. 심지어 우리 팀 유니폼도 디자인하셨는데, 그럴 때 NBA 유니폼을 많이 따라 했어요."

일본 유학 생활 10년에 독일어과 교사. 전규삼은 아마도 우리말뿐 아니라 일어, 독일어에도 능통했을 것이다. 이쯤 되면 능숙하진 않더라도 영어도 어느 정도 했을 터. 그 시기만 해도 인천에 미군 부대가 많았으니 아마도 다른 농구인들보다는 서양의 농구 정보를 접하는 데 있어 거부감이 덜했고, 또 본인도 더 나아지기 위해 적극적으로 받아들이고 싶었던 것으로 보인다.

전규삼은 제자들이 작은 키를 극복하길 원했다. 본인이 학창 시절, 자신보다 키 크고 덩치 좋은 상대들에 밀려 고생했던 기억 때문이다. 그래서 기본기를 강조하고, 장신들을 극복할 방법을 고안했다. 그것도 선수 개개인의 특성에 맞게끔. 언제나 전규삼의 훈련은 눈앞의 성과에 목적을 두지 않았다. 내일 대회가 있든, 연습 경기가 있든 상관하지 않았다. 언젠가는 써먹어야 할 기술을 습득하는 것이 유일한 목적이었다. 그래서 훈련 내용이 똑같았다. "그때부터 멀리 보신 것 같아요. 우리가 동양인이니까, 키가 작으니까, '양놈들하고 싸우려면 키 큰 놈들이기는 경험을 많이 해야 한다'면서 이런저런 기술을 전해 주셨거든요." 유희형의 말이다.

드리블, 패스 등 기본기 위주였던 개인 훈련과 마찬가지로, 팀 훈련도 전규삼의 색깔이 반영됐다. 속공을 하되, 드리블을 하지 않고 패스만 주고받으면서 진행하라는 것이었다. 행여나 습관적으로 드리블이 나올 때면 처음부터 다시. 대신 패스는 뒤로 줘도, 눈을 감고 줘도 신경 쓰지 않았다. 오로지 전달만 잘 되고, 빠르게 넘어가면 오케이였다. 이런 송도의 스타일은 입소문을 타고 근처 여자학교나 여자 실업팀에게도 퍼져나갔는데, 몇몇 지도자들이 그들의 스타급 선수들을 전규삼에게 맡기기까지 했다니, 그 실력은 모두가 인정했던 모양이다.

그 스타 중에는 한국 여자 농구의 신화, 박신자도 있었다. 박신자가 누구인가. 1967년, 세계 여자 농구 선수권 대회에서 한국을 준우승으로 이끌고 MVP를 거머쥔, 한국여자 농구에 있어서는 빼놓을 수 없는 전설 아니던가. 1999년 한국인으로는 최초로 미국 여자 농구 명예의 전당에 입성하기도 했던 그 레전드도 상업은행 시절에 송도를 찾아 전규삼에게 농구를 배웠다. 1990년대 한국에 전국적인 대학 농구 붐을 일으킨 연세 대학교 '독수리 군단'도 송도에서 합숙을 했다. 당시 연세 대학교를 이끌었던 최희암 전 감독에게 직접 이 사실을 물어봤는데,

최희암 전 감독은 "20년이 다 된 일인데도 생생하다"며 답을 해 주었다.

"송도 중학교로 서장훈, 우지원, 김훈을 보냈습니다. 일종의 유학을 보낸 셈이지요. 하하. 여름 방학 때 먹고 자면서 배우라고요. 힘으로만 하는 농구가 아니라, 기술 농구를 하는 분이셨거든요. 제가 아무리 대학 감독이라고 해도 모르는 기술이 있으니 직접 배웠으면 좋겠다 싶었는데 선생님이 흔쾌히 허락해 주시더군요."

전규삼은 유희형에게 올-어라운드 플레이어(All-around Player)가 되어야 한다고 강조했다. 키가 크다고 골 밑에서만 있지 말고, 그렇다고 밖에서만 공을 잡고 움직이는 것이 아니라 전천후가 되라는 당부였다. 그러면서 오른손을 묶었다. 그러나 이 방법은 오로지 유희형에게만 사용했다. 전규삼은 선수들의 특성 하나하나를 파악해서 접근했다. 키가 컸던 서상철은 센터에게 필요한 기술을 전수했다. 그 당시만 해도 센터는 몸싸움과 리바운드를 잘 하고, 큰 키와 넓은 시야로 동료들에게 패스를 잘해 주면 높은 평가를 받았다. 하지만 전규삼은 내가 자신 있게 제일 잘 쓸 수 있는 기술 하나를 만들어야 한다고 강조했다. 그래서 가르친 것이 훅슛과 탭슛이었다. 서상철은 "아마 우리나라에서는 내가 거의 1호일 것"이라고 뿌듯해했다.

선수들에게 개별적인 강조를 할 정도라면 그만큼 관찰력과 판단력도 뛰어났다고 볼 수 있다. 그런데 그 관찰의 범위는 비단 농구나 공부에만 속해 있지 않았다.

1965년, 대회를 앞둔 봄날, 전규삼은 고등학교 2학년이었던 유희형을 슬쩍 불렀다. 전규삼은 조용히 검은 봉지에서 운동화를 꺼내 보였다. "다른 녀석들에게는 말하면 큰일 나. 이제 그만 수선하고 이거 신도록 해." 새 고무 냄새가 방안을 가득 채운다. 가난했던 유희형이 계속해서 수선하고 얻어 신는 것이 딱했던 모양. 남들 몰래 운동화를 사주면서 열심히 해야 할 이유를 만들어 주었다. 유희형은 "그때 이후로도 2~3번 정도 더 사 주신 것 같다"고 돌아봤다. 서상철의 기억에도 전규삼은 따뜻한 인물로 남아있다. "시골에서 올라와 학교 숙직실에서 자취를 했어요. 교사들이 쓰는 곳이었는데, 노장께서 숙직실에서 자라고 도와주셨죠. 지내다 보면 종종 먹을 것도 주시고, 좋은 이야기도 많이 해 주셨어요. 아마도 제가 옆으로 삐뚤어지지 않고 바로 갈 수 있었던 것도 그때 노장 덕이 컸습니다." 서상철은 깊은 한숨을 내쉬었다.

전규삼이 이처럼 코트 밖에서까지 이들을 챙긴 이유는 무엇이었을까. '1호 제자'라는 의미 때문에? 명예나 숫자에 연연하지 않던 전규삼의 성격상 그랬을 것 같진 않다. 아마도 그 이유보다는 북에 두고 온 두 아들, 별 탈

없이 자랐다면 지금쯤 유희형, 서상철만큼 나이가 들었
을 그리운 혈육들 때문은 아니었을까.

제8화

인천에서
미국 농구를

"짐 챙겨라. 오늘은 월미도로 간다." "네?" 선수들 눈이 휘둥그레진다. 월미도라고? 노장 성격에 소풍은 아닐 테고, 설마 백사장? 1965년 초, 유희형과 서상철은 태어나서 처음으로 '외국'이라는 곳을 경험해 본다. 그것도 인천 한가운데에서 말이다. 전규삼이 월미도로 가자고 했을 때만 해도 선수들은 이 추운 날씨에 바닷가 백사장이라도 달리는 거 아니냐며 불안해했지만, 전규삼이 향한 곳은 다행스럽게도 걱정했던 그곳이 아니었다. 인천 지구 항만 사령부 내 미군 부대. 생전 처음 보는 양식의 건축물들이 줄을 지어 서 있던 그곳은 또 다른 미국이었다. 들어가서 보고 싶어도 철조망이 있어 쉽게 넘어가지는 못 할 것 같았던 그곳 정문에는 선수들보다도 훨씬 덩치 큰 군인들이 총을 들고 보초를 서고 있었다. 선수들은 자연스럽게 위축됐다. 유일하게 전규삼만이 동네 문구점을 가듯 편하게, 그리고 당당하게 발걸음을 옮기고 있었다.

1945년, 일본이 항복한 후 월미도를 비롯한 인천 지역에 해안 경비를 위한 제반 시설이 강화됐다. 주한 미군 부대가 주둔하던 인천 지구 항만 사령부도 그중 하나다. 1970년대 초까지만 해도 인천 7개 지역에 주둔해 있었는데, 이후 전국으로 분산됐다. 총기 난사, 탈영, 교통사고 등 크고 작은 사건도 많았다. 한국인들에게는 이곳은

'신(新)문물'을 접할 수 있는 꿈과 같은 통로이기도 했다. 지금이야 해외 여행도 자유로워지고, 유튜브와 소셜미디어가 워낙 발달해 해시태그만 검색해도 미국 시카고 날씨가 어떻고, 스페인 마드리드의 어느 카페가 '핫 플레이스'인지 알 수 있다지만 그 시절에는 미국의 분위기를 느낄 수 있다는 것만으로 밤을 새워도 이야기가 끊이지 않을 좋은 안주거리였다.

그런 의미에서 송도중, 송도고 농구 선수들은 자랑거리가 넘쳐났다. 온통 백인과 흑인뿐인 세상. 들어가는 순간부터 사방에서 영어가 들려오던 낯선 분위기. 그곳은 한마디로 '미국'이었다. 선수들은 입을 쩍 벌리고 한동안 다물지를 못했다. 체육관 건물은 더 신세계였다. 세상에. 우리는 평소 체육관에서도 추워서 오들오들 떨고 있는데, 여기 사람들은 온통 웃통을 벗고 달리고 있는 것 아닌가.

"조 선생, 고맙습니다." 전규삼이 길을 안내해 준 한 남자에게 정중히 인사한다. 정확한 이름과 기록은 남겨져 있지 않다. '박 감독', '최 기자님' 등 나이를 막론하고 항상 호칭을 정중하게 불러왔던 전규삼의 성격상, 아마도 그가 군인이라면 계급을 붙여 인사했을 것이다. 그런데 단지 '선생'이라고 하는 것을 보니 미군 부대와 가까운 공무원이나 상인이 아니었을까 싶다. 유희형은 체육관 관리인이었을 것 같다고도 회고했다. 전규삼은 선수들에게 말했다. "짐 내려놓고, 몸 풀어라. 우리는 쟤네들이랑 농구 할 거야." 선수들은 깜짝 놀랐다. 전규삼이 가리킨 쪽에 있는 '쟤네'는 바로 미군들이었다. 한눈에 봐도 다들 180cm가 넘는 건장한 체격이었다. 게다가 딱 봐도 '군인'답게 어깨도 벌어져 있었다. 부딪치면 날아갈지도 모른다는 생각이 들 정도로 컸다. 미군들은 흥미롭다는 듯 선수들을 바라보았다. 작고, 왜소한 친구들이 뭘할 수 있을까, 궁금했던 것 같다. 아니나 다를까. 경기 내내 송도 선수들은 비명을 지르고, 넘어지고 구르기를 반복했다. 압도적인 높이, 우월한 힘, 여기에 기술까지 갖고있다 보니 선수들이 견뎌낼 방도가 없었다. 상대는 몇 살이나 많은 군인들이었다. 서상철에게 그때 기억을 물었다. 그러자 그는 기다렸다는 듯 그때의 무용담을 늘어놨다.

"그때 연습 경기를 무진장 많이 했어요. 어른들이 '양놈들이랑 많이 해 봐야 한다'고 말했지요. 아무래도 노장께서는 멀리 보신 것 같아요. 우리가 장차 한국 농구를 대표할 거니까, 잘하려면 훨씬 크고 강한 선수들이랑 붙어 봐야 요령이 생긴다고 말이죠."

그 시기 미군 중에는 미국에서 고교, 혹은 대학 선수로 뛰다가 입대한 이들도 많았다. 신장은 물론이고, 기량도 당연히 우리보다 월등했다. 그런 선수들을 연습 상대로 둔다는 것 자체가 큰 특혜였다. 자신조차도 늘 신장과 체격의 한계에 답답해했던 전규삼이었기에, 그는 선수들이 장신들과 직접 부딪쳐가며 스스로 뭐가 부족한지 깨닫길 바랐다. 동시에 자신도 언젠가 만날 '전봇대'들에 대비해 어떻게 가르치고 연습시켜야 할지 연구하는 시간이 됐던 것 같다.

실제로 서상철은 이 연습 경기들이 도움이 됐다고 말했다. "덩치도 커서 부딪칠 때마다 무서웠죠. 아프기도 하고 말이죠. 그런데 시간이 지나고 몇 번 붙어보니까 요령이 생기더라고요. 나중에는 군인들과의 경기가 재밌고, 기다려지기도 했습니다."

유희형도 같은 추억을 갖고 있었다. "미국인들이 뭔가를 잘 빌려줬어요. 유니폼도 얻어 입고 맛있는 것도 많이 먹었습니다." 농구 경기보다도 선수들을 설레게 만든 것은 바로 먹거리였다. "걔네들 추수감사절이나 크리스마스같이 명절 때 되면 칠면조도 나오고 푸짐했습니다. 우유, 주스……. 우리가 꿈도 못 꾸던 시절이었는데, 그 녀석들은 그냥 막 갖다 먹더라고." 넉넉했던 미군들은 종종 국내 농구팀들을 위한 대회 장소로 체육관을 빌려주기도 했다. 1959년에는 우수 농구팀 리그전을 이곳에서 열었다. 지금으로 따지면 전주 KCC, 서울 삼성, 서울 SK 같은 프로 농구 강팀들이 출전하는 소규모 리그전이었다. 해병대, 육군, 산업은행, 한국은행 등이 나섰다. 1950년대 후반만 해도 장충 체육관은 천장이 없는 야외 코트였다. 이 시기 장충 체육관의 이름은 육군 체육관이었다. 1955년 6월 23일 개관했는데, 1963년 서울시가 보수하기 전까지는 노천 체육관 형태였다. 비가 오면 당연히 농구 경기는 중단됐고, 어지간한 찬바람은 직접 맞아가며, 참으며 농구 했다. 그 장충 체육관 사용도 아무나 할 수 없었기에 선수들에게 미군 체육관은 '신세계'가 따로 없었다.

송도 선수들은 몇 차례 실전을 가지면서 자신들도 모르는 사이에 큰 선수들을 대하는 '요령'이라는 것을 익히게 된다. 사실, 공식전은 아니었기에, 송도고와 미군들의 경기가 언제까지 몇 번이나 진행됐는지는 기록에 남아있지 않다. 몇 번을 이겼는지도 말이다. 하지만 시대 상황을 미뤄 봤을 때 송도고가 미군들에게 이기진 못 했을 것이다. 1970년대까지만 해도 미군들이 종종 국가대표팀의 스파링 파트너를 해주고, 실제로 또 이긴 적도 있었기 때문이다. 이들의 수준은 신문기사로도 짐작할 수 있다. 1978년 2월 13일, 〈동아일보〉기사를 보면 한국남자실업농구 대회인 '코리안리그'에 미국 공군팀이 참가했는데, 이때 국내팀들이 지리멸렬했다는 내용을 찾을 수 있다. 이 대회에는 훗날 전규삼의 '애제자'로 남은 김동광과 기업은행도 출전했는데 미5공군에 55-58로 졌다는 기록도 남아있다.

조금 더 시간을 거슬러 올라가면 1960년대에는 미군 부대에서 초청한 미국 농구 지도자가 대한민국 국가대표팀의 농구 클리닉을 도왔다는 자료도 살펴볼 수 있으니, 그때만 해도 세계 농구에서 한국의 수준과 기량이 그리 높지 않았음을 알 수 있다. 이처럼 경기를 이기기에는 한계가 뚜렷했지만, 전규삼의 목적은 다른 데 있었다. 큰 선수를 피해 슛을 던지는 방법, 몸으로 밀어붙이는 상대를 피해 드리블하는 방법 등을 익히길 바랐다. 전규삼은 상대 수비가 대형을 갖추기 전에 몇 차례 패스만으로 빨리 공격을 해내라고 강조했다. "농구는 순발력과 타이밍으로 하는 경기야. 한 발만 더 앞서도 28m(농구 코트 세로 길이) 동안은 앞설 수 있어. 전체 흐름을 파악하면서 볼을 잡자마자 패스하거나 스텝을 밟아서 상대를 따돌리거나 슛을 하거나 해야 한다. 드리블은 자제해야 한다. 빠른 몸짓을 이용해서 상대를 갖고 놀 수 있어야 해. 그러니 오늘은 '볼 주고 뛰기'를 중심으로 경기를 풀어 가도록!"

계속된 경험은 팀을 더 단단하게 만들었다. 전지훈련은 꿈도 못 꾸던 그 시절, 그들은 전력 노출 하나 없이 힘을 키웠다. 유희형과 서상철, 왕우종, 김진태, 이강일,

최만길 등 2학년들은 아무리 힘들어도 군소리 없이 훈련을 따라갔다. 이유는 단 하나.

핵심 멤버들이 중학교 3학년이었던 1963년 10월, 전주에서 열린 전국 체육 대회 결승에서 이루지 못한 우승의 꿈 때문이었다. 당시 송도중은 전국 체전 결승까지 올랐지만 한영 중학교에 패했다.

"그때가 아직도 기억에 남아요. 전규삼 선생님이 오시고 2년 뒤였는데, 전국 체육 대회 결승까지 갔지만 최경덕이 있던 한영 중학교한테 졌어요. 그래서 준우승 했지." 유희형의 회고다. 최경덕은 훗날 농구 명문가로 불린 삼성 남녀 농구단 감독을 모두 지낸 인물이다. 최경덕은 그 경기의 승패나 내용은 기억이 안 나지만 한영중과 유희형에 대한 기억은 뚜렷하다고 말했다.

"한영중은 나와 기세환, 안동일 등이 주축을 이루고 있었어요. 나는 가드였어요. 드리블을 해서 하프 라인까지 건너와 공을 배급하는 역할을 맡았습니다. 송도중과도 맞붙었던 기억이 있는데, 그게 결승인지 아닌지 기억이 안 나요. 그때 우리는 조직적인 패턴 플레이는 하지 않았습니다. 공격에서는 특별한 플레이보다는 개인기를 앞세워 1대1, 혹은 2대2로 콤비 플레이를 많이 했습니다. 지역 방어도 쓰지 않았죠. 주로 맨투맨 수비를 했습니다. 유희형도 기억이 나요. 호리호리하긴 했지만 신장도 크고, 발이 빨랐습니다. 그래서 유희형한테 걸리면 상대 선수들이 굉장히 힘들어했습니다. 송도중은 속공이 좋았는데, 유희형이 점프력을 앞세워 마무리하는 것을 잘했습니다. 그들도 잘하는 팀이었지만 유희형은 우리한테 안 됐습니다. 하하. 유희형이 정말 상대를 압도하기 시작한 건 오히려 그 뒤였어요. 나보다도 빨리 국가 대표가 됐거든요."

이 시기는 아직 전규삼의 색깔이 완전히 뿌리를 내리지 못했을 때로 추론된다. 안타깝게도 이 대회에 관한 더 이상의 기록과 이야기는 오로지 몇몇 선수들의 기억에만 남아 있다. 그나마도 이제는 기억하는 이들이 많지 않다. 최경덕은 "많이들 돌아가셨다"고만 말했다. 대한민국 농구 협회가 1989년 2월, 창립 80주년을 맞아 발매한 〈한국 농구 80년〉이라는 책의 5부에는 모든 대회의 역대 전적들이 정리되어 있는데, 1960년대 대회는 스코어가 없다. 오로지 장소와 우승, 준우승만 기록되어 있을 뿐이다. 신문 기사도 마찬가지다. 1959년 서울 전국체전은 경복고가 111-106으로 성동공고를 이기고 금메달을 땄다는 기사가 있다. 그러나 1960년대 대회는 없었다. 1959년 경기 결과가 굳이 삽입된 것은 아마도 이 시기에 중고농구에서 100점이 넘게 나온 경기가 극히 드물었기에 그랬던 것은 아닌가 싶다.

이 무렵, 송도 선수들은 잔뜩 약이 올라 있었다. 마침 1965년 4월, 연세대가 주최한 고등학교 체육대회에서도 유도 단체전에서 성남고에 2승 4패로 져서 준우승에 머물렀던 터였다. 서울이나 인근 경기 지역의 팀들이 워낙 잘하다 보니 경쟁에서 밀릴 수밖에 없었다. 매년 대회를 앞둔 시점에서는 우수한 선수들을 자기 시　도로 포섭하기 위한 스카우트 경쟁도 일어났다. 프로팀도 아닌데 스카우트 경쟁이 일어난다는 것이 이상하게 보일 수도 있다. 그러나 이는 100주년이 지난 지금까지도 지적되고 있는 문제다. 겉으로는 '체육을 통한 화합의 장'을 자처하지만, 실은 시(市)의 자존심 대결이다. 승패에 따라 그 시·도 체육단체 예산은 물론이고, 지도자 일자리까지 달라진다. 그래서 승리에 사활을 걸게 됐고, 이기기 위해 좋은 선수들을 유혹하는 것이다. '모로 가도 서울만 가면 된다'는 속담이 왜 나왔겠는가. 선수들 입장에서도 '서울'을 비롯한 수도권은 자신을 어필하고 돋보이기 가장 좋은 무대다. 1960년대 이전에 전국에 체육관이 있는 학교는 대부분 수도권 학교이기도 했다. 경복고, 용산고, 서울고, 경기여고 정도였는데, 그나마도 경기를 하기 위한 정식 규격에는 못 미쳤지만 개인 훈련을 하기엔 충분했던 시설이었기에 모두가 부러워했다. 그래서 지방 학교 인재를 서울, 경기권 학교에서 데려가는 일이 비일비재했다.

심지어 이런 일도 있었다.

"내가 초등학교 때 응원을 가서 봤던 중학교 3학년 형이 있었어. 그런데 내가 중학교 3학년이 됐는데, 그 형이 아직도 중학교 3학년으로 뛰고 있는 거야. 허허허. 그땐 4~5살 위 사람들도 많았어. 학교에서 우승하려고 졸업을 안 시키고 계속 묵혀 두는 거지. 1960년대만 해도 정확한 룰이 없으니까. 학교에서 마음대로 한 거야. 얼마나 우스운 일이야. 그런데 신기하게도 그런 사람들은 고등학교 가서는 별로 활약이 없었어. 나이가 많아서 그런지 도태되더라고." 국가 대표 출신 농구 원로 이인표의 말이다. 이인표는 1943년생으로 유희형보다 6년 더 나이가 많다. 유희형이 송도고를 정상에 올려놓기 전, 성동공고를 이끌고 고교 무대를 주름잡기도 했다. 그의 말을 들어보면 체계화되지 않은 규정 탓에 이런저런 에피소드가 많았음을 알 수 있다. 그러니 기록지가 온전히 남아 있지 않은 것도 이상한 일이 아니다.

선수들이 서울 학교들을 이기고 싶어 했던 이유는 또 있다. 지역 예선, 결단식 등 서울 팀들은 크고 작은 소식들이 신문에 크게 났던 반면에 인천은 그리 주목을 받지 못했다. 그래서 선수들은 1965년 광주에서 열리는 대회에서는 반드시 우승하겠노라고 다짐했다. 마침내 10월 4일, 전국 체전이 개막했다. 46회째였던 이 대회에는

14,000명이 넘는 선수들이 출전했다. 대규모 인원이 이동하다보니 임시 열차가 운행되는 등 만전을 기했다. 관중들 열기도 굉장했는데, 관리가 제대로 이뤄지지 않은 탓에 개막전에는 워낙 많은 사람들이 몰려 압사 사고도 일어났다. 15명이 사망하고 100여명이 중경상을 입었다. 〈경향신문〉은 "비상시에 대한 대비는 낭비가 아니다"라는 사설을 내기도 했다. 입장권 남발로 인해 일어난 일대 혼란을 꾸짖는 사설이었다. 대통령은 물론이고 전남 출신 국회 의원들까지 나서서 철저한 조사를 요구해 기어이 전국 체전 추진회 회장이 조사를 받고, 정문 시공업자의 날림 공사 여부가 드러나 시공사 대표가 구속되는 일도 있었다. 이러한 침통한 분위기와 달리, 대회에서는 다양한 신기록이 쏟아졌다. 특히 서울이 고전을 면치 못한 것이 더 많은 관심을 불러 일으켰다. 남고부 농구도 그 중 하나였다. 서울의 '메달 밭'처럼 여겨졌던 남고부 농구 패권의 주인공이 바뀐 것이었다.

제9화

패스은
드리블보따
빠르따

결승에서는 송도고와 여수고가 부딪쳤다. 둘 다 지방 학교들이었다. 여수고는 1964년에 광주고가 일시 해체되면서 부랴부랴 만들어진 팀이었다. 당시 핵심 멤버였던 김동욱(현 대한민국 농구 협회 전무 이사)은 그 시절 여수고를 이렇게 설명했다. "나와 곽현채 등 선수들 모두 2학년까지는 광주고였어요. 근데 팀이 해체한다고 하니까, 여수고가 선수들을 다 받아줬죠. 광주고 입학 예정 선수들은 다 광주일고로 갔고……."

여수고 입장에서는 송도고가 껄끄러운 상대였다. 대회 내내 남다른 조직력을 보였기 때문이다. 김동욱은 당시 송도고를 이렇게 기억했다. "우리는 송도고가 결승에 안 오길 바랐어요. 정말 기초가 탄탄한 팀이었거든. 사람들은 유희형이나 서상철만 기억하지만, 김호선이나 김정규도 실력이 좋았습니다. 물론 서상철은 정말 높았고, 유희형은 힘이 좋았죠. 경기가 안 풀릴 때는 유희형이 1대1로 해결을 해 버리더군요."

실제로 송도고는 서상철이 골 밑을 부지런히 지켰고, 유희형이 안과 밖을 가리지 않고 펄펄 날았다. 서상철이 공을 잡는 시간은 그리 길지 않았다. 팀 동료 중 누군가가 던진 슛이 들어가지 않고, 링을 맞고 튀겨 나오면 그걸 그대로 '툭' 쳐서 집어넣었다. 일명 탭슛. 서상철이 입학 후 죽도록 반복했던 그 슛이었다. 상대가 슛을 놓치면 재빨리 리바운드를 잡아 속공으로 연결했다. 송도고의 특징은 드리블 없는 속공이었다. 미국의 농구 명문 대학 UCLA의 존 우든(John Wooden)이 남긴 '패스는 드리블보다 빠르다'는 명언이 생각나게 하는 농구였다. 이는 오늘날에도 모든 속공 농구의 기본으로 자리 잡고 있다. 전규삼도 어느 학년이 훈련을 하든, 이 훈련만큼은 빼먹지 않았다. 둘이서 패스만 주고받으며 코트를 왕복하게 하는가 하면, 셋이 뛰면서 패스만으로도 코트를 돌게 했다. 드리블 없이 전개되는 속도가 어찌나 빠른지 '전광석화'라는 표현이 어색하지 않았다.

송도고 농구를 경험했던 제자들은 그 속공을 이렇게 설명한다. 다음은 1978년 졸업생 박재수의 말. "관중들이 봤을 때는 간결하고 깔끔하니 즐겁기 짝이 없었지요. 그런데 그 경지에 이르기 위해서는 공을 잡기 전에 이미 패스할 곳도 봐야 합니다. 선수들끼리 동선과 성향을 외우고 있어야 한다는 것이지요. 이걸 포지션 가리지 않고 모두 연습을 시키셨어요. 선배들에게 물어봤더니 그때도 그렇게 했다고 하더군요."

놀랍게도 1994년 졸업생 신기성이 돌아본 전규삼의 속공은 1978년 졸업생의 말과 큰 차이가 없었다. 당대 최고 포인트가드였던 신기성 역시 "그 당시만 해도 상대 팀들이 우리를 신기해했습니다. 그렇게 패스-패스 하고 넘어와서는 오히려 비하인드 백 패스 같은 플레이로 상대를 속이길 바라셨죠."라고 말했다. 2001년에 졸업한 스킬 트레이너 김현중 역시 "다른 학교도 다 그런 식으로 배우는 줄 알았어요."라며 "군대에 간 느낌이랄까. 처음에는 적응이 힘들었습니다."라고 돌아봤다. 반면에 상대 감독들은 송도 스타일의 농구를 '무리한 플레이'라 지적했다. "저도 혼났어요. 대학에 가니 '왜 작은 녀석이 안으로 파고들어!'라고 지적하시더군요. 대학이나 실업팀 감독님들은 백 패스를 하다가 실책을 저지르는 것도 싫어하셨습니다." 1978년에 졸업한 정태균의 회고다.

그렇다면 전규삼은 왜 이런 농구를 지시했던 것일까. '사회적 통념' 같이 여겨진 정석 농구, 즉 공을 갖고 넘어와서 확실한 찬스를 가진 선수에게 정확한 타이밍에 패스 하고, 장신 선수를 중심으로 공을 돌리던 그런 농구를 하지 않았던 것일까. 송도고의 농구는 틈만 보이면 누구든 돌파하고, 상황만 된다면 어떤 동작으로 슛을 던지든 개의치 않는 농구였다. 센터 서상철의 농구도 달랐다. 부드럽고 유연했다. 유희형은 "센터는 몸싸움을 하면서 상대를 밀고 올라가서 슛을 던져야 했습니다. 그래야 파울을 얻고, 자유투라도 던질 수 있다는 생각이 대세였죠. 상대를 피해서 던지는 것은 비겁하다는 생각이었어요. 하지만 전규삼 선생님은 수비의 블로킹 시도를 피하기 위해 뒤로 젖히며 던지는 페이더웨이 슛이나, 상대를 발놀림으로 따돌리고 던지는 턴어라운드 점프슛을 반복 훈련 시키셨습니다. '이렇게 하면 더 쉬운데 왜 어렵게 하냐'는 주의셨습니다."라고 돌아봤다. 어떤 농구가 정답이라고는 말하기 힘들다. 이미 그 시절 미국에서는 여러 스타일의 팀들이 각기 장점을 뽐내며 각축전을 벌이고 있었다. 그리고 오늘날에도 NBA에서는 전규삼 스타일의 농구가 유행이었다. 그래서인지 앞서 인터뷰를 나눈 신기성과 김현중 등은 "시대를 앞서가신 것 같다"며 신기해했다.

정작 경기가 시작되면 전규삼은 작전을 따로 지시하지 않았다. 실수해도 불러들이지 않았다. 마치 결승전만 수십 번 해본 사람처럼, 차분하게 첫 결승전을 치러갔다. 그러다 보니 선수들 역시 실수해도 개의치 않았다. 눈치를 보거나 기죽지 않았던 것이다. 전규삼은 수도권에서 대회가 열리면 당일에도 평소와 똑같은 훈련을 했고, 경기가 오후에 열리면 오전에는 수업을 듣게 했다. 이처럼 전규삼이 대회와 경기를 대하는 방식은 많은 지도자들을 의아하게 했다. 때로는 선수들조차도 '이래도 되나' 싶을 정도로 무심한 전규삼의 태도에 놀란 적도 있다.

유희형은 자신들이 준우승에 그쳤던 1963년 대회 당시 전규삼이 한 말을 기억하고 있었다. "그분은 '야, 우승해야 돼'라는 말을 하신 적이 없어요. 오히려 '너희들이 여기서 우승한다고 크게 잘 되고 그런 거 아니야. 최선만 다하면 돼'라고 말씀하셨죠. 실제로 우리가 훈련한 것만으로도 충분히 팀 전력이 좋았어요. 선수들 승부욕도 있었고요. 그렇지만 선생님은 그런 말을 안 하셨어요. 농구할 때도 선수들이 본분에 어긋나서 거친 파울을 한다거나, 눈속임, 포기……. 그런 것을 굉장히 싫어하셨죠."

유희형의 말처럼, 1965년 5월 13일 〈동아일보〉는 "선수들이 불사조의 기백을 보였다."라는 표현과 함께 "플레이 매너 또한 깨끗했다. 스포츠 본래의 향기가 듬뿍 담겨 경기장의 사랑을 독차지했고, 본부석에서도 미소가 그치지 않았다."며 송도고를 칭찬했다. 보통 학교 같았다면 준우승에 만족하지 않고 우승을 목표로 강하게 몰아붙였을 터. 내가 '농구 기자'가 되어 활동한 게 2000년부터였는데, 이때도 4강에서 지거나 준우승에 그치면 얼차려를 받는다거나, 몇 km를 뛰어간다거나, 심지어 식사를 굶기는 일도 있었다. A 대학의 모 감독이 선수들에게 한 행동은 내가 건네 들은 최악의 얼차려였다. 그때 A 대학의 한 선수는 "경기에서 지고 온 날이었습니다. 체육관에서 검은 비닐봉지를 씌우더니 갑자기 귀싸대기를 때리시더군요. 그러다가 곧 주먹을 날리기 시작했어요. 앞도 안 보이다 보니 정말 무서웠어요. 숨도 못 쉴 정도였으니까요."라고 고백했다. 그때 맞은 선수 중 한 명은 겁에 질려 결국 농구를 그만두었다.

전규삼은 그런 식의 외부 자극을 경멸했다. 선수 발전에 도움이 안 된다는 생각이었다. "체벌을 가하면 당장은 고칩니다. 그렇지만 일주일 있으면 또 못해요. 그렇게 한 달, 두 달 또 때리면 그때부터는 선수들도 면역력이 생겨요. 결국 1대가 10대가 됩니다. 스스로 느끼면 창조적인 플레이가 나옵니다. 시간이 걸리겠죠. 그래도 그 기술이 자기 것이 되면 영원히 이어지지 않겠습니까?" 전규삼은 '무르다'는 동료 지도자들의 핀잔에 단호하게 답했다. 질책 대신 택했던 미군 부대 연습 경기, 그리고 반복된 기본기 훈련은 송도를 자유로우면서도 단단한 팀으로 변모시켰다.

만원 관중이 입장한 전국 체전 결승전. 송도고는 여수고를 상대로 전반 45-35로 크게 앞서더니 83-71로 우승을 거머쥐었다. 전규삼은 그 당시 체육관 분위기를 이렇게 기억한다. "아무래도 여수고에 광주 출신 학생들이 많다 보니 경기 내내 여수고를 응원하는 목소리가 압도적으로 컸습니다."

그렇지만 송도고의 에너지는 대단했다. 전규삼은 "선수들의 눈이 똘망똘망했다."라고 인터뷰했다. 여수고 에이스 곽현채가 필사적으로 버텼지만 승부처 유희형의 기세를 넘지 못했다. "곽현채 선수는 서구형 체형이었어요. 다리도 길고, 팔도 길고 탄력도 좋았죠. 국가 대표도 오래 했지요. 하지만 전체적인 팀에서는 송도고를 넘기에 부족했던 것 같습니다." 여수고에서 함께 경기를 뛴 김동욱의 회고다. 이 승리로 송도고는 지방팀으로서는 사상 첫 전국 체전 남고부 우승을 일구었다.

우승 소식에 학교는 물론이고, 인천 지역 체육회도 난리가 났다. 준우승 한 번에 그쳤을 뿐, 그간 서울의 기세에 눌려 고개를 못 들던 지방 학교들이 금메달을 목에 걸었으니 말이다. 그해 〈동아일보〉는 12월 18일자 기사에서 "안일과 무성의에서 비롯된 답보 상태의 한국 농구에서 한 가닥 보람을 느끼게 한 점은 지방 고교의 놀라운 발전이다. 여수, 송도를 비롯 전반적인 향상도와 선수 대형화는 지도층의 열의만 있다면 선수 빈곤에 허덕이는 한국 농구계의 전망을 밝게 해줄 것이 분명하다."라고 썼다.

송도고의 승리 행진은 여기서 멈추지 않았다. 1966년, 사상 최다인 116팀이 출전한 서울 전국 체전에서는 4강에서 경북 대표 대구농고를 83-50으로 제압하고, 결승에서 성북고를 79-73으로 이겨 2년 연속 금메달의 위업을 달성했다. 유희형은 성북고를 '당시 제일 잘하던 학교'라고 회고했다. 실제로 1966년 5월 학도 체전에서는 73-84로 성북고에 졌고, 같은 해 7월 5일 전국 남녀 농구 우승팀 농구 결승 리그에서도 85-105로 졌다. 전국 남녀 농구 우승팀 농구 리그는 제1회 한·일 고교 교환 경기 대표팀을 뽑는 대회여서 더 의미가 있었는데, 리바운드 쟁탈전에서 패하자 힘 한번 못 써 보고 무너졌다. 송도고 농구의 특징은 상대 수비가 자리를 잡기 전에 빨리 넘어가 진영을 공략하는 얼리 오펜스(early offense)와 속공 그리고 선수들의 개인기였는데 이것을 이루려면 리바운드를 잡아 빠르게 넘어갈 공격 기회를 잡는 것이 우선이었다. 이것이 안 되다 보니 만날 때마다 고전했던 것이다.

그런데 이 대회 직후, 의외의 사건이 터진다. 오우석이란 성북고 선수가 부정 선수로 판명되어 2년 간 자격 정지 처분을 받은 것이다. 당시 매체 보도를 종합해 보면 오우석은 1965년에 경남공고 2학년이었는데, 1966년에는 고3이 아닌, 성북고 1학년으로 등록했다. 이미 남들보다 1살 많았던 상황에서 무리하게 학년을 낮춰서 입학했다가 자격 정지를 받아 철퇴를 맞은 것이다. 성북고는 그렇게 주축 선수가 자격 정지 처분을 받는 악재에도 불구하고 전국 체전에서조차 결승에 올랐다. 그러니 잘하긴 정말 잘한 학교라 할 수 있다. 그리고 그런 강적을 이기고 전국 정상에 오른 송도고 역시 잊지 못할 성과를 거둔 것이 분명했다. 대회 직후에는 서상철이 '미래가 기대되는 선수'라는 평가를 받기도 했다. 이처럼 우승 직후, 의기양양하게 금메달을 목에 걸고 답동으로 향하는 선수들의 표정은 세상을 다 가진 듯 했다. 학교는 당장이라도 해달라는 건 다 해 줄 듯 했고, 학부모들 역시 아들들이 장하기만 했다.

그런데 이 와중에 유일하게 무표정이었던 인물이 있었다. 바로 전규삼이었다. 그간 성과를 못 냈던 터라 2년 연속 금메달을 땄으니 참 다행이고 대견스럽다고 여기면서도 '우승이 뭔 대수라고 이리들 난리인가'라는 생각도 했다. 답동으로 향하려던 차, 서상철이 조심스레 물었다. "선생님, 저희 내일도 훈련하나요?"

그러자 전규삼은 말했다. "우승했다고 세상이 끝나나! 우승이 대학 보내줘, 밥을 먹여줘? 우린 내일도 훈련이야! 훈련 쉬는 건 오늘이면 족해!"

제10화

김동광

전규삼이 자다가도 벌떡 일어나 한숨을 쉴 때가 있다. 경기에 졌을 때도 아니고, 대회에서 우승을 못 했을 때도 아니다. 고향 생각? 물론 그것도 그에게는 상처였겠지만, 무엇보다도 전규삼을 마음 아프게 하고, 밤잠을 설치게 만든 일은 따로 있었다. 제자를 대학에 보내지 못했을 때였다. 지금도 그렇지만, 고교농구 지도자들의 평가는 우승뿐 아니라 제자들을 몇 명이나 대학과 실업팀에 보내느냐에 따라 달라졌다. 먹고 살기 어려웠던 시절, 농구부를 두고 있는 명문대 진학은 선수 미래에 영향을 줄 수 있는 중요한 이슈였다. 은행팀 역시 마찬가지로, 1997년 프로 농구 출범 이전까지는 은행팀에서 뛰다가 은퇴하면 은행원이 될 수 있었기에 남녀 가리지 않고 선호하는 코스 중 하나였다. 전규삼도 그러한 이유로 제자들의 대학 진학을 최우선 과제로 여겨왔다.

1987년 졸업생으로, 현재 프로 농구 부산 KT 소닉붐에서 감독을 하고 있는 서동철은 전규삼에 대해 이렇게 기억한다. "저는 1980년대에 선수 생활을 했습니다. 그때 할아버지께서는 '1년에 딱 1번은 입상해야 한다'고 하셨어요. 입상 실적이 있어야 대학 진학에 유리했거든요. 그렇다고 선수들에게 '이겨라', '반드시 꺾어라' 강조하는 건 아니었어요. 하지만 그게 도움이 된다고 여기실 때는 더 신경을 쓰셨죠." 서동철은 동기 김지홍, 신동재, 신충범

등과 함께 고려 대학교에 진학했다. 신동재는 훗날 프로 농구 심판이 됐다. 신동재 역시 전규삼에 대해 이야기하면서 '대학'을 이야기 했다. "저희 때 7명이 있었는데, 4명이 고대에 가고, 3명이 홍익대(지금은 해체)에 진학했습니다. 아무 데나 막 보내지 않았어요. 이 친구가 대학에 가서 뛸 수 있는지, 어느 정도 역할을 맡을 수 있는지도 보셨던 것 같아요. 두루두루 운동하고, 나와서 먹고살 수 있는 부분까지 보셨죠. 나중에 이야기 들으니까, 대학을 못 보내면 그게 그렇게 한이 되고 미안했다고 하더군요."

초창기에는 이 때문에 대학과 실랑이도 했다. 1966년의 일이다. 유희형의 1년 선배인 김정규, 김호선을 연세 대학교에서 받기로 했다가 갑자기 입장을 바꿔 버린 것이다. 이에 대해서는 전규삼의 뒤를 이어 송도 고등학교를 지도했던 박재수가 상황을 어렴풋이 기억하고 있었다. "저도 들었던 이야기입니다. 그 당시 연세 대학교의 가톨릭 미션 스쿨이 송도고였습니다. 그러니 연세대가 받아 줄 것이라 봤는데, 당시 감독님이었던 이경재 씨가 어찌 된 일인지 결정을 바꾸었지요. 그래서 선생님이 많이 분개하셨다고 해요. 그때부터는 '연세대에는 선수 안 보내겠다!'고 했죠."

그때 두 선수를 받은 학교는 바로 고려 대학교였다. 주기선 감독이 흔쾌히 두 선수를 받아준 그 인연 덕분인지 고려대는 훗날 김인진, 김동광, 김형년, 이충희, 정해일 등 최대어를 차례로 영입하면서 역사를 만들어 간다. 그렇다면 전국 체전에서 2년 연속 우승의 영광을 이끈 유희형과 서상철은 어떻게 됐을까. 서상철은 고려대로 왕우종과 함께 진학했다. 전규삼은 "김정규, 김호선을 받아 줄 때부터 고려대에 보내기로 결심했다."고 말했다. 제자를 챙겨준 고마움을 잊지 못한 것이다.

그다음은 유희형이었다. 집안 형편이 좋지 않았던 유희형은 대학보다는 당장 돈을 벌 수 있는 실업팀을 가야 했다. 사실 유희형 정도면 자신이 원하는 팀은 어디든 갈 상황이었다. 문제는 그의 동료들이었다. 당시는 '대어' 한 명을 스카우트하면 다른 선수들을 함께 데려가는 방식이었다. 그 시기 존재하던 실업팀은 모두 네 곳. 산업은행, 기업은행, 한국은행, 전매청이었다. 그런데 은행은 유희형 외에 1명만 받겠다고 했고, 전매청은 다른 선수들을 모두 받아 주겠다고 했다.

전규삼은 고민 끝에 전매청을 권유했다. 마침 전매청이 세대 교체를 택해 선수가 필요한 상황이었다. 나이든 선수들을 은퇴시키겠다고 선언한 것이었다. 1967년 2월 21일. 〈경향신문〉은 '송도고 선수 등 14명 스카우트'라는 제목의 단신을 낸다. 스카우트 선수 중 유희형 외에도 이강일, 최만길, 김진태 등 3명의 송도고 선수들이 함께 명단에 올랐다. 전규삼은 몇 번이고 유희형에게 '고맙다'는 말을 했다. 그러나 유희형은 오히려 "선생님을 만난 것이 내 인생의 행운이었습니다."라며 손사래를 쳤다. 실제로 유희형은 고교 시절의 활약을 전매청으로 이어가면서 그 해에 국가대표팀에 발탁됐다. 최연소 국가 대표 선수였다. 전규삼의 어깨를 더욱 으쓱하게 만든 사건이었다. 학교의 자랑이었다. 곳곳에 현수막이 걸렸고, 학교에서도 '더 필요한 것 없냐'는 질문을 몇 번이나 했을 정도였다.

그 시기 체육 교사였던 신옥철은 이 일을 계기로 승승장구해 교감까지 갔고, 신옥철의 전폭적인 지지에 힘입어 농구부도 탄탄대로를 걸었다. 유희형과 서상철이 우승의 기쁨을 맛보던 무렵, 중학 무대에서는 김인진과 김동광, 문영환 등이 이름을 떨치고 있었다. 1966년 준결승에서 이들은 광성중에 32-38로 패해 4강 탈락의 아픔을 맛보았다. 50년 넘는 세월이 지나 지금 송도를 대표하는 스타 중 하나로 김동광을 꼽지만, 유희형과 서상철의 다음 계보의 핵심은 당시만 해도 김인진이었다. 1970년 아시아 청소년 농구 선수권 대회 대표팀, 1971년 남녀 대학 농구 상비군 등에 이름을 올린 유일한 송도 선수였다. 이미 그 시절의 키가 190cm로, 송도 동기들은 그를 '인제' 출신의 장신이라 하여 '인제 용가리'라고 부르곤 했다.

"김동광은 힘도 좋고 빠른 올-어라운드 플레이어

였죠. 하지만 학창 시절에는 김인진이 더 잘했습니다. 키도 크고 위력적이었지요." 김동욱의 말이다. 광주와 여수에서 고교 시절을 보내며 유희형, 서상철의 송도와 겨루었던 김동욱은 연세대에 진학했고, 지금은 대한민국 농구 협회 전무 이사를 맡고 있다. 그는 "고교 시절의 김동광은 기억이 잘 나지 않는다"라고도 말했다. 김동광이 빛을 본 건 대학 때부터. 가난을 이겨내고, 기업은행과 국가 대표를 거치며 시대를 풍미한 선수이자 '전규삼의 대표 제자'로 자리매김했다. 훗날 일이지만, 전규삼이 어려움에 처할 때마다, 혹은 독사 눈을 한 기자들이 전규삼을 만날 때마다 유희형과 함께 송도고를 찾아가 스승을 대변해 주던 인물 역시 김동광이었다. 김동광은 외모로도 주목을 많이 받았다. 그가 다름 아닌 미국인 아버지(조지 E. 프레츠)와 한국인 어머니 사이에서 태어난 혼혈이었기 때문이다. 훗날 전규삼은 여러 인터뷰에서 '동광이는 어릴 때 사고를 많이 쳤던 아이'라고 표현했다. 그 이유 역시 그가 혼혈이었기 때문이다.

2019년 7월, 김동광을 서울 신사동에 위치한 한국농구연맹(KBL) 사옥에서 만나 당시 이야기를 들었다. "나는 부산에서 태어났는데, 아버지는 공군(정보원)이었어요. 6·25 전쟁에 참전했다가 어머니(김옥련)를 만났죠. 어머니가 만삭일 때 일본으로 전출을 갔다가 갑자기 본

국으로 돌아가게 된 뒤로는 다시 오지 않았습니다. 나중에 듣기로는 미국에서 저희를 부르려고 했는데 가족 반대 때문에 안 됐다고 하더군요. 그때 어머니가 스물다섯이었는데, 절 키우느라 고생이 많으셨죠. 제 이름(東光)은 한 세무서 공무원이 가게 이름을 그냥 붙였다고 하더군요. 어머니는 평안도 진남포 출신이신데, 피난 중에 가족과 헤어져 부산에 혼자 내려오게 됐고, 미군 부대 커피숍에서 일하시다가 아버지를 만났다고 합니다. 어렸을 때부터 저는 '혼혈아'라는 놀림을 많이 받았어요. 그럴 때면 애들을 패 주곤 했죠. 어머니께서는 제가 놀림을 당하고 들어오면 오히려 저를 혼내셨어요. 다른 애들을 패 주고 오면 맛있는 걸 사 주셨어요. 제가 그런 놀림이나 차별을 받아도 기죽지 않길 바라고 그러셨던 것 같아요. 그래서 저는 동네에서 늘 '짱'이었습니다. 다른 국민학교 싸움 잘하는 애랑도 붙어서 이겼지요."

나는 20년을 지내면서 여러 버전의 김동광을 만나왔다. 삼성 감독 김동광, KT&G 감독 김동광, 경기 이사 김동광, 경기 본부장 김동광, 해설 위원 김동광 등……. 2007년에는 〈서울 방송(SBS)〉에서 함께 챔피언 결정전 중계도 함께 해설했다. 그때마다 느낀 것은 카리스마가 굉장했다는 것이다. 이목구미에 곱슬머리 그리고 현역 선수들을 능가하는 근육질 몸매가 참 매력적이었다. 중저음의 목소리 역시 외모와 잘 어울렸다. 함께 중계를 하던 2007년 5월, 김동광이 나에게 젊은 시절 사진을 보여 줬을 때 나는 감탄사부터 내뱉은 기억이 난다. "감독님, 지금 데뷔하셨어도 인기가 대단했을 것 같습니다."라고 했던 말이 기억난다. 그러나 지금과 달리, 남다른 김동광의 외모와 신분은 일반 학생들 사이에 쉽게 받아들여지지 못했다. 실제로 그가 대학을 졸업하고 실업팀에 들어갈 때도 그가 혼혈이었다는 사실만으로 거부했던 팀이 있었으니 말이다.

하지만 그 외모만 보고선 김동광을 농구부에 발탁한 인물이 있었으니, 바로 전규삼이었다. 김동광은 6살 때 인천으로 이사와 신흥 초등학교에 입학했다. 신흥 초등학교는 송도중 바로 길 건너에 있는 학교였다. 그때만 해도 신흥초 학생들은 수업을 마치면 농구부 구경하는 게 낙이었다. 정말 많은 선수들이 그렇게 농구부를 구경하다가 진짜 농구 선수가 됐는데, 김동광도 그중 하나였다. 원래 김동광의 꿈은 야구 선수였지만 1차 지망 학교였던 상인천 중학교 시험에서 낙방했고, 결국 2차 지망 학교였던 송도중에 입학했다. 그러다 농구부 연습을 기웃거리다가 전규삼의 눈에 띄게 된 것이다. 농구가 어떤 운동인지도 모른 채, 그냥 신기해서 구경하던 차였다. 당시 김동광 옆에는 문영환이 있었는데, 그 역시 혼혈인이었다. 김동광은 "같은 처지다 보니 서로 금방 친해진 것 같다."고 기억했다. 문영환은 송도부터 고려대, 기업은행까지 줄곧 김동광과 함께 했다. 그 역시 '트기놈'이라는 말을 듣고 자라왔다.

전규삼이 김동광과 문영환을 뽑은 이유는 다름 아닌 '혈통' 때문이었다. 특히 김동광에게는 "너는 혈통이 좋아서 농구를 잘할 것 같다."고 했는데, 그것이 전규삼이 김동광에게 건넨 첫 마디였다. 하지만 중, 고등학교 6년 간 김동광은 '잘할 것 같은' 이라는 수식어를 떼지 못했다. 김동광은 그때를 돌아봤다. 방 벽에다 '농구가 내 인생이다'라는 글귀를 써 놓고 매일 수 km를 달리던 그 시절이었다.

"저는 근시가 심했어요. 양쪽 모두 0.1이 안 됐죠. 검은색 뿔테 안경을 쓰고 농구 했습니다. 키도 많이 안 자랐고요. 고3 때 키가 178cm이었습니다. 마르기도 엄청 말랐어요. 그래서 별명이 '비리비리'였습니다. 하하. 농구를 잘하고 싶어서 드리블만 미친 듯이 연습했습니다. 아스팔트길에서 드리블을 하며 농구 했죠. 제가 믿을 건 실력 밖에 없다고 생각했거든요. 하지만 그때는 많이 부족했습니다."

어머니는 미군 부대에서 청소나 빨래 등 허드렛일을 하고, 미제 물건을 팔며 생계를 이어 갔다. 그러다 보니 김동광은 먹는 것이 시원찮았다. 고려대에 가서야 6cm가 자라고, 근육이 붙기 시작했는데 어쩌면 키가 늦게 자라고, 빈혈 증세까지 겪은 것도 그 때문일 것이다. 세상이 김동광을 다르게 봤지만, 전규삼만큼은 그를 똑같은 학생으로 봤다. 실력을 떠나 유희형, 서상철과 다를 바 없는, 학생 선수로 대한 것이다. 일단 훈련을 쉴 새 없이 시켰다. 명절에도, 휴가철에도 체육관으로 불렀다. 이유가 있었다. 일단 홀어머니가 명절을 챙길 틈이 없었고, 휴가를 누릴 여유가 없었다. 전규삼은 또래 친구들이 명절이라고 집에 가고, 휴가라고 가족들과 어디를 가는 모습을 보며 행여나 김동광이 낙담하거나 다른 생각을 품게 될까 걱정이었다. 그래서 본인이 체육관에 나와 김동광을 붙잡고 훈련시키고, 공부시켰던 것이다. 전규삼은 다른 학생들에게 했듯, 김동광에게도 공부를 소홀히하지 말 것을 강조했다. 꼬박꼬박 성적표를 받아 수첩에 적어 놓았는데, 성적 그래프가 아래를 그리는 날엔 불호령이 떨어지기 일쑤였다. 불시에 김동광을 불러 놓고 영어 단어를 외웠는지 검사도 했다. 김동광이 힘들어할 때면 입버릇처럼 말하곤 했다. "성공하면 모든 어려움을 다 잊게 될 것이다."

형편이 어렵던 김동광을 위해 운동화도 몰래 선물하고, 간식도 가져다주었다. 한 번은 김동광의 모친이 쓰러지자 전규삼이 한걸음에 달려가 병원에 입원시키고 주변의 도움을 받아 간호해 주기도 했다. 김동광은 그런 전규삼과의 추억을 회고하며 "평생 갚아도 못 갚을 마음의 빚을 졌습니다. 기술도 기술이지만, 저는 선생님의 사랑을 정말 많이 받았습니다"라며 눈시울을 붉혔다.

　　김동광은 얼른 농구를 잘해서 어머니를 호강시켜 드리고 싶었다. 어린 시절, '부'의 상징이라 할 수 있는 피아노부터 시작해 없는 게 없던 외동딸로 자랐던 어머니를 단칸방에서 해방시켜 드리고 싶다는 생각이 전부였다. 그래서 초등학생 때까지 지겹게 하고 다니던 싸움도 더 이상 하지 않았다. 운동부에 들어간 뒤부터는 신경 쓸 겨를이 없었다. 그 터질 듯한 사춘기의 에너지를 농구에만 쏟은 것이다. 게다가 운동부 소속이다 보니 그 누구도 그에게 '혼혈'이란 이유로 시비를 걸지 못했다.

　　김동광이 이렇게 송도중, 송도고를 거치며 농구선수의 면모를 갖춰가는 동안, 김인진과 한영규가 중심이 된 새로운 송도고는 전력을 다듬어 가고 있었다. 유희형과 서상철 시대에 비하면 출발은 더뎠지만, 중학생 때부터 손발을 맞춰 온 핵심 멤버들의 저력 덕분에 1967년 전국 체전에 3위까지 올랐다. 8강까지 순항을 거듭, 옥천실업고등학교를 제압하고 4강까지 진출했지만 전남 대표로 나온 광주 숭일고에 53-68로 덜미를 잡혀 결승 진출에 실패했다. 그러나 1968년에는 1967년의 아쉬움을 확실히 털어냈다. 4강에서는 서울 최강이라 불리던 최경덕의 양정고를 69-62로, 결승에서는 1년 만에 다시 만난 숭일고에 81-66으로 이겼던 것이다. 송도고는 그 기세를 1969년에도 이어 갔다. 결승전에 이르기까지 거의 매 경기 90점 이상을 올리며 관중들도 즐겁게 했다. 하지만 결승에서 용산고를 만나 92-112로 대패, 2년 연속 정상에 오르진 못했다. 당시 용산고는 고교 농구의 새 강자로 맹위를 떨치던 팀이었다. 1969년 전국 중고 농구 연맹전에서는 창단 이래 첫 우승을 차지하는 등 높이와 리바운드 그리고 강력한 압박 수비로 경쟁자들을 제압했다. 그런데 한 가지 의문점이 있다. 그 시절 경기 전적을 보면 송도고는 대회에 나설 때마다 최소 8강 토너먼트에는 진입했던, 결코 약한 팀이 아니었다. 하지만 결승 진출 기록은 거의 전국 체전에서만 남겨 왔다. 전통적으로 전국 체전은 종별 농구 선수권 대회와 함께 한 해를 마무리하는 대회로 여겨져 왔는데, 전규삼은 이 대회에 승부를 걸었던 것이다. 특별한 이유가 있었던 것일까. 이에 대해 김동광은 '선생님 농구에 익숙해지는 시간이 필요했다'고 설명했다. "선생님은 항상 한 학기가 올라가고 가을 정도 되면 해 볼 만하다고 하셨습니다. 봄에는 늘 졌어요. 가을쯤 되어야 성적을 내고 그랬습니다. 학교에서도 그걸 기다려 줬고, 선생님도 믿음이 있었던 것 같습니다."

그 무렵, 언론에서는 서울과의 격차가 갈수록 좁혀지고 있다며 앞으로 펼쳐질 흥미진진한 전개에 관심을 기울였다. 스포츠 이벤트가 많지 않았던 그 시절, 고교농구와 고교 야구는 대회가 열리는 날이면 학생들로 가득 찼다. 취재 기자들도 많이 몰렸고 신문 지면에 경기 전적만큼은 빠지지 않았다. 선수 이름, 지도자 이름이 언급되는 건 주로 경기 마지막 날이었는데, 자세한 기술보다는 '총평'이 주를 이루었다. 그러나 김동광에 대한 관심은 적었다. 그를 원하는 대학도 없었다. 아무리 전국 체전 우승팀이고, 송도 출신이라고 해도 안경을 벗으면 제 얼굴도 정확히 못 보는 단신 선수를 받아들일 팀은 없었다. 전규삼은 다시 골머리를 앓았다. 문영환과 김동광을 연세대에 보내고자 했지만, 연세대는 이번에도 두 선수를 거절했다. 전규삼은 고민 끝에 고려대 체육위원회를 찾아갔다. 체육위원장을 설득하든, 바지를 붙잡고 늘어지든 '결단'을 내겠다는 비장한 각오로 간 것이다. 김상겸 고대 체육위원장(작고)을 보자마자 김동광 이야기부터 꺼내 들었다. "저 녀석, 진짜 나중에 크게 될 놈입니다. 저만 믿어주세요. 함께 받아주십시오."

전규삼의 간곡하고도 긴 설득에 넘어간 고려대는 김인진을 스카우트하는 조건으로 김동광을 데려가기로 결정했다. 문영환, 한영규 등이 모두 고려대에 입학했다. 김동광은 "흔히 표현하는 대로 '업혀 들어간' 셈이었다"고 회고했다. 그러면서도 "성인 대표팀은 내가 인진이보다 먼저 선발됐다"고 자랑스러워했다. 김동광의 고려대 진학 결정은 1969년 5월에 이뤄졌다. 그런데 10월에 다른 대학교에서 뒤늦게 스카우트전에 참전했다. 4명을 모두 받아주고, 등록금을 포함해 4명에 대한 스카우트 비용까지도 학교에 보내주겠다고 제안한 것이다. 그러나 전규삼은 "우리 아이들은 상품이 아닙니다"라며 단호하게 거절했다. 전규삼은 제자가 대학에 입학했는데도 마음이 안 놓였는지 종종 고려대 농구부가 있던 안암동까지 찾아가곤 했다. 고려대 감독이던 이경우가 정말 이 녀석을 정말로 훈련에 끼워주기나 하는지 걱정이라도 됐던 모양. 사실, 전규삼이 고려대 체육관을 가기 전까지만 해도 김동광은 벤치 신세였다. 경기 출전은 꿈도 꾸지 못 꾸고 있었다. 그런데 감독이 관중석의 전규삼을 봤기 때문인지 이날은 김동광을 출전시킨 것이 아닌가. 김동광은 이 경기를 1학년 때 출전한 유일한 경기라고 기억한다. 아버지 같은 사람이 눈앞에서 지켜보고 있었기 때문일까. 김동광은 이 경기에서 18득점을 올리며 거의 날뛰었다. 그중 17점은 후반전에 기록했다. 주무기인 비하인드 백 드리블까지 구사했다. 김동광은 비하인드 백 드리블을 경기 중에 사용한 것은 본인이 거의 처음이었다고 말한다. 이 역시 전규삼의 영향이다. 전규삼은 틈틈이 화보 속 동작을 보고 연구했다. 그리고는 그 연구한 기술을 선수들에게 '한번 해 보라'고 권유하곤 했다. 한참 농구를 배우던 학생들 입장에서는 새롭고도 엉뚱해 보이는 동작이 신기하고 재밌을 수밖에. 김동광도 그중 하나였으며, 그는 한번 배운 기술은 어디서든 반복을 잊지 않았다고 말했다. "슛은 혼자서 하기 힘듭니다. 노골 되면 잡아줄 선수가 없으니 불편한 면이 있으니까요. 그렇지만 드리블은 코트에서든, 아스팔트에서든 늘 가능하잖아요. 그래서 연습을 많이 했던 것 같습니다. 선생님이 알려주시면 체육관 불이 꺼진 뒤에라도 연습했습니다. 같은 동작을 몇 시간씩 반복했죠. 이거 아니면 나는 죽는다는 각오가 있었지요."

그런 김동광의 연습은 대학생이 돼서야 빛을 보았다. 몸에 근육과 힘이 붙고, 빈혈 증세를 해결하면서 거칠 것 없는 '야생마'로 진화했다. 그 시작점이 바로 대학 1학년 때 가진 그 경기였다. 김동광은 그날을 돌아봤다. "우연인지는 모르겠지만, 그날 정말 잘 풀렸어요. 덕분에 감독님한테 눈도장을 받은 것 같습니다. 이듬해부터는 식스맨으로 경기에 슬슬 나가기 시작했습니다. 신기한 건 제가 중,고등학교까지는 포워드 포지션이었는데, 대학부터는 가드가 됐어요. 하지만 스타일이 학교와 정말 잘 맞았단 말이죠. 잘 소화했어요. 아마도 선생님한테 배운 스텝 위주의 농구 덕분이 아니었을까 싶습니다."

김동광은 고려대학교 3학년이던 1973년, 국가대표팀에 막내 선수로 발탁되어 제7회 국제농구연맹(FIBA) 아시아선수권대회에 출전했고, 기업은행에 입단해 당시 한국 농구 최고의 만능선수라는 평가 속에 전성기를 누렸다. 누구보다 기뻐하고 대견해했던 이는 바로 어머니 김옥련 여사가 아니었을까. 1979년 12월 29일, 김 여사는 대한민국농구협회가 수여하는 '장한 어머니'상을 받았다. 김옥련 여사는 1996년 작고했다.

제11화

소풍가던 날

운동부 선수들이 자주 쓰는 단어 중에 '소풍'이란 은어가 있다. 팀을 이탈했다는 의미다. 예나 지금이나 '소풍'은 운동부 코치들이 가장 걱정하고, 두려워하는 일 중 하나다. 프로 스포츠가 출범한 뒤에도 알게 모르게 선수들이 감독, 코치의 고된 훈련을 못 이겨 도망가는 경우가 있다. 주로 저학년들이나 연차가 낮은 선수들. 물론, '에라 모르겠다'는 심경으로 탈출했다가도 얼마 지나지 않아 돌아오는 선수가 대부분이다. 몇 년 전 취재할 때 만난 한 여자 프로 농구팀 감독은 소풍 간 선수를 다독이는 과정에서 "그래, 네가 하고 싶었던 코 수술, 이참에 하자! 수술하고 복귀해!"라고 통 크게 지르는(?) 일도 있었다. 부상을 당해 삐뚤어진 코도 치료할 겸, 이참에 콧대도 높여 보라며 말이다. 그러나 요즘 말로 '해피 엔딩(happy ending)'이 아닌 '헬(hell; 지옥)피 엔딩'이 될 때도 있는데, 코치의 지도 방식이 못마땅했던 부모까지 나서서 반발한 탓에 전학을 가거나, 코치가 해고되는 일도 있다. 인성과 성실함을 강조하는 송도에도 '소풍'은 존재했다. 아무리 때리지도 않고, 욕설도 없던 학교라곤 하지만 훈련의 고됨은 어느 누구에게나 마찬가지일 터. 송도는 종종 전규삼이 선수들에게 너무 부드럽다 보니 졸업한 선배들이 후배들을 다그칠 때도 있었다. '너무 꾀부리거나 까불지 말라'는 의미였다. 하지만 그 소풍과 일탈은 대부분 전규삼에 의해서 중단되곤 했다.

1969년, 송도 에이스 김인진이 감행한 소풍은 초창기 송도 농구부에서 가장 큰 소동으로 기억된다. 김인진은 긴 얼굴에 사람 좋은 웃음과 덩니가 매력적이었다. 동기 김동광이 무언가를 이겨내겠다는 마음이 강한 '불'이 느껴졌다면, 김인진은 온화함이 느껴졌다. 동료선수들의 투정도 잘 받아주었다. 김동광은 "김인진은 학년은 같았지만 2살이 더 많았습니다. 중학교에서 유급한 탓이지요"라고 말했는데, 학년은 같지만형이나 마찬가지였기에 좀더 이해심이 많고, 잘 품었던 것이 아닐까 싶다.

그러나 코트에선 누구보다 위력적인 선수였다. 종종 한 번의 교체 없이 40분을 소화하면서 30점씩을 거뜬히 올렸던 강철 체력도 갖고 있었다. 리바운드 실력도 뛰어났다. 서른 살이면 '노장' 소리를 듣고 은퇴 준비를 할 때이던 1970~1980년대, 김인진은 그때도 리바운드 10개 이상을 거뜬히 잡아내며 경쟁력을 보였다. 김동광은 "이미 중학생 때부터 리바운드는 전국에서 다섯 손가락에 들 정도로 실력자였다"라고 말했다. 그런데 대회를 앞두고 훈련을 하던 어느 날, 김인진은 무단이탈을 단행한다.

'이렇게 열심히 농구를 해도 성공할 수 있을지 모르겠다'는 불안감이 엄습한 나머지, 집으로 돌아가 버린 것이다. 집에 돌아갈 때까진 좋았다. 하루 쉬고 나니 이제는 겁이 나기 시작했다. 돌아갔을 때 선배한테 싫은 소리 듣는 것이 무서워졌던 모양이다. 김동광은 "우리 한 학년 위에 한 선배가 있었는데 정말 무서웠습니다. 그래서 한번은 1~2학년들이 단체로 도망을 간 적도 있는데, 그때는 5시간 만에 돌아왔었습니다"라고 귀띔했다. 이번엔 달랐다. 5시간이 아니라 아예 학교를 빼먹었다. 하루, 이틀 그리고 삼일이 지났다. "선생님, 인진이가 오늘도 안 나왔습니다."

전규삼은 집에 가서 만나 보겠다는 선수들을 만류했다. "강제로 데려와 봐야 아무 소용없어." 혼내서 데리고 와 봐야 아무 도움이 안 된다는 것. 그렇게 끌고 오는 건 가능해도 5일 뒤면 다시 농구부를 뛰쳐나갈 생각을 할 수도 있다는 생각이었다. 실제로 동기들이 집에 찾아가 김인진을 설득했지만, 알았다 대답만 하고 다음날 나오지 않았다. 그런데 그런 전규삼을 움직이게 한 결정적 '사유'가 있었다. 김인진이 학교 수업도 제대로 안 듣는다는 이야기를 듣자 바로 움직인 것이다. 김인진이 팀을 떠난 지 1주일째 되던 날 저녁. 전규삼은 김인진의 부모부터 만나 아들과 이야기하고 싶다고 했다. 쭈뼛거리며 나오는 김인진. 그 역시 농구부로 돌아가고 싶었지만, 미안하면서도 불안한 마음이 커서 감히 움직이질 못 했던 차였다.

"잘 쉬었지? 이제 다시 가자." 불호령이 아니라 따뜻한 한마디부터 듣자 김인진은 엉엉 울었다. "운동이 중요한 게 아니야. 농구하기 이전에 성실하게 자기 할 일을 잘하는 것이 중요하단다. 그리고 공부만큼은 포기하면 안 돼. 너는 학생이니까."

전규삼은 해방 전후와 전쟁의 난리 속에서도 교육의 중요성을 강조해 왔다. 일을 하려면 뭐라도 하나 더 알아 둬야 한다는 생각에서였다. 농구부 학생들에게도 마찬가지였다. "은퇴한 다음에는 농구로 먹고살 수 없을지도 모른다"며 학생으로서의 책임을 다하고, 기본 소양을 쌓을 것을 강조해 왔다. '그래야 사람이 된다'며 말이다. "너희는 농구와 공부만 열심히 하면 돼. 성적 나오면 대학은 내가 보내 줄 거니까."

송도 출신 학생들 중 전규삼에게서 이 말을 안 들어본 학생은 없었다.

다음날, 마음을 다잡은 김인진은 수업 전에 훈련하기 위해 모인 선, 후배들 앞에서 정중히 사과했다. 이때만큼은 전규삼도 함께 자리했다. '공식적인' 사과와 용서가 이뤄진 셈이었다. 고려대에 진학한 김인진은 산업은행의 간판 스타로 성공했다. 국가 대표팀에도 여러 차례 발탁됐다. 은퇴 후에는 캐나다로 이민을 갔으나 심근경색으로 사망했다. 신이 내린 슈터라 하여 '신사수'라 불렸던 이충희도 비슷한 일을 겪었다. 기본기 훈련이 따분하기도 하고, 힘들기도 해서 몇 번을 도망갔는데, 전규삼의 설득에 못 이기는 척 다시 나왔다. 하지만 김인진과 달리, 전규삼은 이충희에게는 좀 더 엄격하게 대했다. 이충희의 '소풍' 전력이 1~2번이 아니었기 때문이다. 엄했다고는 하지만 전규삼이 자신이 정한 '선'을 넘었던 것은 아니었다. 대신 동료들에게도 폐를 끼쳤던 만큼, 마루를 닦고 선배들 공을 잡아 주는 역할까지 맡겼다. 훗날 별명이 '슛도사', '신사수'가 되긴 했지만 이충희는 유희형 같이 타고난 재능의 스타는 아니었다. 밑에서부터 올라온 노력형 선수였다. 그 노력의 밑거름에는 미친 듯한 '전규삼식 기초훈련'이 있었다.

이충희는 그때 기억을 내게 말했다. "반복, 반복, 반복이니까요. 한번은 내가 할아버지한테 물어본 적이 있었어요. '할아버지, 이런 것까지 꼭 훈련해야 하는 겁니까?'라고요. 그러자 할아버지는 그러시더군요. '그게 하다 보면 언젠가는 써먹을 기술이 될 거야.' 그런데 놀랍게도 제가 현역으로 뛸 때, 장신들한테 둘러싸여서 핸디캡을 느낄 때면 그때 할아버지가 보여 주셨던 기술들이 생각나더군요. 제가 도망칠 때마다 뼈에 사무치게 좋은 말씀 해 주신 할아버지가 없었다면 지금의 저는 없었을 거예요."

돌이켜 보면 '할아버지가 가르쳐 준 기술'은 그리 화려한 것이 아니었다. 수비 틈에서 빠져나가는 드리블 기술과 풋워크 등이었다. 그저 놀라운 점이 있다면, 이 기술들이 오늘날에는 '돈 주고' 배워야 하는 기술이라는 점이다. 이는 전규삼이 학창 시절부터 키 큰 선수들 사이에서도 잘하고 싶어 이리저리 연구해 왔던 것들의 결과물이기도 했다. 1986년 9월 〈KBS 1TV〉의 〈11시(時)에 만납시다〉에서 이뤄진 김동건 아나운서와의 대담에서 전규삼은 이런 말을 했다. "애들이 운동만 하고, 공부를 안 하면 나중에 할 게 없어집니다. 심지어 학급 애들과 대화를 해도 할 이야기가 없어져요. 요즘 학교들은 1시간도 공부를 안 시키더군요. 그래서는 안 됩니다. 모름지기 학생들은 성실해야 합니다. 운동만큼이나 공부도 최선을 다해야 합니다."

전규삼은 그 성실함을 솔선수범했던 인물이었다. 1970년대 중반 송도를 다녔던 제자들은 1974년 8월 15일을 잊지 못한다. 이날은 영부인 육영수 여사가 광복절 기념식이 열린 서울국립극장 단상에서 문세광에게 저격을 당해 세상을 떠난 날이었다. 총격 사건으로 온 서울 시내가 살벌했던 그날, 송도 선수들은 다른 의미에서 가슴이 덜컥 내려앉는 경험을 한다. 그 당시 체육관이 변변치 않았던 선수들은 매주 1번씩 박문여고를 방문해 연습 경기를 가졌다. 박문여고 코치는 심욱규(작고)로, 1965년 송도고 졸업생이었다. 서상철, 유희형보다도 2년 먼저 졸업했으니 전규삼의 초창기 제자였던 셈. 전규삼의 농구를 동경해 자신도 비슷한 스타일로 제자들을 지도했던 심욱규는 스승과 후배들을 위해 기꺼이 체육관 사용을 허락해 주었다.

심욱규의 제자이자, 부산 BNK 썸 여자농구단 감독 유영주는 전규삼에 대해 이렇게 기억했다. "자주 우리 심 선생님을 뵈러 왔었어요. 두 분 다 유쾌하고, 인자하신 분들이었죠. 칭찬도 많이 해 주셨고요. 송도 선수들도 기억납니다. 아마 많이들 하신 말씀이겠지만, 기초가 정말 잘 닦여져 있고 보기 즐거운 팀이었지요. 돌이켜 보면 할아버지는 저희들에게도 신기한 기술도 많이 보여 주셨던 것 같습니다."

버스를 타면 한 시간 정도. 걸어서는 2~3시간 이상 걸릴 정도로 먼 거리에 있는 학교였지만, 선수들은 박문여고 가는 날을 기다리고, 기대했다. 일단 여자 학교다 보니 두근거림이 있었다. 여학생 한 명 보지 못해도 공기부터 다르다고 생각했다. 또 체육관 시설이 기가 막히게 좋았다. 송도는 천장이 낮은 탓에 멀리서 슛을 던지면 천장에 공이 닿아 훈련이 중단되곤 했다. 필자의 학창시절, 전국 길거리 농구 코트에는 '빽차(에어볼 ; 슛을 던졌는데 공이 림도 안 맞고 떨어지는 것)'를 하면 교체되곤 했다. 워낙 농구하고 싶어하는 학생들이 많다 보니, 그런 식으로 교체 규칙을 정해 둔 것이다. 내가 던진 슛이 그물에조차 닿지 않을 때면 코트 밖 친구가 기다렸다는 듯 달려와 '교체!'를 외쳤다. 송도에는 '천장 뿔'이란 것이 있었다. 슛을 던지다 농구공이 천장을 맞으면 선수를 교체하거나 공, 수를 교대하는 그들만의 규칙이었는데, 그 정도로 천장에 공이 닿는 일이 잦았다. 그와 달리 박문여고는 꽤 큰 체육관을 갖고 있어 '천장 뿔' 나올 걱정은 하지 않아도 됐다. 다시 1974년 8월 15일로 돌아가자. 이날따라 박문여고 체육관에 동행한 전규삼의 상태가 좀 이상했다. 식은땀을 뻘뻘 흘리면서 간신히 서 있던 그는 별안간에 사색이 되어 쓰러져 버렸다. 농구 코치를 시작한 이래, 학생들 앞에서는 좀처럼 아픈 티를 내지 않았던 그였기에, 제자들 모두가 비상에 걸렸다. 심욱규조차도 처음 보는 광경이라 놀랄 수밖에 없었다. 곧바로 송도 중학교 근처에 있던 이종철 외과로 향했다. 검진 결과는 충수염. 바로 맹장 수술을 받았다. 선수들은 큰 병이 아니라는 사실에 안도했다. 일단 큰 병이 아니라는 것을 확인했던 이들은 시간이 지나자 슬슬 기대하기 시작했다.

"오~~! 그러면 할아버지가 안 나오시나?", "아프신데 좀 쉬시겠지?" 전규삼이 안 나오면 조금은 쉴 수 있을 것 같다는 기대감에 부풀어 있었다. 마침 선수들은 여름 방학이었기에 다들 학교 교실에서 합숙을 하던 중이었다. 책상을 몇 개씩 이어 붙여 침대로 삼았고, 그 위에 이불을 깔고 잤다. 그 시대 선수들은 여름 훈련이 가장 힘들었다고 입을 모은다. 에어컨도 없고, 선풍기도 몇 대 없던 시절. 오후 훈련을 마치고 나면 양말까지 몽땅 젖어있었다. 농구화를 거꾸로 뒤집으면 땀이 줄줄 나왔으니 오죽했을까. 어떤 학교는 정신력을 기른다며 물도 못 마시게 했을 정도다. 전규삼 역시 훈련 시간만큼은 타협이 없었다고 하니, 이 철없는 학생들은 할아버지가 자리에 누운 김에 조금이라도 숨을 돌릴 수 있을까 기대했던 것이다.

그러나 그 헛된 기대는 바로 다음날 무너지고 말았다. 전규삼이 체육관에 등장한 것이다. 이내 그는 제자들을 시켜 합숙실에 있던 이부자리를 들고 오도록 했다. 그리고는 코트 사이드에 이불을 펴고 눕는 게 아닌가! 1978년 졸업생 박재수는 그 상황을 이렇게 회고했다. "아니! 병원에 있어야 할 분이 갑자기 나타나신 거예요. 선수들은 다 사색이 됐습니다. 하하. 수술한 지 하루밖에 안 되었는데. 그렇게 힘들어 하시면서도 이부자리 펴고 누워 있는 상태로 '야~~'. '이놈들아, 그거 아니래도!' 하며 지시하시는데 어찌나 대단하신지요. 그 정도로 열성적이었어요. 아직도 기억이 납니다."

제12화

동반자들

1960년대 2년 연속 전국 체전 우승 덕분에 전규삼은 전국에서 농구 좀 한다는 사람 중에는 모르는 이들이 없었다. 적지 않은 나이에도 불구하고, 독특한 지도 방식과 철학을 갖고 있다는 점이 매력으로 어필했다. 신문 기자들 사이에서도 소문이 났다. 그 시기 고교 스포츠는 종종 신문으로도 다뤄지곤 했는데, 실향민 출신의 '농구 할아버지' 전규삼은 기사로 다루기 딱 좋은 인물이었다. 1970년 〈동아일보〉는 중앙일간지 중에서는 처음으로 전규삼의 소식을 전했다. 그 뒤에도 〈동아일보〉 최화경 기자를 비롯한 여러 체육부 취재 기자들이 그를 조명했다.

오랫동안 농구 기자로 활동한 최화경 기자는 전규삼을 이렇게 기억했다. "학생다운 농구를 추구했던 분이셨죠. 어영부영하는 걸 굉장히 싫어했던 기억이 납니다. 이기고 있다고 상대 얕보고, 점수 차 벌어진다고 대충하는 거 말입니다. 교묘한 반칙도 싫어하셨던 분입니다. 사실 송도 선수들은 대학, 실업에서 꽃 피울 때가 많았어요. 고등학교 때는 성적보다는 개인 기량 연마에 신경을 쓴 덕분이겠지요."

"선배님, 그러면 혹시 선생님과 술자리를 가지신 적도 있는지요?"

"물론이죠. 장충체육관에서 경기한 날은 근처 족발집을 가거나 중화 요리집을 갔습니다. 술을 즐기셨던 분이거든요. 많이는 못 드셨고요. 선생님이 서울에서 경기를 할 때면 아끼는 제자들이 항상 찾아오곤 했습니다. 인사드린다고요. 술자리에는 선생님 보좌하는 강식선 코치와 제자들이 있었습니다. 유희형, 서상철, 김동광 중 한 명은 꼭 있었습니다. 술자리에 웃음이 끊이지 않았어요. 잘 웃으셨어요. 근데 그 분은 술은 많이 못 드셨고, 오히려 그보다는 담배를 많이 좋아하셨어. 헤비 스모커셨죠. 하하하."

최화경에 따르면 전규삼은 이북에서 왔지만 모든 말투가 '입니다'로 끝날 정도로 발음도 또박또박했고 정중했다. 자신보다 어린 사람이라 할지라도 꼬박꼬박 경어를 썼다. 박 감독, 김 선생 등 호칭도 제대로 불렀다. 지도자들이 그를 존경했던 또 다른 이유였다. 전규삼의 지도 철학은 세월이 흐를수록 더 확고해졌다. 누군가를 가르치려면 자신도 계속해서 공부를 해야 한다고 말했다. 오십을 넘긴 뒤부터는 아이들을 더 이해하고 싶다며 〈논어(論語)〉를 공부하고 깊이 사색했다. 누군가 왜 농구책 대신 논어를 읽느냐 물을 때면 "내 자신이 인간이 안 되어 있는데, 누굴 가르칠 수 있겠나. 기본이 되어야지"라고 답했다. 전규삼은 심리학 책을 구해서 읽는 등 깊이를 더하기 위한 노력을 이어 갔다. 농구보다는 자신을 더 가다듬고 아들보다도 어린 나이의 학생들에게 더 다가가기 위한 자아 성찰(自我省察)이었다.

시간이 지나고, 전규삼도 나이가 들어 혼자 다 챙기지 못하게 되자, 학교에서도 그를 보조해 줄 코치들을 더 고용했다. 1970년 중반에 들어가면서 김진태(1967년 졸업), 강식선(1973년 졸업), 박재수(1978년 졸업), 송기화(1968년 졸업) 등이 전규삼을 차례로 보좌해 송도를 이끌었다. 주로 대회에 나가면 선수들을 인솔했다. 시간이 많이 흘러 전규삼이 이동 거리가 긴 지방까지 따라가지 못할 때는 전규삼 대신 경기를 관장하기도 했다. 혹자는 전규삼은 학교에서 정식으로 고용된 인물이 아니었고, 코치가 학교에 의해 정식 고용된 사람이라고도 말한다. 그래서 전규삼이 농구 코치를 그만둘 때, 퇴직금조차 제대로 받지 못했다는 말도 있다. 실업팀에 가서 스타로 성장한 제자들은 전규삼의 이러한 형편을 잘 알고 있었다. 그래서 돈을 걷어 용돈이라도 드리고 싶어 했지만, 그때마다 전규삼은 '온 힘을 다해' 제자들의 호의를 거절했다. 어려운 여건에도 불구하고 전규삼은 이런 구조에 대해 한 번도 학교에 이의를 제기하지 않았다. 따지고 보면 자기 대신 월급을 받는 그 코치도 자신이 아들, 손자처럼 길러낸 제자 중 하나였기 때문이다. 그래서인지 때로는 제자가 백수가 되었다는 소식이 들릴 때면 "우리 학교에 와서 애들 좀 봐다오"라고 먼저 말을 건네기도 했다.

1980년대 들어서부터는 "젊고 유능한 친구가 오면 난 언제든 떠나도 된다"는 말도 종종 했다.

그러나 언제까지나 송도 농구의 브레인(brain)이자 척추는 전규삼이었다. 이는 누구도 부정하지 않았고, 그것이 당연하다고 여겼다. 성적 지상주의를 벗어난 교육. 실수했다고 혼내지 않고 자율성을 강조하는 훈련. 이는 전규삼이 세상을 떠난 지 20년이 다 되어가는 지금까지도 송도 중학교와 송도 고등학교를 지탱하는 '농구 철학'이며, 농구부 동문들의 힘으로 지켜지고 있었다.

"다들 '송도의 운동 비법이 있냐?'고 물어보는데, 저는 '정말 바보가 아니면 똑같은 운동을 6년 동안 하는데 못 하는 게 이상하다'고 말하곤 합니다. 할아버지는 창의적인 시도를 기본 원칙으로 정하셨죠. 구타와 질책이 없는 스타일이 창의력을 키워 준다며 말이죠. 할아버지는 가드와 센터 포지션을 바꿔서 운동을 시킬 때도 있었어요. 가드가 센터처럼 골 밑에서 비비고, 센터는 밖에서 패스를 넣어주게 했던 것이죠. 센터들은 패스를 주는 게 얼마나 힘든지, 가드는 포스트에서 얼마나 자리를 잡는 게 어려운지 알아봐야 한다는 거였어요. 매치업도 무조건 섞어서 했습니다. 가드가 센터를 달고 레이업을 할 수 있도록 말이죠. 그런 게 특이했습니다. 지금 저도 종종 송도고 아이들에게도 시키지만, 사실 몇몇 기술들은 정상적인 경기에서 사용할 수 없는 겁니다. 자유투 라인에서부터 원 드리블에 가랑이 사이로 빼서 넣는 것, 당연히 경기 중에 못 하죠. 하지만 어디까지나 드리블 밸런스를 잡기 위해서 하는 훈련이었습니다. 3점슛 라인 부근에서 훅 슛도 던져봐요. 이러한 엉뚱한 동작을 정말 자연스럽게 시도했는데, 계속하다 보니 이렇게도 해 보고, 저렇게도 해 보면서 창의적인 플레이를 만들었죠."

2002년부터 송도고를 이끌고 있는 최호 코치의 말이다. 프로선수 은퇴 후 바로 송도고에 부임한 최호 코치는 '전규삼 시스템'을 현실에 맞게 적용시켰다는 평가를 받고 있다. "사실, 팀을 이끄는 입장에서 성적 부담이 없다고 하면 거짓말입니다. 할아버지를 기억하고, 그 뜻을 기리고자 하는 학교나 동문들 양해로 혜택을 보고 있다고 생각합니다. 우리도 선수들에게 우승하라고 이야기를 하지 않습니다. 대학에 가서 어떤 플레이를 하는지 중요하게 여기죠. 학교에서 그런 걸 받아들여 주고 있습니다. 물론 기본적인 건 해야겠죠. 예선 탈락만 계속 하면 안 됩니다. 어느 정도 기본 성적만 내면 학교 측에서도 '성적보다 선수들 기량 발전과 졸업 후를 바라보고 있다'고 말씀해 주십니다." 실제로 송도고는 전규삼 시대 이후에도 김선형(서울 SK 나이츠)와 같은 우수한 선수들을 많이 길러냈다. 최호 코치는 전규삼의 철학을 이어가고자 하는 모두의 노력이 있었기에 가능하다고 강조했다.

전규삼 옆에 선 동반자가 앞서 소개한 코치들만은 있었던 것은 아니다. 남으로 넘어온 지 12년째 되던 해, 그러니까 1962년. 전규삼은 5살 연하의 김점례와 중매를 통해 재혼했다. 하지만 둘 사이에는 자녀가 없었다. 북에 두고 온 가족들을 못 잊어서 혹은 애정이 부족해서와 같은 이유는 아니었다. 오히려 혼자 산 지 12년 지나 얻은 아내였다. 비로소 정을 주고 의지할 수 있는 동반자 한 명을 얻었으니 소중할 수밖에 없었다. 이에 대해 1995년 〈우리 교육〉 4월호 인터뷰에서 전규삼은 "아이 못 낳는 여자를 얻었습니다"라고 담담하게 말했다.

아내 김점례와의 삶은 평탄했다. 주변에서 부부를 본 이들은 하나 같이 "금실이 좋았다"고 입을 모았다. 전규삼만큼이나 성품이 곱고 선수들을 아들처럼 대했다. 학창시절 대부분을 학교 숙직실에서 보낸 서상철, 집이 어려웠던 유희형, 김동광 등에게 맛있는 밥을 먹이고 격려의 말을 건넨 이도 바로 그의 아내, 김점례였다. 둘은 송도중에서 그리 멀지 않은 송림동의 한 한옥에 살았다. 버스로 6~7정거장, 약 25분쯤 걸리는 거리였는데, 지금은 '인천 맛집'으로 유명한 아리랑 회관 근방이었다. 김동광은 'L'자형 집이라고 기억했지만, 1990년대 제자들은 한옥이 아닌 '단칸방'이라고 말했다. 이 사정에 대해 정확하게 기억하는 이가 없었는데, 학교에서 코치를 그만둔 뒤 생활고에 시달렸다는 이야기로 미루어 보아 이사를 간 것이 아닌가 싶다.

가끔 남편을 위해 무언가를 가져다주러 오면 전규삼은 항상 김점례의 손을 꼭 붙잡고 걸었다. 고려대 감독이었던 박한도 종종 그 장면을 목격하곤 했다. 그는 "부럽기 짝이 없었다"고 돌아봤다. 연세대 감독이었던 최희암도 같은 말을 한다. 최희암은 재직 기간 중에 박한만큼이나 송도를 자주 찾았다. 스카우트나 연습 경기 목적도 있었지만 가끔은 자신이 모르는 것을 묻고자 갈 때도 있었다. 오히려 스카우트와는 인연이 없었다. 앞서 말했듯, 전규삼이 고려대를 더 선호했기 때문이다. 최희암도 이에 개의치 않고 전규삼을 찾아갔다. "내가 아무리 대학 감독이라고 해도 모르는 기술이나 이론이 있었으니까요. 직접 배우는 것이 좋을 거 같아서 선생님께 '찾아뵙겠습니다'라고 했죠. 다행히 전 선생님도 흔쾌히 허락해 주셔서 자주 봤습니다."

그렇게 송도를 찾을 때면 종종 김점례와의 데이트 아닌 데이트 장면을 목격했다. 최희암은 그 장면이 자신의 결혼 생활에도 영향을 주었노라고 고백했다. "선생님 마음에는 사모님밖에 안 계셨던 것 같습니다. 아무래도 가족도 북에 두고 왔다 보니 애절한 느낌도 남달랐던

144

것 같고요. 사실 그 시절 저희 같은 감독, 코치들은 집은 거의 내팽개치다시피 했습니다. 농구밖에 모르고 살았지요. 그런데 선생님은 그러지 않으셨어요. 사모님을 정말 잘 돌보았죠. 그게 제게도 영향을 주었습니다."

최희암 감독의 말처럼, 그 시절 농구팀 지도자들은 거의 1년 365일을 숙소에서 지냈다. 가끔 명절, 생일, 휴가 때나 가족들을 만나러 들어왔다. 집에 관심이 없었던 것이 아니었다. 선수들 훈련시키고, 대회에 참가하고, 또 스카우트 시즌이 되면 이 학교, 저 학교를 다니며 코치들도 만나야 했다. 그냥 대화만 하고 돌아서면 정(精)이 없다 해서 술잔을 기울이다 보면 새벽이 되기 일쑤였다. 그러다 보면 계절이 휙-휙 바뀌었다. 송도중, 송도고 역시 훈련을 마치면 밤 10시, 11시를 훌쩍 넘겼다. 가끔 서울에서 대학 감독들이 오면 저녁 시간에 회 한 접시에 술 한잔 기울이는 게 전부. 전규삼은 술을 마신 뒤에도 흐트러짐 없이 학교를 들렀다가 귀가했다. 혹시나 남아서 개인 훈련을 하는 선수가 있는지 확인해 보고 집에 돌아갔다.

송도 중학교 바로 앞에 있는 '신흥약국'에서 오랫동안 전규삼을 모신 약사 김연옥은 '곱고 청렴한 부부'로 전규삼과 김점례를 기억했다. 전규삼과 김점례는 풍족하진 않았다. 코치 월급도 다른 학교 코치들과 비교하면 절

반이 채 되지 않았다. 종종 학부모들이 육성회비를 걷어 드리려고 하면 화를 냈다. 그 돈으로 선수들 화채나 사 주라며 말이다. 아무리 자식 없이 산다고 해도 풍족하진 않았을 터. 그러나 전규삼은 "몸 건강하고, 이렇게 자식 같은 녀석들이 잘되고 있어 마음도 편안하니 그게 부자 가 아니고 무어겠냐"라며 반문했다.

그 무렵 전규삼은 사실상 고향으로 가겠다는 마 음을 접은 지 오래였다. 유희형은 전규삼의 가족에 대해 서는 여러 소문이 있었지만 모두 거짓이라고 말했다. 첫 번째 소문은 전규삼이 1970년대, 장안의 화제였던 이산 가족 상봉 신청을 했다가 안 된 다음부터는 고향에 대한 미련을 버렸다는 것인데 유희형은 "그런 일은 없었다"고 말했다.

"완전히 소식도 끊겼으니 다 죽었을 것이라 생각했 던 것 같습니다. 가족을 두고 남으로 왔으니 무사하진 못 했을 것이라 생각하고 살아오셨죠." 북에 두고 온 가족 에 대한 이야기는 일절 하지 않았다. 어쩌면 그것이 김점 례에 대한 최소한의 예의라 생각했을지도 모른다. 두 번 째 소문은 한 농구인이 국제 대회에 갔다가 북측 선수단 으로부터 '전규삼의 아들'이라 말하는 자를 만났다는 것 인데 유희형은 "이 역시도 왜 그런 말이 나왔는지 모르겠 다"고 말했다.

후임 코치로 일했던 제자 박재수는 내가 이 글을 쓰기 시작한 뒤로 송도 출신 농구인들로부터 가장 많은 추천을 받은 인물이었다. 전규삼과 관련하여 '꼭 만나 봐야 할 인물'을 물을 때면 박재수 이름이 빠진 적이 없었다. 이충희보다 1년 늦은 1978년에 졸업한 박재수는 일반 교사로 모교에 근무하는 와중에도 농구부에 무슨 일이 생길 때면 대변인을 자처했던 인물이기도 했다. 가끔 코치 자리가 공석이 되면 학교 수업을 마치고 대신 농구 코치로 활동했다. 또, 전규삼과 김점례의 마지막 가는 길을 각각 배웅하기도 했다. 그런데 전규삼이 세상을 떠나기 몇 해 전, 무슨 이유인지 전규삼은 김점례와 더 이상 함께 살지 않고 동생의 집에서 같이 지냈다. 김점례는 전규삼이 세상을 떠난 뒤 얼마 지나지 않아 울산의 한 요양원에서 생을 마감했다. 제자들에게도 전화로 소식이 전해졌고, 박재수를 비롯한 제자들은 그 길로 울산으로 날아가 조문했다. 하지만 다른 가족이 없었던 탓인지 전규삼과 같은 묘지에 묻히진 않았다. 파주 동화 경모 공원에는 현재 전규삼과 전규진의 묘만 나란히 세워져 있다.

전규삼이 사망한 뒤, 박재수는 함께 동생 전규진의 집을 찾았다. 스승의 짐을 정리하기 위해서였다. 그런데 전규삼의 방에 들어가니 50년도 더 된 흑백 사진이 탁자 위에 놓여 있었다. 전규삼과 오랜 세월 함께 일했던 박재수조차도 처음 보는 사진. 바로 6·25 전쟁 발발 직전, 집 앞에서 두 아들과 나란히 찍은 사진이었던 것 같다. 전에 살던 송림동 집에 갔을 때조차 보지 못했던 사진이었다. "나중에 동생인 전규진 씨에게 물어보니, 사모님과 헤어지고 나서야 비로소 이 사진을 밖에 꺼내 놓았다고 하더군요. 그전에는 밤에 미치도록 보고 싶을 때 할머니 몰래 잠깐 꺼내 봤던 거지요. 어쩌면 그게 할머니께 예의를 지키는 방식이라 생각하셨던 것일지도 모르겠습니다."

가장 아쉬운 건 전규삼이 남겨 놓은 모든 기록의 행방이 묘연하다는 것이다. 전규삼은 오랫동안 제자들의 학업 성적까지 꼼꼼히 기록하고 챙겼고, 미군 기지에 드나들며 NBA 선수들의 자료를 가져와 연구했다. 그럼에도 불구하고 지금 그의 자료는 그 어느 곳에도 남아있지 않다. 전규진 씨마저 세상을 떠나면서 전규삼의 전설은 오로지 '말'과 얼마 남지 않은 신문자료에 의존하게 된 것이다. 관리를 제대로 하지 못한 제자들이 원망스러울 정도였다. 그러나 1960년대에 배웠든, 1980년대에 배웠든 전규삼으로부터 농구를 배운 그 누구에게 묻든 한결같이 했던 말이 있다. 바로 전규삼이 그 어떤 지도자들보다도 제자를 자식처럼, 손주처럼 대했으며, 그 어떤 남편보다도 자기 옆을 지켜준 아내를 사랑하고 아낀 남자였다는 것이다. 그런 의미에서 전규삼 최고의 동반자는 바로 제자이자 아내 김점례, 그리고 이 모두를 연결지어 준 '농구'가 아니었을까.

제13화

보통선수
이충희

2009년 2월 1일 잠실학생체육관에서 열린 프로 농구 올스타전. 한 중년 남성이 민망하다는 듯 3점슛 라인에 끌려 나온다. 세월이 흘러 배도 나오고 덩치도 조금 커졌지만 사람들은 여전히 그를 기억하고 있는 듯 환호와 박수를 아끼지 않았다.

"공을 참 오랜만에 잡아 본다"는 이 남성은 수줍어하며 슛을 던지는데 던질 때마다 그물을 쏙쏙 가른다. 여기저기에서 터져 나오는 감탄사. 어찌나 슛이 잘 들어가는지 벤치에서 구경하던 현역 올스타 선수들도 눈이 휘둥그레진다. 그가 넣은 3점슛은 12개. 총 12점을 기록했다. 결선에 오른 웬만한 선수들보다도 높은 점수였다. 그 중년 남성의 이름은 바로 이충희. 현역 시절 '슛도사', '슛쟁이'라는 별명이 있었고, 대만을 비롯한 아시아에서는 '신이 내린 슈터'라는 의미에서 '신사수'라 칭했던 대한민국 최고의 슈터였다. 1980년대, '농구 대잔치'를 비롯해 남자 농구 경기가 열린 다음날이면 〈동아일보〉, 〈중앙일보〉, 〈조선일보〉 등 아침자 농구기사 제목은 거의 '이충희, 혼자서 ○○득점'으로 시작됐다. 그런 이충희가 다시 코트에 섰던 2009년 2월 1일, 이충희는 이미 50살이 다 된 '전직 농구 스타'에 불과했지만, 폼은 흐트러짐이 없었다. 이벤트가 끝난 뒤 나는 그에게 슬쩍 다가가 "오랜만에 던지신 거 맞아요?"라 물었다. 그러자 그는 "진짜 한 3

년 만에 던진 거 같아"라며 멋쩍어했다. "그냥 던지니까 감이 살아나더라"라며. 마치 공을 잡으니 온몸이 기억이라도 하듯, 공은 안정적인 포물선을 그리며 림을 향해 날아갔다. 그렇게 되기까지 얼마나 많은 슛을 던져가며 연습을 했던 것일까. 이충희는 자타가 공인하는 연습벌레였고, 그 노력과 연습을 통해 성공률을 완성시켰다. 어찌나 잘 들어갔는지, 연습 때 리바운드를 잡아주던 후배들이 들어간 거보다 안 들어간 게 몇 개인지 세는 게 더 낫다고 말했을 정도였다.

필자의 선배인 박상혁 농구 전문 기자는 "예전에 연습할 때 공 5개 실패할 때까지만 공을 밑에서 주워서 패스해 달라고 부탁했는데, 거의 반나절 동안 슛을 연습했다는 일화도 들었습니다. 가볍게 생각하고 부탁을 들어준 후배가 감탄하면서도 후회를 많이 했다죠"라고 덧붙이기도 했다. 은퇴 후 프로 농구 감독과 해설 위원을 오가던 이충희는 2009년 1월, 〈KBS 1TV〉에서 나와 함께 프로 농구 매거진 프로그램 〈비바점프볼〉에 출연했다. 약 3달 정도 함께 진행했는데, '슛'에 대해 이야기할 때면 눈이 초롱초롱해지던 모습이 10여년이 지난 지금도 눈에 선하다. 한번은 남자 프로 농구단 울산 모비스에서 뛰던 김효범이 출연했을 때였다. 김효범은 타고난 탄력과 슈팅으로 인기몰이를 하던 유망주였다. 이충희가 이벤트 차원에서 참가했던 2009년 올스타전 당시, 3점슛 대회에서 우승을 차지하기도 했다. 그런 그에게 이충희가 "3점슛 내기할래? 내가 지면 10만원 줄게"라고 장난을 걸자 김효범은 이내 손사래를 쳤다. "에이, 말도 안 됩니다"라며.

이충희의 이런 내기 제안은 경기장에서도 자주 있었다. 농구 해설 위원이기도 했던 이충희는 해설을 갈 때마다 종종 사이드라인에서 몸 푸는 선수들에게 지갑을 꺼내 보이며 내기를 제안했다. 물론 재미 삼아 건넨 이야기지만, 선수들은 진심을 다해 사양했다. 이충희의 이런 장난은 '선배'라서 가능했던 것이 아니라, 여전히 몇 번만 던져보면 어지간한 거리에서는 다 넣을 수 있다는 자신감이 있었기에 가능했다. 종종 까마득한 대학 후배들에게 원 포인트 레슨을 하면서도 그는 신기에 가까운 슛을 선보였다. 3점슛 라인에서 훅슛을 던져도 쏙쏙 들어갔다.

나 역시 2010년경 그가 유망주들을 상대로 가르쳐 주는 모습을 목격했는데, 힘도 안 들이고 슛을 성공시키는 장면에 그만 다음 질문을 잊은 적도 있었다. "연습을 얼마나 하면 그렇게 됩니까?" "미친 듯이 했지. 사람들이 내가 이런 말을 하면 다 웃는데, 정말로 나중에는 눈 감고 서있어도 림이 보일 때가 있어. 진짠데, 사람들이 안 믿어." 이충희가 그렇게 슛을 갈고닦은 그 체육관이 바로 '천장 뿔'이 나오던 송도 중학교 체육관이었다. 그는 그곳에서 밤낮 가리지 않고 슛을 던졌다. 마치 선배 김동광이 '내가 살 길은 드리블뿐'이라며 공을 다뤘던 것처럼, 이충희는 자신의 모든 것을 '슛'에 걸었다. 이충희가 그렇게 슛에 전념하게 된 이유는 따로 있다. 어린 시절에는 '슛'을 빼면 아무것도 할 수 없었던 선수였기 때문이다.

1958년 11월, 강원도 철원에서 태어난 이충희는 4살 때 인천에 건너왔다. 집안에 운동하는 사람도 없었고, 농구에도 이렇다 할 관심이 없었다. 대부분 송도 레전드들은 중학교 1학년, 혹은 그 이전부터 농구선수 생활을 했지만, 이충희는 중학교 2학년이던 1972년에 처음 공을 잡았다. 이충희가 입학할 무렵, 송도중학교와 송도고등학교는 몇 차례 전국 대회에서 명성을 떨치며 인천 지역에서는 알아주는 학교가 되어 있었다. 그러나 이충희는 그냥 그 지역에 살아서 송도중에 일반 학생 자격으로 입학했다. 그런 그가 농구공을 잡게 된 건 그야말로 '우연'이었다. '특활'이라 불렸던 특별 활동 시간에 농구를 하게 됐는데 재밌었던 것이다. 단지 그 이유였다. 좋아서.

"어린 마음에 공을 갖고 하는 농구가 재밌어 보였어요. 조금씩 하다 보니 흥미가 생기더라고요. 그때는 운동으로 성공하겠다거나, 국가 대표가 되겠다는 마음은 전혀 없었습니다." 이충희의 말이다. 친구들과 하던 농구는 정말 재밌었다. 그가 재미를 느낀 대목은 바로 '득점'

이었다. 이충희는 "축구는 우르르 몰려다니면서도 결국 골이 나오는 장면은 몇 안 됩니다. 쉬워 보이지만 정작 못 넣으면 재미가 없어요. 하지만 농구는 골이 많이 나옵니 다. 그게 재밌었던 거죠"라며 농구와의 사랑에 빠지게 된 계기를 돌아봤다. 하지만 '진짜 농구'는 이충희가 생각해 왔던 것과는 많이 달랐다. 이충희가 정식으로 농구부에 입단한 건 2학년 가을이었다. 당시 그의 키는 150cm. 중 학생이라고는 해도, 결코 큰 키가 아니었다. 빠르지도, 점 프력이 좋지도 않았다. 기본기도 없었다. 심지어 좌우 시 력도 0.3 근시였다. 훈련을 제대로 따라갈 방법이 없어 보 였다. 보다 못한 전규삼은 그에게 '그만두고 공부를 하는 것이 좋겠다'고 말한다. 이충희가 여러 인터뷰에서 "할아 버지가 '몇 번이나' 그만두라고 하셨다"고 말한 것을 보 니 정말 못해도 어지간히 못했던 것 같다. 본인조차도 "내가 봐도 쫓겨날 만 했다"고 말이니 말이다. 한 학급에 50~60명씩이 옹기종기 수업을 듣던 시절, 농구부도 이미 인원이 포화 상태였다. 10명도 못 채워서 5대5로 연습 경 기조차 제대로 하지 못하는 학교가 수두룩한 오늘날과 달리, 그때는 농구부도 북적북적했다. 게다가 송도는 독 특하게도 중, 고등학교 전 학년이 같은 공간에서 같은 훈 련을 받았다. 졸업생 박재수는 "송도는 중학교 1학년부터 고등학교 3학년까지 모두가 같은 훈련을 했습니다. 그렇다 보니 자기 차례가 올 때까지 한참 기다릴 때도 있었습니다. 그래서 부상으로 못 뛰는 선배가 있으면, 그 선배가 사이드라인에서 저학년이나 초보들을 지도하기도 했죠. 여기저기 정신이 없었던 시절이었죠"라고 당시 분위기를 회상했다.

이충희는 저학년은 아니었지만 '초보' 그룹이었다. 당연히 지루한 드리블, 패스 연습만 반복될 수밖에. 발전 속도도 더뎠다. 처음에는 그것을 견디지 못했고 연습에 안 나오는 날도 있었다. 그래서일까. 전규삼도 처음에는 그 모습을 보고는 이충희를 '안 될 녀석'이라고 구분했다. 흥미롭게도 그렇게 농구부를 몇 번이나 나갔지만, 이충희가 돌아올 때마다 전규삼도 별말 없이 다시 받아 줬다. 다만, 코트 닦기와 공 줍기 등 잔심부름은 그의 몫이었다. 전규삼만의 체벌이었던 셈이다. 훗날 이충희는 "그때 할아버지께서 뼈에 사무칠 충고를 많이 해 주셨다"고 회고했다.

그러던 어느 날, 이충희는 '농구 안 해도 된다'는 전규삼의 명령(?)에 반기를 든다. 본인의 기억으로는 '오기가 생겼다'고 했다. "농구는 결국 상대 골대에 골을 많이 넣는 게 가장 중요하다고 생각해요. 운반을 아무리 잘해도 골을 못 넣으면 못 이기잖아요. 사실 골밑슛이 확률이 제일 높지만, 저는 키가 작아 골 밑에서 넣는 것은 어려

왔어요. 그래서 멀리서 던지기 시작했습니다."

전규삼이 그를 달리 보기 시작한 것도 바로 이충희의 노력하는 자세 때문이었다. 전규삼은 1995년 4월 〈우리 교육〉과의 인터뷰에서 이충희의 훈련에 대해 이렇게 회고했다. "어느 날 아침 무심코 체육관에 가봤더니 누가 미친 듯이 슈팅 연습을 하고 있는 겁니다. 바로 이충희였죠. 이 녀석이 도대체 언제부터 연습을 시작하나 하고 몰래 지켜봤습니다." 그런데 이게 어찌 된 일인가. 새벽 6시에 나와 보니 이미 이충희는 온 몸이 땀에 흠뻑 젖어 있었던 것이다. 그래서 사방이 캄캄한 새벽 5시에 나왔더니 그때도 맹연습 중이었다. 새벽 4시 반쯤에야 비로소 등교하는 그를 만날 수 있었다는 후문이다. 이충희의 이런 연습은 밤에도 계속됐다. 전규삼은 그 인터뷰에서 "선수는 대개 다섯 종류로 갈라질 수 있습니다. 천재가 있고 수재가 있고 상당히 소질이 있는 놈이 있는가 하면, 그저 보통일뿐인 놈도 있고, 아무리 해도 안 될 놈이 있어요. 맨 끝의 경우는 아무리 노력해도 안 되지만, 보통인 경우라면 99% 노력이 보태질 때 천재 선수가 될 수도 있습니다"라는 인터뷰를 한 적이 있다. 그리고 자신의 역할은 그 '보통 선수'들이 99%의 노력을 쏟을 수 있도록 지도해 주고, 방법을 찾아 주는 것이라 여겼다. 전규삼의 기준으로 봤을 때 이충희는 '보통 선수'였다. 그러나 99%

를 넘어 200%의 노력을 쏟으면서 '천재처럼' 보이는 데 성공했다.

"중학교에서 고등학교 올라갈 때, 하루에 1,000개씩 슛을 던졌어요. 그냥 던진 게 아니라 성공시킨 것만 1,000개였죠. 무슨 일이 있어도 꼭 채웠어요. 999개도 용납을 못 했어요." 이충희의 말이다. 이 정도를 넣으려면 얼마나 긴 시간이 필요할까. 모르긴 몰라도 전규삼이 확인한 새벽 4시 30분부터 오전 훈련 시작할 때까지 그리고 오후 수업이 끝난 뒤 야간 훈련이 마무리 될 때까지 이충희는 틈만 나면 슛을 던졌을 것이다. 체육관 불이 꺼진 뒤에도 말이다. 이충희는 이에 대해 "시간으로는 환산이 안 돼요. 후배들에게 100개씩 잡아 달라고 부탁했죠. 새벽에 350개를 던지고, 점심시간을 이용해 250개를 던졌어요. 나머지는 저녁에 던졌죠. 그걸 1년 했습니다"라고 말했다.

1,000개를 넣는다는 것은 결코 쉬운 일이 아니다. 여러 증언을 종합해 봤을 때, 전성기 이충희의 연습 때 슛 성공률은 못해도 90%에 육박했음을 알 수 있다. 그렇다 해도 하루에 1,100개 정도는 던졌을 것이다. 한밤중에는 함부로 불을 켜지 못했기에 창문을 열고 달빛에 비춰 희미하게 보이는 골대를 향해 공을 던졌다. 이충희는 달빛이 그렇게 밝은지, 그 고마움을 그때 알았다고 했다.

종종 미국 프로 농구 슈퍼 스타들에게서도 비슷한 이야기를 들을 수 있었다. 2020년 1월, 불의의 헬기사고로 세상을 떠난 코비 브라이언트(Kobe Bryant)도 실제 상황이라 가정하고 1,000개의 슛을 넣을 때까지 던지는 훈련을 했다고 말했다. 코비는 나와의 인터뷰에서 하루 8시간 이상을 투자했다고 말했는데, 그냥 서서 던지는 것이 아니라 의자를 가져다 놓고 수비자라 상상하며 드리블로 왼쪽으로 이동했다가 던지는 등 다양한 연습을 했다고 말한 바 있다. 골든스테이트 워리어스(Golden State Warriors)의 스테픈 커리(Stephen Curry)도 마찬가지였는데, 이런 피나는 노력 덕분에 커리는 '3점슛의 대명사'로 거듭날 수 있었다.

이러한 연습 덕분일까. 전규삼의 눈에 들게 된 이충희는 고교 2학년부터 졸업반까지 팀의 확고한 에이스로서 송도고를 주도했다. 마침 이충희가 2학년일 때는 3학년 중에 특출난 선수가 없었기에 그 기회를 한껏 활용할 수 있었다. 고교 시절 그의 플레이를 기억하는 이들은 고3 때 이충희가 정말 기가 막혔다고 입을 모은다. 그보다 한 살 아래인 1960년생으로, 신일고에서 뛰었던 김남기는 "송도는 그냥 이충희의 팀이었다"고 기억했다. "40점씩 넣는 게 예삿일이었습니다. 당시 송도고는 가드 중심의 빠른 농구를 펼치고 있었죠. 송도고를 만날 때면 이충희 선배를 어떻게 막을지만 고민했습니다. 이충희 선배만 잡으면 쉽게 갈 수 있었거든요. 반대로 한번 이충희 선배가 폭발하면 그날은 그냥 지는 날이었습니다."

1961년생인 김진은 이충희와 고교 시절 맞붙은 기억은 없다고 했다. 김진은 신일고 출신으로, 훗날 프로팀 대구 동양 오리온스 감독이 되어 전규삼의 마지막 제자, 김승현과 함께 일대 센세이션을 일으켰다. 그는 고려대학교에서 이충희의 후배로, 그리고 실업팀 삼성전자에서는 이충희의 라이벌로 선수생활을 했다. 김진은 "차분하고 정감 있는 선배였습니다"라고 이충희를 기억했다. "기술이 굉장했고, 이에 대한 자부심도 강했습니다. 슛을 굉장히 강조하셨죠." 고려대 시절, 선수들은 매일 딱 한 번의 '훈련 면제권' 기회가 있었다. "하루에 두 번 훈련을 했습니다. 당시 박한 감독님은 우리가 가장 숨이 차고 힘들 때 다같이 모여서 자유투를 던지게 하셨죠. 우리 전체 인원이 17명에서 19명 정도였는데, 4학년 형들부터 던져서 전원이 100%를 넣으면 다음 훈련을 면제해 줬어요. 그러니 다들 눈에 불을 켜고 던졌습니다. 어쩌다 1학년이나 2학년들이 자유투를 놓쳐서 다음 훈련을 하게 되는 날엔… 어휴, 말도 못 했습니다. 훈련도 힘들었지만 끝나고도 선배들에게 혼났으니까요. 이충희 선배는 보통 때는 괜찮았는데 우리가 자유투를 던질 때만큼은 압박을 주셨어요.

훈련을 더 하기 때문이라기보다는 그만큼 집중하길 바랐던 것이죠. 이충희 선배는 항상 슛을 넣었거든요."

이충희 취재를 위해 만나고, 통화를 나눈 농구인들은 이충희의 경이로운 슛 성공률보다는 그 경지에 오르기까지 기울인 노력, 그 자체를 높이 사고 있었다. 저 정도 목표 의식이라면 뭘 해도 잘할 것이라는 믿음이 있었던 것이다. 그렇다면 '그만두어라'라는 전규삼의 권유에도 불구하고, 이충희가 노력을 멈추지 않은 이유는 무엇일까. 단순한 오기 때문이었을까. 그러면 그 오기를 갖게 해준 원동력은 무엇일까. 이는 바로 이충희의 부친 이경표 씨의 한마디 때문이었다. 그는 2000년, 스포츠 전문 사이트 〈후추〉와의 인터뷰에서 이런 말을 한다. "음… 이런 말은 많이 들어보셨을 거예요. '최선을 다해라' 그죠? '너 최선을 다 했냐? 최선을 다하지도 않고 뭘 포기하냐'고요. 근데 그때 우리 아버님이 나한테 해 준 얘기는 그런 거였어요. 나한테 '너 최선을 다했냐?' 그래서 내가 '최선을 다했습니다.' 나는 나 나름대로 진짜 최선을 다했어요. 다른 사람들이 볼 때는 반밖에 안 한 걸로 보일지 모르지만, 내가 내 자신으로서는 최선을 다했어. 정말 최선을 다했다고. 근데 안 되니까 포기하려고 한다 그랬는데, 그 때 아버지가 '최선을 다했을 때, 그때가 비로소 시작하는 거다. 그게 시작이다, 끝이 아니다. 그게 시작이다.' 그러니까 나는 최선을 다한 게 끝이라고 생각했는데 그건 시작도 안 한 거라고… 그게 바로 시작이라는 거지. 그래서 나는 그때 내 방에 와서 밤새도록 울었어요. 왜 나는 이걸 몰랐을까. 그리고 다시 시작한 거야. 그리고 그때부터 내가 정말로 이걸 한번 해 보겠다고 정말 매달렸습니다."

이처럼 정말로 독한 마음을 품고 농구부로 돌아온 이충희에게 전규삼은 자신의 노하우를 주입했다. 지루할 정도로 계속되는 반복 훈련이었지만, 덕분에 기본기가 탄탄해져 나중에는 아무리 어려운 동작도 빨리 습득하게 됐다. 1986년 9월 22일 〈KBS 1TV〉에서 방영된 〈11시(時)에 만납시다〉에서 이충희는 "할아버지는 종종 큰 사람이 하는 기술을 작은 사람에게 가르치기도 했습니다. 그럴 때면 '이런 거까지 내가 해야 하나'라는 생각도 들었습니다. 하지만 할아버지는 '그게 나중에 선수를 오래 하다 보면 언젠가 꼭 필요할 거다'라고 말씀하셨죠. 요즘에도 경기할 때면 종종 느낍니다. 장신들과 경기할 때면 '아 그때 좀 더 배웠으면 더 나았을 텐데'하고 아쉬움이 남는 거죠"라고 말하기도 했다. 1986년 당시 이충희는 아시안 게임, 세계 선수권 대회 등 국가 대표로서도 전성기를 달리던 때였다. 키 182cm로, 한국 농구선수 중에서도 그리 크지 않은 이충희 입장에서는 그 시기에도 190cm가 넘는 장신들을 상대하기가 쉽지 않았을 터. 그럴 때마다 그는 할아버지를 떠올리곤 했다. 그러나 제자의 이러한 말과는 달리 전규삼은 이충희라는 스타의 탄생을 대견해하고, 또 고마워했다.

전규삼은 이충희를 기억할 때면 '농구에 미쳐 든 아이', '크게 될 놈이었다'라고 말하며 흐뭇해했다. 이충희의 일화는 훗날 입학할 후배들에게 전해 줄 또 하나의 레퍼토리가 되기도 했다. 1997년에 송도고를 졸업한 이현준은 "중학교 입학했을 때였어요. 할아버지는 몇 번이고 우리를 모아놓고 '너희, 이충희 선수가 얼마나 열심히 훈련했는지 알아?'라며 그때 일화를 들려주셨어요. 이충희 선배님 외에도 김영기, 신동파 같은 전설적인 선수들이 화려하게 할 수 있었던 것도 기초가 탄탄했기 때문이었다면서요. 그중에서도 이충희 선배님의 훈련기는 들으면 들을수록 신기하면서도 대단하다는 생각이 들었죠"라고 돌아봤다. 어느 인터뷰에서든 전규삼은 스스로 단점을 극복하고 목표를 향해 나아가는 선수를 볼 때, 우승해서 환호하는 순간보다 더 행복했다고 말해 왔다. "난 기초만 좀 가르쳐 준 거지. 애들이 집념이 강해서 잘된 겁니다. 내가 조금 키워서 서울(대학 농구부)로 올려 보내면, 거기서 훌륭한 선생님들이 선수를 만들어 줬을 뿐입니다."

그런 면에서 이충희는 전규삼을 행복하게 만든 송도 역사상 최고의 '보통 선수'였음이 틀림없다.

제14화

우리는
우리의 벽만
넘는다

1960년대가 수도공고, 성동공고, 양정고 등이 지배한 군웅할거(群雄割據)의 시대였다면, 1970년대 남자 고교농구는 신일고 천하였다. 70년대에 춘계 연맹전 우승 6회, 대통령기 4회, 쌍용기 4회, 추계 연맹전 3회, 종별 선수권 대회 2회 등 나가는 대회마다 휩쓸었다. 사실 어느 학교든 한 학년에 좋은 선수들이 몰려 있으면 2~3년 간 농구계를 휩쓰는 것은 가능하다. 용산고가 대표적이다. 허재가 입학한 뒤 1981년부터 1983년까지 각종 대회 우승을 싹쓸이했다.

그러나 10년 간 꾸준히 상위권을 지킨다는 것은 결코 쉬운 일이 아니다. 이는 당시 아마추어 스포츠를 병들게 하던 스카우트 문제와 밀접한 관계가 있다. 이 지방, 저 지방에서 좋은 선수들을 쓸어담다 보니 전력이 좋아질 수밖에 없었던 것이다. 1980년, 〈조선일보〉는 이를 '투망식 선발 방법'이라고 비꼬며 '쓸 만한 고기는 다 잡아 간다'고 비판했다. 1980년 12월 19일 기사를 보면 "다른 곳으로 가면 곧 주전 멤버로 뛰어 농구 발전에 큰 몫을 할 수 있는 재목들이 벤치에만 앉아있는 악순환이 반복된다. 그 선수가 라이벌교에 가서 전력에 도움이 될 거 같으면 우선 붙잡아 놓고 본다는 것이다"라는 내용을 찾아볼 수 있다. 이러한 경쟁은 지방 학교의 연쇄 붕괴를 유발했다. 지방 중학교 입장에서는 애써 공들여 선수를 키워 놨더니 서울로 가겠다고 하니 그 지역 고등학교는 더 이상 좋은 선수를 받지 못하는 문제가 생긴 것이다. 1970년대에 서울 외 지방에서 우승을 한 팀은 대구의 계성고가 유일했다. 임판석 코치가 이끌던 계성고는 김여진과 김태범을 앞세워 1975년에 춘계 대회와 추계 대회, 전국 체전에서 우승했는데 그 앞뒤로는 정상에 오른 지방 학교가 없었다. 그렇다면 신일고에는 누가 있었을까. 신일고의 라인업은 굉장히 화려했다. 황유하, 이장수, 임정명, 김남기, 김진, 김태일, 이성훈, 박건연 등 대다수가 대학과 실업 무대에서 맹활약했고 훗날 지도자와 행정가로 진출했다. 이중 1955년생인 황유하는 고교 무대 최고 슈터로서 경기마다 30점씩을 뽑아냈다. 워낙 스피드가 좋아 수비하기가 굉장히 까다로운 선수였다. 3살 어린 '터프 가이' 임정명은 황유하의 계보를 이어받아 신일고의 기둥이 된다. 신일고 졸업생 김남기는 다른 관점을 갖고 있었다. "지방에서 좋은 선수를 데려왔다고 해서 다 해결된 것은 아닙니다. 우리는 화합이 잘됐습니다. 아무래도 어린 나이에 지방에서 올라온 선수들이 많다 보니 서로 의지하고, 농구에 그만큼 더 집중할 수 있었지요. 밤 11시까지 농구만 했어요. 자발적으로요."

송도고도 신일고의 희생양이었다. 김남기는 "이충희 선배는 30점, 40점씩을 넣다가도 우리만 만나면 10점,

20점대에 묶였습니다. 멤버가 워낙 좋다 보니 계속해서 이충희 선배만 집중 수비 했던 것이지요. 신일고는 전통적으로 수비가 좋았습니다. 또 송도고는 굉장히 자율적이고 빠른 농구로 상대를 정신없게 했지만 리바운드에서 우리를 이기지 못했어요"라고 당시를 돌아봤다.

전국 체전에서 성과를 냈던 1960년대와 달리, 송도고는 1970년대 메이저 대회에서는 거의 우승하지 못했다. 이충희를 앞세워 결승, 혹은 4강에 오른 적은 있지만 우승기를 든 경험은 그리 많지 않았던 것이다. 1976년 7월, 대통령기 4강에 올라 반대편 조 신일고와의 결승 대결을 기대했지만, 4강에서 서울체육고등학교에 73-78로 덜미를 잡혔다. 그러나 전규삼은 선수들을 다그치거나 강요하지 않았다. 당장 팀으로서 성과를 내기보다는, 넘어야 할 벽으로 상대학교를 꼽기보다는 선수들이 스스로 벽을 넘고, 이겨나갈 힘을 기르는 것이 더 중요하다고 봤기 때문이다. 중, 고등학교 때 갈고닦아 대학과 실업에서 빛나는 것이 더 의미 있다는 그 철학은 시간이 지날수록 더 굳건해졌다..

이충희가 주축으로 올라섰던 1975년과 1976년도 마찬가지였다. 송도고 농구부는 1975년에 고3 선수들이 없었다. 그래서 고2였던 핵심 멤버들이 2년간 맏형 노릇을 했다. 이충희도 덕분에 출전 기회를 많이 얻으며 노력의 결실을 맺었다. 그 이충희와 짝을 이룬 선수는 1년 아래 후배인 정태균이었다. 많은 이들은 그 시기 송도고는 '이충희-정태균' 투톱으로 기억했다. 김남기는 "이충희와 정태균이 50점, 60점씩을 뽑아냈다"고 설명했다. 정태균도 "제가 (찬스를) 만들어 주면 이충희 선배가 받아먹었습니다. 우리 둘이 같이 이끌었죠. 우리는 그리 큰 팀이 아니었기 때문에 빠른 공격을 많이 이어 갔습니다. 몇 점을 밀리고 있든 개의치 않고 공만 잡으면 빠르게 넘어가서 슛을 던졌어요"라고 말했다. 흔히 말하는 '런앤건(run-and-gun)' 팀이었던 것이다. '런앤건'은 의미 그대로 빠르게 달려 나가서(run) 쏘는(gun) 농구다. 이런 농구는 점수가 많이 나며, 빠르고 화려해서 관중들이 좋아한다. 또 작전에 의존하기보다는 선수들의 판단력과 개인기가 중요하다. 그래서 선수들 입장에서도 힘들긴 해도 신나는 농구라는 장점이 있다. NBA도 시대마다 대표적인 런앤건 팀이 있었다. 1980년대, 한 경기 180점 이상을 뽑아냈던 덴버 너게츠, 1990년대 골든스테이트 워리어스 등이 대표적이다. 한국 프로 농구에서는 2000-2001시즌 창원 LG 세이커스가 '공격 농구'로 인기몰이를 했다. 모두 빠른 속공과 3점슛이 주무기였다.

그런데 이런 팀은 단점도 명확하다. 수비가 불안하고 실수도 많다. 또 이런 런앤건을 택한 데에는 '장신이 없는 선수 구성'이라는 태생적 한계가 있었기에 자연스럽게 리바운드가 약할 수밖에 없었다. 송도고도 그랬다. "신일고만 만나면 졌어요. 최강팀이었으니까요. 점수 차가 많이 났습니다. 슛이 안 들어가면 높이에서 극복할 방법이 없었습니다. 임정명 선배가 뛰던 시절에는 더 힘들었죠." 이충희의 파트너이자, 1년 후배였던 정태균의 말이다. 그러나 점수 차가 벌어져도 전규삼은 선수들을 결코 다그치거나 몰아붙이지 않았다. "내가 중요하게 생각하는 건, 너희가 배운 대로, 연습한 대로 기량을 다 발휘하고 나오는 거야. 그거면 만족해. 우리는 기본만 지키자고!" 제자들은 경기마다 나왔던 스승의 이 말을 생생히 기억하고 있었다. 전규삼은 그 흔한 지역 방어도 서지 않았다. 1대1로 수비하는 맨투맨 수비야말로 수비의 기초라 생각해 끝까지 기본을 지키길 바랐다. 그래서 지역 방어는 훈련조차 하지 않았다. 정태균은 "점수 차가 크게 나도, 할아버지는 누구 탓을 하지 않았습니다"라고 말했습니다.

　　유일하게 전규삼의 언성이 높아질 때가 있었다면 바로 '열정'이었다. 전규삼은 언젠가 신문사 인터뷰에서 이렇게 말했다. "애들 눈이 흐리멍덩해지면 내가 아무리 이야기해도 안 됩니다. 그날은 진 게임입니다. 심리적 동요는 약으로도 안 됩니다. 그래서 가급적이면 경기 전부터 불안감을 갖지 않게 하려고 노력합니다. 침착하게 나가서 열심히 자기 장점을 보여 주도록 만드는 것이 제 목표입니다."

상대 선수들은 그런 송도 농구가 신기했다고 입을 모았다. 김진은 "조직력보다는 자율적인 것을 강조하는 농구였다고 기억합니다. 창의적이었죠. 1대1, 2대2, 3대3. 선수들끼리 만들어 냈습니다"라고 말했고, 김남기도 "스피드가 굉장히 빨랐어요. 그래서 '아차' 하면 그날은 송도에게 박살이 났습니다"라고 돌아봤다.

그 무렵 전규삼과 전국 체전 첫 우승의 감격을 누렸던 유희형은 고등학교를 졸업하고 곧장 실업팀인 전매청에 입단, 대한민국을 대표하는 최고 인기 스타로 올라섰다.

그의 대를 이었던 김동광이 고려대에서 급성장, 유희형과 인기와 실력 모두 쌍벽을 이루던 시기였다. 유희형은 이때도 종종 학교를 찾았다. 전규삼을 만날 겸, 또 벤치에서 후배들을 독려할 겸 먼 길을 왔던 것이다. 한번은 쌍용기 고교농구대회 결승 토너먼트에서 졸업생들이 우르르 와서 기록지를 체크해 주고, 오래 뛴 후배들의 스트레칭과 마사지를 돕는 진풍경도 연출됐다. 1978년 9월 5일, 〈동아일보〉는 경기 내용은 다루지 않고 이 장면을 집중 조명 하기도 했다.

졸업한 지 한참이나 지났지만 유희형은 "선생님의 경기를 대하는 모습은 하나도 달라지지 않았다"고 돌아봤다. "선생님은 승부에 집착하지 않으셨습니다. 이기려고 안 하던 작전을 쓴다거나 선수들을 혼내지 않았어요. 드리블 없이 패스 2~3번 만에 넘어와 공격하라고 하셨죠. 그렇게 배웠으니까요. 그때는 매일 똑같은 것만 하니까 지겨울 때도 있었지만, 돌이켜 보면 그 시절 할아버지의 그 농구가 보기에도 좋긴 좋았어요."

전규삼의 변함없는 지도 방식은 선수들에게 생각할 여유를 주었고, 이는 고등학교보다는 대학과 실업에서 기량을 꽃 피우는 데 영향을 준다. 맞지 않고 자라고, 욕먹지 않고 자라다 보니 졸업을 하고도 다시 찾고 싶은 곳으로 남는다.

그래서일까. 50년이 지나 지금까지도 전통이 이어지는 곳은 신일고가 아닌 송도고다. 신일고의 위기는 1970년대 후반부터 시작됐다. 1978년 9월, 체육부는 스카우트 대란을 막기 위해 '타 도시 전·입학 금지 조치'를 내렸다. 서울 편중 현상을 막고, 지방 팀들을 골고루 육성하자는 목적에서 도입된 제도다. 이전까지는 지방 선수가 서울에 가게 될 경우 학교장 동의서만 있으면 됐지만, 이 조치 이후 해당 도 교육감의 동의까지 받아야 했기에 스카우트가 까다로워졌고, 신일고는 직격탄을 맞았다. 설상

가상으로 학교측이 야구부 지원에 집중하기로 결정하면서 신일고의 '10년 천하'는 그렇게 허무하게 무너지고 말았다. 신일고는 2001년, 학교 측이 중학교와 고등학교 농구부를 재창단하기도 했지만 3년을 채 버티지 못한 채 해체했다. 해체 당시 창단 멤버였던 충청대 서정범 교수가 삭발하고, 임정명과 김진, 박건연 등 영광의 주인공들이 학교에 모여 해체 반대 투쟁을 벌이기도 했지만 학교의 뜻은 끝내 굽히지 못한 채 역사에 마침표를 찍었다.

반면에 송도고는 송도중으로부터 착실히 선수들을 연계받아 전통을 이어갔다. 고등학교 신입생들은 적응이 필요 없었다. 전규삼의 커리큘럼은 중학교, 고등학교 구분 없이 늘 같았기 때문이다. '기본기'라는 토대 아래 선수들은 같은 내용의 훈련을 하며 성장했다. 그렇다 보니 중학교 때 미숙했던 기술도 고교생이 될 무렵에는 경기 중에도 능숙하게 사용했다. 동료들 역시 중학교 3년 내내 손발을 맞췄기에 고등학생이 되어서도 거뜬히 팀 플레이를 선호했다. 선수들은 '지루하다'고 입을 모으면서도 정작 경기 중에 훈련의 놀라운 효과(?)를 한번 경험한 뒤부터는 그 지겨운 반복 훈련과 싸워 이겨 내려 노력했다.

신일고의 힘이 다소 약해졌던 1979년 8월 28일, 송도고는 제15회 쌍용기 쟁탈 전국 남녀 농구 대회에서 마침내 신일고를 잡는 데 성공했다. 97-94. 연장 접전 끝에 거둔 의미 있는 승리였다. 그러나 전규삼은 웃지 않았다. 오히려 그는 〈중앙일보〉와의 인터뷰에서 "다행히 이겼지만 내용은 안 좋았어요. 실책이 너무 많아서 신경을 써야겠습니다"라며 승리에 의미를 두지 않았다.

제15화

의리,
전설을
탄생시키다

1975년 신설된 동국대 총장기 쟁탈 전국 남녀 고교 우수팀 초청대회는 전국의 고교선수들에게는 자신들을 뽐낼 수 있는 새로운 무대였다. 대학 지도자들 사이에서도 행여 놓친 원석이 있는지 다시 한 번 둘러볼 수 있는 기회이기도 했다. 초대 대회에서는 195cm의 장신 센터 조동우와 김승기, 박안준을 앞세운 경복고가 대경상고를 75-68로 제압하며 우승컵을 들어올렸다. 훗날 조동우는 삼성전자에 입단, 남자농구선수로는 최초로 공식경기 중에 덩크를 꽂을 정도로 탄력이 좋았다. 그가 덩크를 했던 대회는 1983년 12월, 농구 침체를 해결하기 위해 시작된 점보 시리즈로 훗날 농구 대잔치의 효시가 된다. 당시 305cm 높이의 골대에 덩크를 꽂은 조동우의 신장에 대해서는 2m라는 이야기도 있고, 197cm였다는 기록도 있지만 당시 대부분의 매체는 그의 신장을 195cm로 표기했다.

이충희가 2학년이었던 송도고는 이 대회에서 결선조차 오르지 못했다. 그러나 1년이 지난 1976년 5월에 열린 제2회 대회는 달랐다. 이충희의 송도는 용산고를 103-58로 대파한 데 이어 결승에서 이민현이 버티던 휘문고를 83-72로 제압하고 우승한다. 휘문고는 1년 전 종별 선수권 대회에서 우승했던 만만치 않은 전력이었던 반면, 송도고는 이충희가 늘긴 했어도 '강팀' 범주에 넣기에는 애매한 팀이었다. 높이가 낮았던 탓인데, 그런 송도고가 높이의 열세를 느낄 틈도 없이 승리를 챙긴 비결은 바로 이충희의 신들린 슛감 덕분이었다. 몇 명이 막아도 기어이 넣고야 마는 그 슛감이 상대 수비를 흔들어 놨던 것인데, 그렇다 쳐도 송도고의 우승은 거의 '이변'에 가까웠다.

1978년 2월 1일, 〈동아일보〉 김종완 기자는 이충희를 이렇게 표현했다. "이충희는 '포'에 비유하면 어떠한 지형에서도 신속하게 포탄을 날려 목표물을 정확하게 파괴할 수 있는 기동성 좋고 명중률 높은 105mm 야포다." 그 야포의 기질을 보이기 시작한 대회가 바로 이 대회였다. 이충희의 높은 명중률만큼이나, 농구 코치들의 관심도도 높아졌다. '몇 경기 터지다 말겠지' 하던 시선이 '어? 어떻게 된 거지?'로 바뀐 것이다. 유망주 중에서는 자신이 주목을 받기 시작하면 팀이 원하는 농구를 등한시하고 자기 중심으로 플레이하려 하는 경우가 있었다. 자신 덕분에 팀이 이긴다는 것을 알았기 때문이다. 이쯤 되면 학부모 입김도 세져서 코치들도 간섭할 수 없다. 그래도 농구를 잘하고 성적이 잘 나오면 다행인데, 그러다 단점을 극복하지 못한다거나, 신장이 더 자라지 않게 된다거나 하는 악재를 만나 주저앉은 유망주들도 많았다. 다른 한편으로는 '뜨는 선수'이다보니 집중 견제를 당하면서 득점력이 뚝 떨어지는 경우도 있었다.

그러나 이충희는 그런 걱정을 할 이유가 없었다. 첫 번째 이유는 그가 지닌 특유의 근성 때문이었다. 이충희는 자기에 만족하지 않았다. 점수를 많이 넣은 날도 자기 기록이 몇 점인가보다는, 자신이 몇 개의 슛을 더 놓쳤는지를 확인했다. 그리고 득점에 만족하기보다는 놓친 슛을 아쉬워했다. 어떤 코치든 예뻐할 수밖에 없는 선수였다. 두 번째로 전규삼은 잘하는 것을 못 하게 한다거나, 강압적으로 틀에 가두는 지도자는 아니었다. 훈련 방식은 지극히 기본기 중심적이었고, 그 레퍼토리를 벗어나지 않았지만 선수가 잘하는 부분은 더 적극적으로 키워주려고 했다. 이충희가 더 신나서 득점을 하고 동료들을 챙길 수 있었던 배경이었다. 1971년 졸업생으로, 1998년부터 2010년까지 송도고를 지도했던 송기화는 "할아버지가 곧 법이었다"라고 말했다. 강압적인 면은 없었지만, 전규삼이 추구해 온 지도 방식과 그의 농구가 수많은 스타를 탄생시켜 왔다는 것을 인정했기에 누구도 반기를 들지 않았고, 여기서 빠져나오려고 하지 않았다는 것이다. 이러한 배경 덕분에 이충희는 전국에 이름을 한번 알린 뒤에는 주가가 계속 치솟았고, 여러 학교에서 탐내는 유망주가 됐다. 그중 하나가 바로 고려대였다. 당시 32살의 '초보 감독' 박한은 이충희 스카우트 전에 뒤늦게 뛰어들었다. 박한이 감독이 된 것은 1975년이었다. 1975년 1월 산업은행에서 선수 생활을 청산하고 바로 모교 지휘봉을 잡았다. 1975년과 1976년은 이미 스카우트가 정해져 있었기에 박한이 할 일이 특별히 없었다. 그러나 1977년은 달랐다. 이미 신일고 임정명을 데려와 한숨 놓았던 그는 동국대 대회에서 이충희를 보고난 뒤 눈앞이 깜깜해졌다고 고백했다. "처음에는 이충희가 눈에 들어오는 선수는 아니었습니다. 그런데 대회를 보다보니 '아차!' 싶었죠. 제가 늦게 발견한 것이었습니다." 박한은 그 길로 송도로 향해 전규삼을 만났다. "선생님, 늦은 감이 있지만 충희에게서 스타의 재능을 봤습니다. 제가 잘 키울 수 있습니다."

하지만 널리 알려진 것처럼 이충희는 그 당시 진로가 정해진 상태였다. 동국대 대회보다 한 달여 먼저 열린 춘계 농구 연맹전에서 이충희를 눈여겨본 동국 대학교가 전규삼과 입을 맞춘 상태였다.동국대가 1977년 졸업생, 즉 이충희와 동기인 우종필, 오희석 오영인, 박성신, 구자민, 정해일 등 전원을 받아 주겠다고 약속한 것이다. 연세대도 이충희에게 관심을 가졌지만 받을 수 있는 선수 인원이 제한적이었다. 박한은 이충희가 팀 전력 완성의 마지막 퍼즐이 될 수 있을 것이라 봤다. 마침 고려대는 이충희와 같은 학년에서 임정명(신일고)을 스카우트하기로 결정한 상태였다. 그때 고려대 핵심은 75학번 황유하와 진효준이었다. 황유하는 기동력과 슛으로 신일고를 정상에 이끈 주역이었고, 가드 진효준은 입학 당시 여러 학교가 달려들어 스카우트 파동을 일으켰던 대어였다. 박한은 이들을 뒷받침해 줄 임정명에, 슛이 좋은 이충희가 함께한다면 연세대에 충분히 대항할 것이라 믿었다. 신선우, 박수교, 신동찬, 박인규로 이어지는 국가 대표 라인업도 꺾을 것이라며 말이다. 전규삼은 박한의 부탁에 고개를 갸우뚱했다. 약속을 무엇보다 중요하게 여겼던 그에게는 사전에 합의된 내용을 뒤집을 명분이 부족했다.

　　박한은 그날부터 고려대 선수들을 이끌고 송도로 향했다. 기꺼이 스파링 파트너를 자처하며 전규삼 마음 잡기에 나섰다. 마치 목숨이라도 내놓을 수 있을 것처럼 간곡한 부탁이 이어졌다. 그것도 무려 2달 동안 말이다. "선생님, 그간의 인연을 생각해 봐 주십시오. 송도 출신 스타의 계보를 이어 가도록 하겠습니다." 박한은 '옛날 일'까지 꺼냈다. 선수 진학이 어려워 전전긍긍하던 시절, 김동광과 문영환, 한영규 등 송도고 출신 선수들을 받아 준 것도 모자라 스타로 키워 준 학교가 어디였나. 바로 고려대였다. 전규삼도 그 일을 잊을 리가 없었다. 시간은 흐르고 흘러, 서 있기만 해도 땀이 줄줄 흘러내리던 어느 여름이었다. 전규삼이 박한에게 먼저 이충희 이야기를 꺼냈다. 박한은 이렇게 기억했다. "선생님은 저같이 한참 어린 사람에게도 '선생', '코치님' 등 호칭을 빼먹지 않았습니다. 항상 매너가 있으셨죠. 그래서 더 기억에 남습니다." 전규삼은 박한을 '박 선생님'이라 불렀다. "박 선생님, 저는 굉장히 어려운 결정을 내려야 합니다. 하지만 지금까지 고려대로 가서 우리 애들이 잘 커 왔으니 충희도 잘 키워 주세요."

"감사합니다!" 예쁜 새색시를 얻은 새신랑이 장인에게 인사하듯, 박한은 전규삼을 향해 고개 숙였다. 큰절이라도 할 기세였다. 대신 전규삼은 조건을 내걸었다. "대신, 한 가지만 약속해 주시오. 1명이라도 더 데려갈 수 있으면 좋겠소. 충희가 분위기에 맞춰서 편안하게 운동했으면 좋겠소." "알겠습니다! 그건 제가 해내겠습니다." 그렇게 이충희와 고려대에 입학한 선수가 바로 정해일이었다.

전규삼이 '한 명이라도 더'를 이야기한 이유는 바로 고려대 선배들 때문이었다. 송도고가 마지막으로 배출한 고려대 선수는 이충희 3년 선배인 김형년(74학번)이었다. 상대적으로 선배들이 적은 환경에서 농구를 하다 보면 선배들의 질투와 시기 때문에 공 한 번 제대로 못 잡아보는 경우도 많았다. 폭언은 기본이고 구타도 이어졌다. 이충희가 고려대 진학을 결정지을 무렵, 그의 기량은 이미 고교 무대에서 독보적인 수준이었다. 행여 그가 선배들의 시기 속에서 외롭게 고생할 것이 걱정된 전규삼은 최대한 동기들이 같이 많이 올라가길 바라는 마음에 '+1'을 요구했다. 그렇게 고려대에 함께 진학한 정해일은 이충희처럼 슈퍼스타가 되진 못 했지만, 지도자로는 오히려 이충희를 능가하는 커리어를 쌓으며 성공 가도를 달렸다. 특히 일본에서 그 명성이 하늘을 찌를 듯했는데, 2002년 일본 여자 농구 도요타 팀의 감독이 되어 창단 46년 만에 우승을 이끌기도 했다. 1963년 창단한 도요타는 정해일이 지휘봉을 잡을 때만 해도 최하위권에 머물던 팀이었으나, 2009년에는 일본 최고의 팀이 되기도 했다. 또한 2011년에는 일본 여자 농구 사상 최초로 외국인 국가 대표팀 코치가 되는 기록을 세우기도 했다.

이충희는 박한의 기대대로였다. 신입생이었던 1977년, 이충희는 '강호' 연세대와의 정기전에서 '대히트'를 쳤다. 고려대와 연세대는 한국 농구 역사상 가장 지독한 라이벌 이다. 특히 1년에 한 번 만나는 정기전은 연고전, 혹은 고연전이라 하여 반드시 이겨야 하는 승부처럼 여겨진다. 10개 대회에서 우승해도 정기전을 지면 웃지 못했다. 심지어 정기전에 따라 감독 계약 기간이 달라진다는 말이 있을 정도로 양교는 결과를 예민하게 받아들였다. 그만큼 준비할 때의 분위기도 살벌, 그 자체였다.

수원대 교수로 재직 중인 고려대 출신 박제영은

"이기면 충신, 지면 역적이었어요. 이기면 세상을 다 가진 듯했지만, 지면 얼굴도 못 들고 다녔습니다"라고 돌아봤으며, 반대편 연세대의 박인규는 "이긴 다음에 교문을 들어설 때만큼 뿌듯할 때가 없었습니다. 정기전만 이기면 10일도 넘게 쉴 수 있었습니다. 그래서인지 연습량도 대단했죠. 당시 선배님들이 아무리 관중이 많아도 긴장하지 말라고 한밤에 공동묘지에 데려다 놓고, 아무도 없는 산에 두고 오기도 했었습니다"라고 말해 정기전에 대한 스트레스 그리고 승리 후 맛보는 쾌감은 두 학교가 비슷했음을 알 수 있었다.

1977년 정기전을 앞두고는 10명 중 8명이 연세대 승리를 전망했다. 신선우와 박수교, 박인규 등은 각자 포지션에서 내로라하는 스타였기 때문이다. 반면 고려대는 이충희와 임정명이 잘한다고는 해도 아직 신입생에 불과해 전망이 어두웠다. 그러나 고려대는 온몸을 내던져 대응했다. 여기에 이충희가 굉장한 숫감을 앞세워 연세대를 괴롭혔다. 덕분에 전반을 42-36으로 앞선 고려대는 역전을 허용하지 않은 채 동점으로 경기를 마쳤다. 지금도 그렇지만 정기전은 연장전을 치르지 않는다. 동점일 경우는 무승부로 마치는데, 워낙 연세대가 우위였다는 점을 감안하면 실질적으로는 고려대가 '대선전'을 한 셈이었다. 이충희도 그날을 생생히 기억했다. "정기전에서는 모두가 연세대 승리를 점쳤습니다. 하지만 우리도 최선을 다했죠. 무승부이긴 했지만 사람들은 다 저희가 이긴 것이나 마찬가지라고 극찬했습니다. 그때 그 기분이란……. 말로는 다 설명하지 못할 정도였습니다."

그날의 명승부 덕분에 자신감을 얻은 고려대는 그해 12월부터 1979년 7월까지 1년 6개월 여에 걸쳐 49연승 행진을 기록했다. 프로와 아마농구 통틀어 최고 성적이었다. 박한은 그 중심에 이충희가 있었다고 봤다. "겉으로는 내성적으로 보이지만, 굉장히 승부욕이 강한 아이였습니다. 노력파이기도 했죠. 정말 노력을 많이 했어요. 그래서인지 어떤 상황에서든 흔들리지 않았습니다. 덕분에 팀 전력의 30~40%를 기댄 면이 있었습니다." 고려대가 이룩한 '영광의 시대'를 이야기하면서 박한은 다시 1976년 5월로 시계를 되돌렸다. "선생님 덕분이었습니다. 그때 선생님이 고려대와의 의리를 지켜주시지 않았다면 고려대의 연승도, 저도 없었을지 모릅니다. 제자가 더 빛날 수 있는 선택을 해 주셨고, 그 덕분에 저도 같이 빛날 수 있었습니다. 그렇기에 제게는 평생 잊을 수 없는 은인과도 같았습니다."

그렇다면 동국대 입학 예정자도 됐다가, 고려대 선수가 됐던 당사자의 생각은 어땠을까. 은퇴 후 가진 인터뷰에서 이충희는 "고려대 결정은 할아버지의 영향이 컸다"고 했는데, 본인 역시 고려대로 가게 된 것이 좋았다고 말했다. "그때만 해도 고려대와 연세대는 굉장한 레벨이었어요. 게다가 정기전에 매력을 느꼈죠. 저기에 가고 싶다는 생각을 했죠. 할아버지가 연세대는 보내실 생각이 없었고, '고려대로 가자'고 해서 가게 됐죠. 또, 송도 푸른 유니폼을 정말 오래 입었거든요. 고려대의 빨간 유니폼도 괜찮아 보였습니다. 하하."

제16화

갈등

전규삼은 송도 농구의 '법'이자 '역사'였다. '독재자'로 오해할 수도 있겠지만, 전혀 그렇지 않았다. 학교 관계자와 제자, 학부모 등 모두가 인정하고 따랐다. 오히려 그의 독창적인 훈련 방식에 놀라워하고, 기어이 제자들을 대학에 보내고 마는 그 집념과 애정에 박수를 보냈다.

1977년 이충희, 1978년 정태균 졸업 후 한동안 송도는 전국 스타를 내놓지 못했다. 그렇다고 아예 성적이 안 난 건 아니었다. 175cm의 단신 가드 정재섭과 하헌군, 이성훈 등을 앞세워 결선에 오르곤 했다. 송도는 중학교와 고등학교 선수들이 늘 함께 훈련했다. 같은 훈련을 같은 멤버들끼리 수년간 해 오다 보니 어느 순간에는 조직력과 실력이 함께 올라왔다. 다만 앞서 언급했듯, 1970년대는 선수층이 두터웠던 신일고를 비롯한 서울 학교들이 득세하던 시기였기에 우승과 연이 닿진 않았다. 1978년에도 정재섭의 활약으로 대통령기 결승까지 진출했지만 신일고에 66-86으로 대패, 3년 연속 우승의 들러리가 되고 말았다. 당시 1학년임에도 팀을 주도했던 정재섭은 스타로 성장하진 못 했지만 은퇴 후 기업은행 행원으로 남아 승진을 거듭, 2020년 현재 기업은행 부행장으로 재직 중이다.

송도고에 다시금 우승컵을 안긴 주역은 바로 1976년 송도중에 입학한 만능 선수 정덕화였다. 정덕화는 고등학교 1학년 시절, 1년 선배인 정재섭과 박경영, 동기인 김태유와 신종철과 함께 송도고를 1980년 9월 열린 제 16회 쌍룡기 전국 남녀 고교 농구 대회 정상에 올려놓는다. 경복고와 만난 결승전에서 정덕화는 혼자 29점을 넣으며 75-71의 승리를 주도한다. 비록 정덕화가 득점에서 차지하는 비중이 크긴 했지만, 당시에도 송도고를 대표하는 단어는 여전히 '팀 플레이'였다. 〈동아일보〉를 비롯한 여러 매체는 '팀 플레이' 대 '개인기'라고 두 학교를 비교하기도 했다. 경복고는 가드 유망주 유재학을 앞세워 1980년 2관왕, 1981년 3관왕을 휩쓸 정도로 강팀이었다. 송도고가 그런 경복고를 '팀'으로 눌렀으니 당연히 주목을 받을 수밖에 없었다.

"3~4초 만에 하프라인을 넘어와서 공격을 전개했어요. 공격을 지연시킨다거나 천천히 하는 농구는 상상도 못 할 일이었죠. 10점, 15점을 앞서고 있을 때도 그랬지만 10점, 15점을 지고 있을 때도 할아버지는 계속 같은 공격을 주문하셨습니다. 그 와중에도 선수들이 패스를 통해 공격을 전개하길 원했습니다. 할아버지의 그 농구는 어느 시대든 변함이 없었습니다." 1971년 졸업생 송기화의 회고다.

송도고가 성적을 내면서 그 중심에 섰던 정덕화에 대한 관심 또한 지대했다. 오늘날 많은 농구팬들은 정덕화를 '수비 잘하던 선수'로 기억하지만, 고교 및 대학 시절의 정덕화는 전형적인 포워드였다. 찬스를 놓치지 않는 득점원이었다. 실업팀 기아자동차 입단 후에는 '허동택'으로 일컬어지던 허재와 강동희, 김유택 등 한국 농구 역사에 남을 거물들과 한 팀을 이루다 보니 공격에서 차지하는 비중이 현저히 줄어들 수밖에 없었지만, 학창 시절만큼은 스스로도 '전국 넘버 투' 학교의 에이스라 자부할 정도로 활약이 대단했다. 정덕화도 누구에 뒤지지 않을 노력파였다. 부평에 살던 그는 새벽 일찍 학교에 와서 정문을 직접 열고 들어갔고, 체육관 문도 열었다. 또, 밤 10시가 되어서야 체육관을 빠져나올 정도로 열의가 대단했다.

사실, 정덕화가 처음부터 농구로 송도에 입학한 것은 아니었다. 원래 정덕화는 육상 특기생이었다. 스피드가 좋았다. 그랬던 그가 농구에 관심을 두게 된 계기는 바로 정기전이었다. 고려대 김동광, 연세대 이희택이 맞붙는 정기전을 보고선 농구에 반해 버렸다. 파란색, 빨간색 옷을 입은 학생들이 꽉 들어찬 체육관, 그리고 쩌렁쩌렁 울리는 응원가, 여기에 양교의 자존심은 물론이고 목숨까지 내놓은 듯 치열하게 맞붙는 양교 대표 농구 선수들의 격돌은 보는 이들의 피를 들끓게 했다. 고려대와 연세대에 진학한 선수들 대부분이 학교를 선택한 이유 중

하나로 바로 그 정기전을 꼽았다. 언제 어디서든 양교 응원단을 몰고 다니고, 이겼을 때는 우승이라도 한 것 같은 자부심을 느낄 수 있었던 것은 오로지 정기전을 뛰어 본 이들만 누릴 수 있는 특권이었다.

정덕화도 다르지 않았다. 농구 선수가 되는 길은 순탄했다. 마침 모친의 친구가 송도중학교에 재직 중이었다. 덕분에 전규삼으로부터 테스트를 받고 농구 특기자로 전향했다. 1970년~1980년대는 대부분의 농구 특기생들이 초등학교 고학년에 농구를 시작했다는 점을 감안하면 정덕화는 좀 늦은 셈이었다. 그럼에도 불구하고 고1, 고2 때 이미 팀의 중심이 됐다는 것은 그가 단순히 스피드만 좋은 선수가 아니었음을 잘 보여 준다. 정덕화는 끈기가 있었고, 열정이 있었다. 나는 그 장점을 정덕화의 수비에서 엿본 적이 있다. 실업 시절, '득점 기계' 이충희가 기아 자동차만 만나면 맥을 못 추었는데, 그 이유가 바로 정덕화였다. 1991년 대회에서 이충희는 정덕화의 수비를 뿌리치지 못해 5점, 9점, 7점 등에 머물러 화제가 된 바 있다. 그때도 정덕화는 이충희의 슛폼을 연구하고, 어느 지역에서 슛을 많이 던지는가 등을 분석했다. 1991년 3월 5일, 〈경향신문〉의 강웅희 기자는 "이충희의 '스커드 미사일'을 차단하는 '패트리어트 미사일' 역할을 성공적으로 수행하는 수비수가 바로 정덕화다"라는 글을 쓰기도 했다. 그만큼 정덕화는 한번 맡은 임무는 놓치는 법이 없었다. 그 시작이 바로 송도고였다.

"답동 체육관은 무척 북적거렸던 기억이 납니다. 거기서 하루 종일 운동을 했습니다. 우승하고 온 날도 농구를 했죠. 오후에 체육관 도착했는데 할아버지가 '(훈련) 준비 안 해?'라고 해서 다들 당황했던 기억이 나요. 일요일, 명절도 없었습니다. 추석 정도는 되어야 좀 쉬었죠. 그나마도 오전에 쉬고 오후에 운동하는 정도였어요. 저녁에도 운동을 하고, 간식 먹고 좀 쉬다가 또 슛을 던졌어요. 할아버지가 훈련을 정말 많이 시키셨어요. 그 와중에도 전날 꾀 좀 부리면 바로 알아보셨어요. 다음날 티가 났던거죠. '너는 어제 연습 안 했냐'라고 핀잔 아닌 핀잔을 주셨던 기억이 납니다. 그런 훈련들이 밑거름이 됐다고 생각해요."

이런 노력 덕분일까, 정덕화의 주가는 나날이 치솟았다. 1981년 12월에는 그 당시 남고 무대 최고의 선수들과 함께 나란히 청소년 국가 대표팀에 선발됐다는 소식이 들려 왔다. 유재학과 남상만, 김윤호(이상 경복고), 임달식(휘문고), 강정수(광주고), 한기범과 김유택(명지고), 서대성(동아고), 허재와 전창진(이상 용산고) 등 당시 농구 좀 한다는 10대들은 모두 모인 팀이었다. 이들은 1982년 10월, 필리핀에서 열리는 제7회 아시아 청소년 농구 선수권 대회에 출전할 선수들로, 대회 개막 후에도 정덕화는 임달식, 허재와 함께 주득점원으로 나섰다. 103-72로 대승을 거둔 쿠웨이트 전에서는 16득점을 기록하며 최다 득점자가 되기도 했다. 대표팀은 조별 리그를 2위로 마치는 등 순항했으나 결선 리그에서 중국에 덜미를 잡히면서 전체 3위로 대회를 끝냈다. 우승은 못 했지만 '숙적' 일본을 97-65로 대파한 것이 그나마의 위안거리였다. 최종 성적과 관계없이 정덕화는 내로라하는 각 학교 에이스들과 어깨를 견주면서 스카우트의 대상이 됐다. 그렇게 선수들이 대회를 마치고 귀국할 무렵이었다. 사실상 1981년의 시즌이 모두 끝난 상태. 이는 곧 3학년이었던 정덕화도 진로를 결정지을 시기가 다가왔다는 것을 의미했다. 그런데 기사 하나가 자신도 모르는 자신의 근황을 다루면서 마음이 흔들리게 된다. 1981년 11월 11일, 〈매일경제〉는 '막바지 고교 농구선수 스카우트'라는 기사에서 '고려대가 경복고 장신 센터 남상만과 가드 김태유(송도), 김윤호(경복), 정덕화(송도) 등 노른자위를 확보, 최고의 결실을 거둔 것으로 나타났다'라고 쓴 것이다. 정덕화는 불편했다. "저는 연세대가 로망이었어요. 물론 송도고가 전통적으로 고려대와 가까웠기에 저도 고려대가 운명인가 하고 살았던 적이 있었습니다. 실제로 고려대도 저희 학교(송도)에 지극정성이었지요." 정덕화의 말이다.

전규삼은 이런 제자의 마음을 몰랐던 것 같다. 스카우트에 대한 관심이 한참 뜨거웠던 어느 날, 그를 불러내더니 이렇게 말했다. "너는 고려대로 가도록 해." 정덕화는 발끈했다. "싫습니다." 전규삼은 적잖이 놀랐다. 여태껏, 자신이 정해준 진로에 적극적으로 반기를 들었던 이가 없었기 때문이다. "할아버지와 2시간은 싸운 것 같아요. 저는 '연세대도 좋은 학교입니다. 가겠습니다'라고 대들었죠. 그러자 할아버지는 '네가 가야 다른 선수들도 고려대에 갈 수 있다'고 하시더군요. 하지만 저는 이해가 안 갔어요. '우리 애들 다 자기 힘으로 대학에 갈 수 있는 선수들입니다'라고 답했죠." 정덕화의 말이다.

전규삼의 계획은 이랬다. 1982년 졸업 예정자는 모두 넷. 정덕화를 포함해 신종철, 김태유, 진한무 등을 모두 받아 주겠다는 고려대에 보낸다면 고려대도 강해질 것이고, 제자들도 좋은 대학을 나와 잘 클 수 있겠거니 기대했다. 그러나 정덕화는 한사코 굽히지 않았다. 결국 대화는 결론을 내지 못한 채 끝났다. 아마도 정덕화는 그때까지도 몰랐을 것이다. 그것이 서로가 마주앉아 나눈 마지막 대화였다는 것을. 사실 고려대는 절박했다. 시대를 풍미했던 이충희는 진통 끝에 현대전자 입단을 결정했다. 임정명도 삼성전자로 향했다. 두 선수가 졸업하면서 전력이 크게 약화됐기에 박한은 또 한 번 '전원 스카우트' 카드를 내밀었다. 전력 공백을 메울 유망주로 정덕화를 낙점한 것이었다. 그런데 정덕화가 못 가겠다고 반발을 했으니 고려대가 난리가 날 수밖에 없었다. "학력고사를 볼 때도 고려대 형들이 정문에서 기다리고 있을지도 모른다는 말을 들었습니다. 저를 채갈 수도 있다는 소문이 파다했죠. 그때만 해도 이런 일이 비일비재했거든요." 정덕화의 이런 말은 결코 과장이 아니었다. 신입생 스카우트가 '전쟁'처럼 여겨졌던 그 시절, 종목을 불문하고 유망주들이 다른 라이벌 학교와 도장을 못 찍게 하려고 그 선수를 겨우내 꽁꽁 감춰 놓는 일이 잦았다.

대표적인 사건이 바로 1974년 11월 '진효준 실종 사건'이다. 1975년 입학 예정자였던 명지고 유망주 진효준은 선수 2명과 함께 한양대에 진학하기로 되어 있었다. 진효준은 본인도 한양대 학생이라 생각하고 합숙 훈련도 2개월이나 했는데 돌연 실종됐다. 고려대에서 그를 채간 것이다. 거기서 진효준은 고려대 진학을 결심하게 됐는데, 이에 화가 난 한양대는 약속했던 다른 2명의 입학마저 거부하는 사태가 벌어졌다. 당시 명지고 농구부 지도교사였던 정봉섭 씨가 도의적인 책임을 느낀다며 사표를 냈고 한양대는 사기 및 배임 혐의로 진효준 가족을 고소하기도 했다. 두 학교는 서로가 "우리가 먼저 진효준과 합의를 봤다"고 주장해 당시 사회 문제로 대두되기도 했다.

결국 진효준은 자신의 뜻대로 고려대에 진학했는데, 이 사건은 여러 중앙 일간지에 소개되며 체육계 스카우트 경쟁이 갈 데까지 갔다는 것을 보여준 계기가 된다. 정덕화가 졸업하던 해도 마찬가지였다. 경복고 출신의 동갑내기 유망주 남상만이 돌연 행방불명되어 가족들이 경찰에 실종 신고를 하는 소동이 일어났던 것이다. 202cm의 장신이었던 남상만은 유재학, 김윤호와 함께 경복고가 고교 최강 자리를 지키는 데 큰 역할을 했던 선수. 그는 고려대 숙소에 들어가기 직전에 사라졌다가 20일 만에 돌아왔다. 나중에 가족들은 '개인 사정'이라 둘러댔지만, 일각에서는 고려대의 라이벌 연세대가 그를 숨겼을지도 모른다는 추측 기사가 나오기도 했다. 남상만은 이후 고려대에 예정대로 입학했지만 선수 생활을 오래 하지는 못했다.

전규삼이 농구부를 지도한 이래, 송도고에서는 이런 일이 일어나지 않았다. 전규삼의 뜻이 워낙 확고해 중간에서 선수가 갈등한다거나, 학부모가 금전 유혹에 넘어가 갈팡질팡하는 일이 없었던 것. 전규삼과 갈등이 있긴 했지만, 정덕화에게도 역시 그런 일은 일어나지 않았다. 1982년 2월, 정덕화는 학교장 추천서를 받고 무사히 연세대에 진학했다. 그렇게 그는 한 가지를 얻었지만 다른 한 가지는 잃었다. 바로 전규삼이었다. 김태유를 비롯한 동기들은 정덕화에게 "졸업식이라도 꼭 와라. 졸업하기 전에 꼭 할아버지께 인사드려야 한다"고 설득했다. 정덕화 역시 찝찝함을 지우기 위해 학교를 갔지만 전규삼은 아예 학교에 오지도 않았다. 대다수 졸업생들은 "할아버지가 화가 많이 나신 것 같다"며 걱정했다. 그렇다면 유망주를 놓친 고려대 입장은 어땠을까. 감독 박한은 훗날 정덕화를 둘러싼 스카우트 패전(敗戰)에 대해 이렇게 돌아봤다. "정덕화는 대형 선수는 아니었습니다. 하지만 팀에 필요한 선수라 공을 많이 들였지요. 거의 오는 것 같았습니다. 그런데 전 선생님께서 제게 이렇게 말씀하시더군요. '박 선생, 올해는 내 입지를 좀 봐줘야겠어.' 저는 '무슨 말씀이십니까?'라고 되물었죠. 그러자 선생님께서 '양보 좀 해 달라'고 하시더군요. '올해는 양보를 했으면 좋겠어. 그 아이는 연세대로 보내 줬으면 하는 마음이야.' 저는 더 이상 말을 하지 않았습니다. 선생님께서 마음을 바꿨다면 뭔가 어쩔 수 없는 상황이 있었을 거라 봤으니까요. 거역하지 않았습니다. '선생님, 그러면 그렇게 하셔야죠. 편하게 보내 주세요'라고 말한 뒤부터는 정덕화에게는 다시 찾아가지 않았습니다." 결국 전규삼은 제자가 원하는 학교를 보내 주기 위해 져 준 셈이었다. 그렇게 정덕화는 '전규삼의 송도고'에서 최초로 연세 대학교에 진학하는 선수가 됐다. 하지만 '양보'가 곧 용서는 아니었던 것 같다. 정덕화와 전규삼의 만남은 다시 이뤄지지 않 았다. "정덕화가 졸업하고 몇 년 지났던 때 같습니다. 이 미 1989년쯤이었을 겁니다. 졸업생들끼리 모여서 인사를 가기로 한 날이었죠. '덕화야, 너도 같이 와야지. 이제는 할아버지도 좀 풀어지지 않았겠냐. 세월이 얼마나 지났 는데 평생 할아버지 얼굴 안 볼거냐'라며 정덕화를 불렀 어요. 할아버지께서도 저희가 온다니까 교문까지 반갑게 마중나와 주셨습니다. 그런데, 정덕화 얼굴을 보더니 '네 가 여길 왜 와! 나가!' 그러면서 돌아서시더군요. 결국 덕 화는 갔어요. 몇 년이나 지났는데도 할아버지 고집도 대 단하다는 걸 느꼈지요." 1978년 졸업생 박재수의 증언이 다.

한편, 정덕화는 1992년 11월, 현역에서 물러난 뒤 대전고에서 지도자로 데뷔했다. 코치로서의 첫 대회 상 대 중에는 모교 송도고도 있었다. 당시에는 전규삼이 고 교 코치에서 물러난 뒤였기에 큰 화제가 되지 않았지만, 정덕화의 대전고가 송도고를 꺾은 것은 송도고에게는 충 격적인 사건으로 남는다. 여세를 몰아 대전고는 우승했 고, 패배의 상처를 극복하지 못한 송도고는 코칭 스태프 교체를 단행한다. 이 이야기는 나중에 다시 언급하게 될 것이다. 정덕화는 이후 고교 코치를 거쳐 여자 프로 농 구에서 '감독'으로 활약했으며, 한국 여자 농구의 마지막

올림픽 무대였던 2008년 베이징 올림픽에서는 여자 농구 대표팀을 8강에 올려놓는 등 '수비'하면 가장 먼저 떠오르는 농구 감독 중 하나로 명성을 쌓았다.

제17화

원석, 벼려지다

정덕화 졸업 1년 뒤인 1983년 12월, 전규삼은 한국 체육 기자 연맹으로부터 '1983 체육 기자 연맹 유공자(有功者)' 상을 받는다. 스포츠 발전을 위해 음지에서 헌신해 온 덕망 있는 지도자에게 주는 상으로, 누구보다 스포츠를 가까이 지켜보고 취재해 온 기자들에 의해 선정된 상이었기에 의미가 깊었다. 그런데 이 무렵, 전규삼은 한 지인에게 "발을 잘못 들여놓은 것 같다"며 웃었다. 최고의 지도자로 평가받아 온 인물이 할 이야기는 아닌 듯했다. 푸념 반, 엄살 반이라 생각한 상대방이 "별말씀을"이라고 받아치자, 전규삼은 "그냥 가르치기에는 지도자라는 것이 너무 막연한 거 같다"고 말했다고 한다. 비슷한 말을 인터뷰에서도 했다. "코치라는 게 말입니다. 농구만 가르친다고 되는 게 아니었습니다. 철학도 공부해야 하고, 심리학도 배워야 합니다. 아이들 성격도 파악해서 맞게 지도해야 했지요. 괄괄한 아이들, 나약한 아이들, 약아빠진 아이들. 이 녀석들이 다 성격에 맞게 나아가도록 가르쳐야 하는데 쉽지가 않더란 말이죠. 참, 쉽지가 않아." 대다수 코치들이 '내가 곧 법'이란 마인드로 구타를 해 오던 시절이었지만 전규삼은 일찍부터 어떻게 해야 선수들을 잘 가르치고 키울 수 있을지 고민을 거듭했다. 1987년 졸업생 신동재는 실제로 전규삼이 읽던 책이 궁금해 들여다봤던 기억을 이야기해 주었다. "하루는 할아버지가 읽던 책이 궁금해 보니까 논어를 읽고 계시더군요. '할아버지, 이게 뭐예요?'라고 여쭤보니까 '나 자신이 인간이 안 되어 있는데, 어떻게 너희를 가르치겠냐. 기본이 되어야 농구를 잘 할 수 있듯이 내가 먼저 인간이 되어야 너희를 잘 이끌 것 같아서 나도 공부한다'고 하시더군요." 아마도 이런 애정이 물씬 느껴졌기에 명절, 생일, 기념일만 되면 제자들이 학교를 찾았던 것이 아니었을까. 송도를 졸업한 선수들 모두 명절에 전규삼을 찾아가 세배를 한 경험이 있다. 그러나 때로는 그 장소가 집이 아닌 체육관이었던 적도 있다. 신정, 구정 할 것 없이 선수들은 훈련을 했다.

유희형, 김동광부터 신기성에 이르기까지 선수들은 방학 때마다 학교에 모여 합숙했던 추억을 갖고 있다. 정규 수업이 없는 방학 때면 교실에 옹기종기 모여서 간식을 먹고 아침부터 밤까지 농구만 했다. 그중에서도 부모님이 화채 같은 먹거리를 들고 오는 날을 좋아했다. 선수들은 선수들끼리 먹고, 전규삼은 부모님과 나가서 식사를 했기 때문에 잠시나마 자유 시간이 주어졌던 것이다. 물론, 그 뒤에도 농구를 해야 했지만 말이다.

"1월 1일에도 오후에 체육관 나가면 애들 추울까 봐 미리 체육관 따뜻하게 해 놓고 기다리셨어요. 허참. 12월 24일도 마찬가지였죠. 설레는 날이잖아요. 체육관 뒤에 교회가 있었는데, 성탄절에 교회 놀러가면 칼국수를 준대요. 그래서 다 같이 칼국수만 먹고 옵시다. 그랬는데 할아버지가 '예수님이 대학 보내 주냐! 예수님이 대학 보내 주신다고 하면 교회 가서 살아!'라고 하시더군요. 별수 있나요, 다들 투덜대면서 농구 했죠. 그래도 지나고 나니 참 많이 생각납니다." 신동재의 회고다.

동기 서동철도 같은 기억을 공유하고 있었다. 서동철은 신동재와 함께 고려대에 진학했으며, 삼성과 KT 등 농구단에서 '공부하는 지도자'로서 명성을 쌓아 왔다. 농구 지도 스타일만 본다면 전규삼이 길러낸 그 많은 제자들 중 전규삼과 가장 닮은 인물 중 하나이기도 하다. "예수님이 대학 보내 주냐는 말은 진짜 할아버지의 명언이었죠. 구정 때도 그랬어요. '조상님이 대학 보내 주냐, 농구가 대학 보내 주냐? 다들 훈련하러 나와!' 하하하. 정말 쉬는 날이 없었어요. 저는 다른 학교도 다 그렇게 하는 줄 알았습니다. 방학에 일주일 정도 휴가를 주시기도 했는데 그거 말고는 농구를 쉬어 본 기억이 없네요. 그만큼 훈련을 열심히 했는데, 저희만큼이나 할아버지도 제자들 대학 보내는 것을 얼마나 중요하게 여기셨고, 열심히 하셨는지 알았기 때문에 큰 불만이 없었던 것 같습니다. 할아버지에게 대학 진학은 '사명'과도 같았거든요."

신동재, 서동철을 비롯한 모든 송도 농구인들이 이

루지 못한 것이 하나 있다. 바로 '잔치'다. 오늘날도 스승의 날이나 코치의 생일이 되면 제자들이 모여 잔치를 열어 주는 학교가 많다. 까까머리 시절, 자신을 바른 길, 좋은 선수로 이끌어준 은사에 대한 고마움의 표현이다. 그런데 송도고만 이런 것이 없었다. 유희형은 "생신날 선생님 얼굴 뵙는 일이 제일 힘들었습니다. 괜히 제자들에게 신세지는 게 싫으셨던 거 같아요. 댁에도, 체육관에도 안 계셨지요"라고 돌아봤다.

1975년은 전규삼이 환갑을 맞던 해였다. 유희형, 서상철, 김동광 등은 환갑 잔치를 열어주고자 계획을 세웠지만, "그럴 필요 없다"고 잘라 말하는 전규삼을 설득하지 못했다. 10년 뒤에도 비슷한 일이 있었다. 1985년, 제자들은 10년 전을 기억하며 "칠순 잔치만큼은 꼭 해드리자!"라며 비밀리에 계획을 세웠다. 유희형은 "선생님, 그동안 저희 잘 키워 주셨잖습니까. 그동안 이렇게 훌륭한 제자들이 많이 나왔는데, 자랑 한 번 하셔야죠. 저희가 사람들 모아 놓고 크게 한번 해 드리고 싶습니다"라며 부탁했다.

2000년까지도 지도자들이 학부모와 선수들에게 출전 시간과 대학 진학을 빌미로 금품을 요구하고, 불건전한 술자리를 갖는 등 문제가 꾸준히 발생해 왔다. 2003년, 서울의 한 대학 농구감독은 자신의 생일날 아무

것도 해 오지 않았다며 샤워 중이던 한 선수를 구타하는 등 차마 '스승'이라는 단어조차 쓰기 아까운 행동을 하기도 했다. 그런데 여기는 다르다. 제자들이 선물을 받아 달라고 부탁하고 사정한다. 1982년 졸업생 신종철은 "생신 잔치라도 하면 선수들이 좀 쉴 수 있지 않을까 생각했는데, 본인 생신도 마다하고 농구를 택하셨어요. 다들 챙겨드리고 싶어 했거든요"라고 돌아봤다. 여기에 대해 신동재의 동기였던 강병수는 이렇게 말했다. "그때 다른 학교에서는 우리의 가족적인 문화를 이해하지 못했어요. 그 시대 교육관이나 분위기와는 완전히 달랐으니까요." 그러나 '칠순 잔치'를 향한 유희형의 꿈은 이번에도 이뤄지지 않는다. 어디서 소문을 들은 건지 아예 2~3일 전에 여행을 떠나 버린 것이다.

제자들은 전규삼의 이런 행동에 대해 '안타깝다'고 입을 모았다. 그 안타까움은 다른 농구인들도 같은 생각이었다. 1935년생으로, 전규삼보다 20살 어린 농구 원로 염철호는 "그분은 정말 마음이 넉넉한 사람이었습니다. 남에게 베푸는 부분도 그렇거니와, 격려하고 축하하는 것도 잊지 않으셨습니다. 한번은 제가 하던 일이 잘 되어 낙향해서 초등학교 코치를 하고 있을 때였습니다. 그분이 인천 송림초 농구하는 것을 보려고 함께 오셨다가 제사정을 들으시고는 '힘들게 잡은 기회인데, 놓치지 않도록 열심히 하라'며 격려해 주셨습니다. 그때 주위에서 다들 실업팀 지도하던 사람이 왜 초등학교 코치를 맡아 고생하고 있냐며 시선이 차가웠는데, 전 선생님이 그렇게 해 주시니 저도 힘이 났고 덕분에 기회도 잘 살릴 수 있었습니다. 하지만 본인이 그렇게 자기 것을 챙기는 것은 본 적이 없었습니다. 제가 박한과 친한데, 종종 볼 때면 전집에서 전을 부쳐 먹던 지금도 기억이 생생합니다."

전규삼의 제자, 강동희는 그 무렵의 분위기를 생생히 기억한다. 1986년 졸업한 강동희는 송도 농구뿐 아니라 한국 농구의 전성시대를 이끌었던 당대 최고의 인기 스타였다. 포인트가드로서 허재, 김유택을 도와 기아 자동차의 7번 우승을 주도했고, 1997년 한국 프로 농구 출범 후에는 최초의 MVP가 되기도 했다. 180cm로 단신이었지만 팔이 길고, 워낙 몸이 단단해 1대1로 쉽게 그를 꺾을 자가 없었다. 그는 누구보다도 전규삼을 존경하고 따랐던 선수였다. 2002년, 전규삼이 세상을 떠났을 때는 2박 3일 내내 눈물을 흘리며 빈소를 지켰다.

하지만 그런 강동희도 처음에는 전규삼에게 인정을 받진 못했다. 강동희가 처음 농구공을 잡은 건 1977년, 초등학교 4학년 때였다. 수원에서 인천 송림초로 전학을 왔다. 송림초는 이충희를 배출한 농구 명문이었지만 강동희가 뛸 무렵에는 농구부가 운영되지 않고 있었다. 단지 특별 활동 시간을 위한 농구부만 존재하고 있었다. 강동희는 배구, 핸드볼, 농구 중 농구를 골랐다. 그 어느 인터뷰를 찾아봐도 그가 왜 농구를 택했는지 이유는 찾아볼 수 없다. 대면 인터뷰 중 물어봤을 때도 그는 "왜 농구를 하게 됐는지는 모르겠어요"라고 답했다. 그런데 갑자기 농구부가 부활한다. 인천 학도 체육 대회를 위해서였다. 학도 체육 대회는 학교에서 더 신경을 쓰던 대회였다. 대회 주최가 교육감이었기 때문이다. 대회 우승을 하면 경기도 선발로 소년 체전까지 갈 수 있었다. 이는 즉 학교를 더 알리고, 교육청으로부터 지원도 많이 받을 수 있음을 의미했다. 강동희는 농구 시작 1년 만인 5학년 때 인천 학도 체육 대회 우승을 이끌었다. 소년 체전에서는 준우승을 차지했다. 흥미롭게도 이때 강동희의 포지션은 센터였다. "처음에는 제가 키가 제일 컸어요. 147cm 정도 됐을까요? 그리 깊게 흥미를 갖진 않았던 것 같아요. 하지만 재밌게는 했지요."

　　그러나 강동희는 키가 많이 자라지 않았다. 1년여 동안 13cm가 자라서 중학교 1학년 때 신장은 160cm였지만, 농구선수로 어필하기에는 여전히 키가 작았다. 또, 초등학생 시절 센터를 봤던 터라, 갑자기 달라진 높이에 쉽게 적응하지 못했다. 아무리 중등부라고 해도 170~175cm는 되어야 빅맨으로 성공할 수 있었는데, 강동희는 거기에 미치지 못했다. 그렇다고 기술이 훌륭한 것도 아니었다. 강동희의 표현을 빌리자면 그때도 그의 체형은 '땅딸'했다. 훗날 그와 기아 자동차 왕조를 구축했던 김유택도 강동희의 첫 인상에 대해 "아시겠지만, 참 재밌게 생긴 친구잖아요. 농구하는 폼도 정말 재밌었습니다"라고 말했다. 전규삼은 그런 강동희에게서 장래성이 안 보인다고 생각했다. 그 무렵 강동희도 농구에 대해 회의감을 갖고 있었다. 초등학교 때는 마음만 먹으면 한 골이었는데, 중학교 때는 그러지 못했기 때문이다. 게다가 선배들 허드렛일까지 돕느라 농구다운 농구는 하지 못했다. 강동희는 "선배들은 라면에 밥을 말아먹더라고요. 저는 라면 끓이느라 바빴는데……. 그게 참 부러웠습니다. 청소도 하고, 심부름하는 게 전부였어요. 그러다 보니 내가 농구를 하는 것이 맞나 고민도 했습니다"라며 당시 분위기를 전했다. 중학교 1학년부터 고등학교 3학년까지 함께하는 훈련. 워낙 인원이 많다 보니 실력이 그저 그랬던 강동희는 자연스럽게 눈 에서 멀어졌던 것이다. 결국 1981년 5월, 팀 체육부장으로 전규삼을 돕고 있던 신옥철은 강동희에게 '너는 공부가 더 낫겠다'고 말했다. "아직 중학생이니까 공부 좀 더 열심히 하면 농구하는 것보다 더 훌륭한 사람이 될 수 있을 거다."

사실상 농구부에서 나가라는 이야기. 강동희는 중

학교 2학년이었다. "농구부를 그만둘까 말까 고민하긴 했지만, 갑자기 운동을 그만두라는 말을 들으니 눈물이 나더군요. 잘렸다고 생각하니 그랬던 것 같아요. 그날은 체육관 앞에서 하염없이 울었습니다." 운동부에서 쫓겨나고 나니 막막했다. 당시 공부도 60명 중 55~57등을 오갈 때였다. 고등학교는 실업계를 가야하나 고민까지 했던 그는 그때부터 일부러 공부 잘하는 친구들과 어울려 다니기 시작했다. 집안 형편이 넉넉하지 않은 탓에, 공부를 잘하려면 오로지 잘하는 친구들을 곁눈질하면서 배우는 수밖에 없었다. "운동을 그만두면 나쁜 길로 빠질 수 있다고들 했는데, 그런 말 듣기 싫어서 공부를 정말 열심히 했어요. 잘하고 싶었죠. 전교 1등, 2등 하던 친구들과 어울렸습니다. 제게 영어와 수학을 가르쳐 줬어요. 주말에도 도서관을 다니면서 공부하다 보니 성적이 쭉쭉 올라갔어요. 20등, 15등, 13등……. 계속 올라갔지요." 이러한 성적 향상 뒤에는 하나에 몰입하면 다른 걸 돌아보지 않는 강동희 특유의 집중력도 한몫했다. 그는 스스로 IQ는 높지 않지만, 몰입을 잘하는 성격이라 말했다. "저는 집중력이 강했어요. 하나에 빠지면 그것에만 몰입했죠. 농구를 그만두고 공부에 전념했을 때도 코피를 흘릴 때까지 책만 봤습니다." 강동희가 공부에 집중할 수 있도록 어시스트해 준 친구도 있었다. 동갑내기 이순곤이다. 송도중

212

전교 학생회장이었던 이순곤은 강동희가 농구를 배울 무렵부터 함께한 친구였다. 누구 못지않은 농구광이었던 이순곤은 강동희가 무득점인 날에도 '잘했다'며 응원했다. 그런 강동희가 농구를 그만뒀을 때도 그는 자기 일처럼 슬퍼했다. 더 나아가 공부를 시작한 강동희가 용기를 잃지 않도록 도서관에 데리고 다니며 격려하기도 했다.

2006년, 동부 프로 농구단 코치로 일하던 강동희는 〈KBS 1TV〉의 〈TV는 사랑을 싣고〉에 출연했다. TV에 방영된 것은 2006년이 유일했지만 'TV는 사랑을 싣고'에 출연은 이때가 두 번째였다. 사연은 이렇다. 강동희는 선수로서 한참 주가가 높았던 1997년 6월 13일에 처음으로 출연했다. 당시 그가 찾은 인물은 초등학교 시절 자신이 짝사랑했던 여자 후배. 그러나 제작팀의 실수로 엉뚱한 여성을 무대에 올려 세웠고, 강동희와 MC 모두 당혹감을 감추지 못한 채 당시 녹화분은 방영되지 못했다. 이 방송은 시간이 한참 지나 'TV는 사랑을 싣고' 400회 특집 때 공개됐다.

2006년에는 사람을 제대로 찾았다. 이때 강동희가 찾은 이가 바로 이순곤이었던 것이다. "송도중 전교 회장을 하던 친구였어요. 이순곤이라고. 그 친구 덕분에 저는 방황하지 않았어요. 공부에 대한 성취감을 갖게 됐고, 친구들하고 노는 재미에 푹 빠지게 됐습니다." 그렇게 강동희는 농구 하는 '학생 선수'가 아닌, 공부 잘하는 '학생' 이 되어가고 있었다.

제18화

전설의
시작

"그러면 농구부에서 나간 뒤로는 농구를 아예 안 하셨나요?" "그런 건 아니었어요. 친구들이 모두 농구를 좋아했어요. 도서관에서 공부하다가도 친구들과 마음이 맞으면 야외에 나가서 농구를 했어요. 그때 동네 고등학생 형들을 다 이겼지요." 160cm도 안 되던 작은 키는 어느덧 177cm까지 자라 있었고, 적어도 동네에서는 그와 대적할 자가 안 보였다. 이순곤은 "형들과 우동 내기, 자장면 내기를 자주 했습니다. 동희가 나서면 항상 우리가 얻어먹곤 했죠. 그래서 다들 동희팀에서 같이 뛰고 싶어 했습니다"라며 그때를 회상했다. 그렇지만 강동희는 다시 농구를 하고 싶은 생각은 없었다고 했다. 그저 취미였다. 그때 그는 서울대 체육과 진학과 체육교사를 목표로 세우고 연합고사를 준비하고 있었다.

그런 강동희를 농구와 다시 이어준 '큐피트'가 있었다. 바로 인천 지역 군인들이었다. "자유 시간이었어요. 축구를 하고 있는데, 활동복 차림의 군인 몇 명이 외출 나왔다가 복귀 중에 학교에 온 겁니다. 군인들은 축구를 하고 싶다 했어요. 하지만 그때 신옥철 부장님이 군인들에게 인원도 많고, 운동장에서 수업도 있으니까 체육관에 들어가서 농구를 하는 게 어떠냐고 하셨습니다. 저는 체육복을 입고 있었는데요. 송도중 선수 2명, 농구 좋아하던 친구 2명을 끼고 함께 경기를 했죠. 그때 제가 붕붕 날아다녔어요. 180cm가 넘는 군인들 상대로 리바운드도 잡아내고, 득점도 쉽게 올렸죠. 그 모습을 본 신옥철 선생님이 나중에 절 찾아오시더군요. 그러더니 '농구 다시 해보지 않겠냐'고 물어보셨습니다. 하지만 처음에 저는 거절했습니다."

강동희는 자존심이 상했다고 돌아봤다. "절 쫓아낸 사람이잖아요. 고집도 생겼고……. 그전까지 공부도 잘되고 있었어요. 연합고사까지 얼마 안 남은 시기였거든요. 흔들리기 싫었어요." 그렇지만, 그의 마음은 이미 공부와 농구 사이에서 저울질 중이었다. 농구를 정말 좋아했던 탓도 있지만, 1년 넘게 쉬었음에도 불구하고 계속 운동을 해 온 송도중, 송도고 선수들과 비교해 기량에서 밀리지 않았기 때문이었다. '제대로 해 봐도 좋을 거 같은데?'라는 생각도 내심 들었다. 그가 이처럼 갈팡질팡하는 동안, 친구들 사이에서도 '동희가 농구를 다시 하는 게 맞나'를 두고 갑론을박이 펼쳐졌다. 그때 이순곤이 신옥철 부장을 찾아갔다. "사실, 동희는 농구를 정말 하고 싶어 합니다." 농구는 하고 싶지만, 자존심 때문에 주저하던 친구의 마음을 읽고 농구부장에게 말을 해준 것이다. 우여곡절 끝에 강동희는 다시 농구를 택했다. 체육특기자로 등록해 송도고에 진학했다. 강동희는 "만약 그때가 아니었다면 다시는 농구를 하지 못 했을 것"이라 돌아봤다. "그날 군인들이 학교에 오지 않았다면, 그 친구가 없었다면 지금의 저도 없었을 겁니다. 그래서인지 지금도 군인들을 보면 웃음이 날 때가 있습니다. 눈을 감고 있어도 그 친구와 있었던 일들이 생각나요."

강동희는 그렇게 전규삼과 재회했다. 강동희 역시 전규삼을 '할아버지'라 불렀다. "선수들끼리 있을 때는 '노땅'이라고 불렀어요. 연습에 늦은 형들이 살짝 문을 열고는 '야~ 노땅 왔냐?'라고 속삭이곤 했죠. 그런데 공식적으로는 '할아버지'였죠. 딱 봐도 할아버지셨어요. 아직도 기억납니다. 중학교 입학을 앞두고 송도 농구부 감독님이라고 소개를 받았는데, 젊고 키 큰 선생님이 아니라, 키 160cm 정도 되시는 두루마기 차림의 할아버지가 계신 거예요. 인자한 서울 말씨가 기억나요. 저희를 손자처럼 대해 주셨어요. 저도 친할아버지 대하듯 했습니다. 할아버지께서도 그걸 좋아하셨고요." 그러나 농구를 다시 시작한 후 강동희는 그런 친근함만큼이나 열망도 갖게 됐다. 전규삼으로부터 농구로 인정을 받고 싶었던 것이다. 예나 지금이나 전규삼의 훈련은 똑같았다. 강동희의 1년 후배인 서동철은 "송도의 훈련은 길고, 힘들었지만 땀은 많이 흘리지 않았다"고 회고했다. 이유는 무엇일까.

일단 전규삼은 쓸데없이 많이 뛰게 하지 않았다.

다만 농구에 필요한 기본기 훈련만 반복하다 보니 때로는 지겹고 힘들게 느껴졌다. 강동희는 그 기본에 바탕을 둔 전규삼의 농구를 '예술'이라고 표현했다. "할아버지의 예술은 끝이 없었다"며 말이다.

"할아버지가 묘기 농구를 좋아하셨어요. NBA 같은 농구 말이죠. 저희는 작으니까, 큰 사람들을 만났을 때 이길 수 있는 걸 하라고 가르쳐 주셨어요. 근데 지금 생각해도 그 훈련들은 30년을 앞서간 거였어요. 백 드리블, 백 패스, 더블 클러치, 훅슛 같은 거죠. 속공을 전개할 때도 패스만 하게 하셨어요. 드리블 없이 3명이서 두 손 손가락 끝으로만 툭 쳐서 탭-탭-탭. 그렇게 넘어오게끔 했죠. 속공 때 드리블을 하면 혼냈어요. 그래서 한번은 '할아버지! 드리블 훈련을 그렇게 시키셨으면서 왜 속공 때는 드리블을 못 하게 하나요?'라고 따졌어요. 그랬더니 할아버지가 '드리블은 해야 할 때가 따로 있어! 패스를 줄 곳이 없을 때, 몸 균형이 무너졌을 때 그리고 1대 1 상황에서 진짜 제칠 수 있겠다 싶을 때만 드리블을 쓰는거야!'라고 하셨죠. 명확하게. 언제, 어떻게, 왜 해야 하는지 알려 주시니 납득도 갔고, 이해도 했죠. 제 3년 후배 중에 심상문이라고 있었는데, 그 친구에게는 카림 압둘-자바(Kareem Abdul-Jabbar) 같은 훅슛을 알려 주셨어요. 참 잘 따라 했던 기억이 납니다. 저희한테도 '무식

하게 들이받는' 농구는 하지 말라고 하셨어요. '왜 힘들게 부딪쳐서 파울을 얻어내려고 하냐, 기술로 제치고 페이더웨이 슛이나 훅슛을 던져'라고 하셨죠. 우리 정서와는 전혀 맞지 않는 농구였죠. 창의적인 농구가 뭔 도움이 될까도 싶었습니다. 그렇지만 나중에 대학과 실업, 프로 농구를 거치다 보니 왜 그때 그런 훈련을 시키셨는지 알겠더군요."

강동희 말처럼, 전규삼은 교사 출신답게 '왜'와 '어떻게'를 잘 이해시켰다. 강동희보다한참 전에 전규삼으로부터 농구를 배운 제자 박재수는 "왜 이걸 해야 하는지, 말아야 하는지 여러 이유를 들어서 납득을 시킵니다. 그리고 이 기술은 왜, 언제 써야 하는지 5~6가지 이유를 설명해 주세요. 이 이야기를 매년 듣다 보니 나중에는 선생님이 안 오셔도 선배들이 후배들에게 가르쳐 줄 정도였죠"라고 전규삼의 스타일을 설명했다.

강동희와 같은 고등학교 1~3학년 학생들이 훈련을 받는 동안, 여전히 중학생들은 사이드라인에서 선배들을 지켜보고 있었다. 한 코트에 50~60명이 한꺼번에 들어서질 못 했기에, 나머지는 선배들이 쉬는 시간이 올 때까지 각자 제자리 드리블을 연습하며 선배들을 봤다. '언젠가는 나의 시간이 오리라' 기대하며 말이다. 그 와중에 몇몇은 선배들이 펼치는 화려한 플레이를 보며 입을 다물지 못했고, 몇몇은 라면을 몇 개 끓일까 고민하는 표정으로 시계를 바라봤다. 강동희는 그들을 보며 어린 시절이 떠올랐다. 돌아오길 잘했다는 생각과 함께 후배들도 라면에 밥도 말아 먹게 해 줘야겠다는 생각을 했다. 1년 후배인 신동재는 강동희에 대해 이렇게 말했다. "마냥 좋은 선배였죠. 동네 형이나 다름없었어요. 선배로서의 권위 같은 게 없었어요. 때로는 아예 친구 같다고 느껴졌을 정도니까요. 후배 연습 때 패스를 도와주고요. 아마도 본인이 선배가 되면 후배를 시키지 않겠다는 생각을 갖고 계셨던 것 같았습니다."

할아버지의 훈련이 끝나면 개인 훈련이 이어졌다. 당시 강동희가 집중했던 부분은 득점력이었다. 강동희도 타고난 득점원이긴 했지만, 슛이 부족하다는 평가가 많았다. 드리블로 상대를 따돌리는 것은 자신 있었다. 패스도 잘했다. '재능이 안 보인다'고 쫓겨난 게 불과 2년 전일인데, 고등학교 2학년이 될 무렵에는 '타고났다'는 평가를 받기에 이르렀다. 본인도 자기 소문을 들었단다. '송도에 신기한 놈이 나타났다'는 소문 말이다. 그 와중에 강동희는 자만하지 않고 슛에 매진했다. 언젠가는 아예 골대 밑에 매트리스를 깔고 자기도 했다. 전규삼이 한 말때문이다. "림을 쳐다보면서 자면 슛을 던질 때 림이 더크게 보인다는 말을 철석같이 믿었던 거죠. 그런다고 림이 더 커 보일 리가 없는데……. 하하. 그만큼 농구에 대한 열정을 강조하셨던 것 같아요. 남들보다 높은 경지에 오르고 싶다면 스스로 즐거워야 한다고 하셨으니까요." 그의 슛에 대한 열정이 얼마나 뜨거웠는지 알 수 있는 대목이다.

심지어 강동희는 대선배 이충희의 일화를 들은 뒤부터 그가 학창 시절 사용했던 옷걸이만 쓰기도 했다. 그 옷걸이에는 '이충희 용(用)'이라고 써 있었다. 강동희는 좋은 가드는 타고나야 하고, 좋은 센터는 좋은 신체가 있어야 하지만 슛만큼은 노력으로 만들어질 수 있다는 이충희의 일화를 믿고 있었다. 사실 강동희는 신동파, 이충희, 김현준, 문경은 같은 명슈터는 되지 못했다. 오히려 '선수' 강동희는 시원한 돌파와 화려하면서도 정확한 패스로 기억된다. 그러나 강동희를 아는 이들은 승부처에서 나오는 그의 집중력 그리고 여기서 만들어지는 정확한 슛이야말로 가장 과소평가되는 부분이었다고 입을 모은다. 기아 자동차 시절에 허재라는 거목이 있었기에 자신의 공격 성향을 죽였지만, 허재가 떠난 뒤 프로 무대에서는 남부럽지 않은 득점원으로 MVP까지 올라섰던 것을 돌이켜 본다면 충분히 일리가 있는 부분이었다. 강동희는 자신이 이 정도로 성장하여 '코트의 마법사'라 불릴 수 있었던 것은 드리블과 패스의 기본을 뼈에 사무치도록 알려준 전규삼 덕분이라고 말한다. "할아버지가 강조했던 농구가 성공하면 창조적인 플레인데, 실패하면 웃긴 농구거든요. 그래서 할아버지를 흉내 내는 것에 만족하지 않고 완전히 내 것으로 만들었어요."

하지만 송도고는 아쉽게도 '강동희 시대'에 한 번도 메이저 대회 정상에 서지 못했다. 메이저 대회란 춘계 연맹전, 협회장기, 대통령기, 연맹회장기, 종별 선수권, 쌍룡기, 추계 연맹전 등 대한민국 농구 협회가 주최하고 주관한 전국 대회를 의미한다. 강동희가 3학년이 됐던 1985년. 신동재와 서동철, 김지홍 등 훗날 실업팀에서도 제 몫을 해냈던 쟁쟁한 후배들이 함께했지만, 매년 4강을 넘어서지 못했다. 모든 팀들의 공동의 적으로 올라섰던 용산고는 허재와 이민형 등이 졸업한 뒤 1984년에 휘청거리는 듯했지만 장일-김동현-김석 트리오를 중심으로 1985년에 다시 패권을 장악했다. 김동현은 198cm, 장일과 김석은 190cm에 가까운 장신들이었다.

그러나 강동희라는 이름 석 자는 우승 트로피 없이도 일찌감치 고교 무대에 널리 알려졌다. 사람들은 그를 '제2의 유재학'이라 불렀다. 그 시작은 바로 1983년 8월, 장충 체육관에서 열린 제19회 쌍룡기 고교 농구 대회였다. 1학년 강동희의 송도고가 3학년 허재가 이끌던 용산고와 결승에서 맞붙었다. 결과부터 말하자면 이 경

기는 용산고의 승리였다. 허재를 앞세워 74-66으로 이겼
다. 1983년 춘계 연맹전, 대통령기에 이은 3회 연속 우승.
그리고 이 경기까지 공식 경기 17전 전승이었다. 강동희
는 그때 허재를 두고 "농구의 신 같았다"고 회고했다. "제
가 허재 형을 처음 본 게 중학교 1학년 때였어요. 허재 형
은 용산중 3학년이었는데, 그때 이미 유명한 사람이었어
요. 나중에 제가 돌아왔을 때는 더 어마어마한 사람이
되어 있었죠. 고등학교 수준이 아니었으니까요." 그러나
강동희도 쉽게 백기를 들지는 않았다. 이 경기에서 전규
삼은 1학년 강동희를 주전으로 기용하는 용단을 내린다.
그가 주전으로 나선 건 이 경기가 처음. 그런데 강동희는
마치 오랫동안 맞붙어온 선수를 상대하듯 자연스럽게 받
아쳤다. 후반 한때는 오히려 용산고에 앞서갈 정도로 강
동희가 주도하는 시원시원한 농구는 좌중을 휘어잡았다.
용산고는 간담이 서늘해졌다. 자칫 한 해동안 잘 이어온
무패행진이 무명의 신입생 1명에 의해 무너질 위기를 맞
았으니 그럴 만도 했다. 허재의 활약으로 타이틀을 유지
하는 데 성공했고, 우승 직후 허재가 중앙대 입학을 선언
하면서 스포트라이트를 독차지하긴 했지만 농구인들 사
이에서는 '강동희'라는 신예의 등장도 충분히 놀라운 사
건이었다.

　　당시 용산고를 지도했던 양문의 감독은 "그때 강

동희가 허재를 꽤나 괴롭혔지요. 허허. 송도고는 워낙 빠르고 패스가 정확해서 보통 수비로는 막기 힘들었는데, 강동희가 오면서 더 어려워졌습니다. 패스 넘어오는 타이밍이 남달랐거든요"라고 돌아봤다. 그러나 정작 허재는 강동희를 눈여겨보지 않았다는 후문이다. "나중에 제가 물어봤어요. '형 나 고1 때 기억나냐'라고요. 그러자 형은 '그때는 네가 뭐 하던 앤지도 몰랐다'고 하더라고요. 하하." 강동희의 말이다.

아쉽게 우승컵을 놓쳤으나, 전규삼은 실망하지 않았다. 실제로 이 경기 중에도 이렇다 할 전술을 꺼내 놓지 않았다. 강동희는 "빠른 공격을 위한 기브-앤드-고(give-and-go ; 패스를 건넨 다음 빠르게 들어가면서 다시 공을 넘겨받아 슛을 던지는 기본적인 콤비 플레이) 정도가 전부였던 것 같아요. 수비도 바뀌지 않았고 작전 타임도 별말씀 없으셨죠. 경기 중에는 앉아 계셨어요"라고 그때를 돌아봤다. 송도고 출신 가드 99.9%가 강동희와 같은 경험을 했다. 다른 감독님들 같으면 길길이 화를 낼 타이밍인데도 너무나 평온해 오히려 선수들이 당황하는 그런 경험. 그러나 시간이 지나고 나니 전규삼의 방식이 결코 틀리지는 않았다고 말했다. 서동철은 "송도가 가드 왕국이 될 수 있었던 비결 같았습니다"라고 돌아봤다.

이유는 무엇일까. "일단 기본기는 만들어졌고, 경기

를 어떻게 풀어가야 할지도 배웠으니 당신은 더 개입하지 않았던 것 같습니다. 알아서 경기를 헤쳐 가면서 스스로 생각하고, 터득하면서 더 창의성을 갖게 되었던 것 같아요. 그런 면에서는 할아버지의 방식이 선수들에게는 큰 도움이 됐던 것 같습니다. 할아버지는 '우리들에게 기본만 제대로 배워가자', '공격 전술이니 수비니 그런 세세한 부분은 대학에 가면 더 훌륭한 선생님들이 가르쳐 주실 것이니 아직은 때가 아니다'라고 하셨거든요."

이때도 팀은 결승에서 졌지만, 전규삼은 오히려 "올해는 됐다"며 안도했다. 이유가 무엇일까. 팀이 졌는데 무엇이 됐단 말인가. 이는 당시 대학 체육 특기자 제도와 관련이 있다. 서동철은 "할아버지는 '우승 못 해도 좋으니, 딱 1번만 4강에 가자'는 말씀을 자주 하셨어요. 그래야 체육 특기자로 좋은 학교에 갈 자격이 생긴다고요. 자신이 그 다음부터는 어떻게든 대학에 보내줄 테니, 좋은 선수가 되기 위해 농구만 열심히 하자고 하셨죠"라며 상황을 설명했다. 강동희가 고등학교 1학년이었던 1983년에는 고3만 6명이었다. 불행히도 6명 모두 대어급은 아니었기에 전규삼 입장에서는 결승전 진출이라는 성과가 더 반가울 수밖에 없었다. 이처럼 전규삼 관점에서 본다면 준우승은 분명 기대 이상의 성과였을 것. 그러나 선수들에게 '외박'이나 '휴식'은 꿈도 못 꿀 단어였다. "장수

면옥이라는 식당에 가서 설렁탕 먹는 게 전부였던 것 같습니다. 밤에는 라면을 끓였어요. 할아버지는 늘 그러셨죠." 강동희의 말이다. 이렇게 일찌감치 성적에 여유가 생길 때면 전규삼은 농구만큼이나 농구 외적인 부분도 더 신경을 썼다. 그의 좌우명이었던 '인간이 되어라'를 실행에 옮긴 것이다. 그러나 그 방법 또한 엉뚱했다. 강동희는 한자 공부를 하고, 신문을 읽은 것이 기억에 남는다고 했다. 또 강동희 시절부터 바둑, 오목, 화투가 등장하기 시작했다. 그중에서도 선수들에게 인기를 끌었던 건 화투였다. 전규삼 역시 화투를 좋아했다. 화투만큼 짧은 시간에 인간성을 잘 평가할 수 있는 놀이도 드물다는 것이 그의 생각이었다. 화투를 쳐 보면 성급한지, 소심한지, 지나치게 과감한지, 혹은 빨리 포기하는지 알 수 있다고 했다. 이를 통해 얻어낸 데이터(?)를 바탕으로 소심한 선수는 과감성을 갖게, 공격적인 선수는 신중함을 갖게 훈련시켰다. 농구에 지친 선수들에게도 좋은 놀이가 됐다.

가끔은 선수들이 '한 판 더 하자'며 조르고 조르면 몇 시간이고 화투판이 벌어졌다. 요즘 같으면 민원이 들어와도 수십 번은 들어왔을 법한 상황. 그 기가 막힌 광경을 본 학교 측에서는 별말이 없었을까. 졸업생들은 "할아버지가 하는 행동에 의심을 갖는 사람이 있었을까요? 절대 학생들에게 해가 되는 일은 하지 않았던 분이셨으니까요"라고 입을 모았다. 서동철은 "저희도 그 시간이 지난 다음에는 다시 훈련을 했습니다. 기분 전환이었죠. 저희가 다닐 때는 시간을 칼같이 지키셨어요"라고 말했으며, 1995년 송도중을 졸업한 이현준은 "애들이랑 치시는데 설마 몇 천 원씩 오고갔겠습니까. 기껏 해야 10원짜리 몇 개 왔다갔다 하는 수준이었어요. 농구부실에 10원 짜리 동전들이 항상 쌓여 있었어요. 그거 갖고 하는 거죠. 하지만 '승부'가 되다 보니 안 잃으려고 하는 모습에서 할아버지는 애들 성격을 파악하셨던 것 같아요. 또 할아버지도 화투를 치면서도 졸업하신 선배님들 이야기를 빼놓지 않았습니다"라고 돌아봤다. 자칫 세워 놓고 '훈화'나 '충고'처럼 들릴 수 있었던 지루한 이야기들을 그렇게 '옛날이야기'처럼 풀어 갔던 것이다. 이 역시도 나이 차를 극복하고자 했던 전규삼의 방식이었다. '강동희 군단'이 그렇게 코트 안팎에서 더 단단해지고, 우승은 못 했을지라도 전국 대회 4강에 오르는 전력으로 성장할 동안, 대학가에서는 '가자! 송도로'가 캐치 프레이즈가 되어 가고 있었다. 모든 대학들이 '강동희 잡기'를 최우선 과제로 삼고 그를 주시하기 시작했다.

제19화

호랑이를
잡으려면

중앙대학교 82학번인 한기범과 83학번인 김유택은 기아 왕조의 발판과도 같았다. 동시에 수십 년간 연세대와 고려대 중심으로 흘러가던 대학 농구 판도에 균열을 일으킨 주역이기도 했다. 205cm의 한기범은 골 밑 턴어라운드 점프슛의 대가였고, 197cm의 김유택은 기동력을 갖춘 골 밑 플레이어였다. 명지고에서부터 함께해 온 두 선수는 '쌍돛대'라 불리며 공포의 대상이 됐다. 한기범은 "보통 허재가 입학하면서부터 중앙대가 우승하기 시작했다고 하지만, 이미 우리 때부터 대회에서 져 본 적이 없었어요"라고 말했고, 김유택 역시 "1학년 때 한기범 선배랑 같이 뛰면서 5관왕인가를 했습니다"라고 기억을 보완했다. 요즘 표현으로는 '트윈 타워(Twin Tower ; 장신 두 선수가 버티는 골밑을 의미)'라 불리는 두 선수의 중앙대는 84학번 허재까지 받아들이면서 그야말로 패배를 모르는 팀이 됐다. 또, 이들이 차례로 기아 자동차로 간 것은 실업 농구 생태계마저 혼탁하게 만드는 '대사건'이기도 했다. 삼성전자와 현대전자가 독식하던 실업 무대를 흔들어 놓은 것. 기아 자동차는 당시 농구계 최고 메인 이벤트였던 농구 대잔치에서 7년 연속 우승을 차지했다. 누구도 아성을 넘보지 못했다.

그런 이 왕조에서 빼놓을 수 없는 역할을 한 선수가 있으니, 바로 가장 마지막까지 기아 자동차의 자존심을 지킨 강동희다. 김유택은 강동희와의 첫인상을 '재밌는 놈'이라 기억했다. "뭐 저런 놈이 다 있나 싶었습니다. 아시다시피 재밌게 생겼잖아요. 근데 농구도 참 재밌게 했습니다. 처음 보는 농구였어요. 드리블도 잘했고, 스텝도 잘 놓는데, 보통 선수들이 배운 것과는 리듬이 달랐어요. 슛 동작도 정말 웃겼죠. 처음에는 3점슛 던질 때랑 안쪽에서 던질 때랑 동작이 달랐어요." 그런데 가만 보니 강동희만 그런 것이 아니었다. 김유택은 송도고와의 연습 경기를 갔다가 화들짝 놀랐다고 했다. 송도고 선수들 모두가 드리블이나 스텝 등이 남달랐던 것이다. 그는 송도고 선수들이 경기 때만 그런 게 아니라 연습할 때도 그런 것들을 자유롭게 훈련하는 모습이 무척 생소했다고 전했다. 한기범도 같은 기억을 공유하고 있었다. 한기범이 처음 본 강동희는 고등학교 1학년이었다.

"그 당시 중앙대가 송도고 앞에서 합숙 훈련을 했어요. 그래서 연습 경기 때 처음 봤는데, 공을 갖고 완전 혼자 놀았어요. 코트를 헤집고 다녔죠. 그런데 그게 인위적으로 화려하게 한다거나 그런 것은 아니었어요. 공도 잘 뺏기지 않았고요. 신기했죠. 다른 학교였다면 맞거나 혼났을 법한 동작인데도 아무렇게나 하더군요." 한기범은 그런 강동희가 완성된 것에는 강동희의 타고난 재능도 있었지만, 전규삼의 영향이 컸을 것이라 말했다. 이미 강동희 이전에 송도고가 어떤 팀이었는지를 몸으로 느껴 봤기 때문이다. "제가 명지 고등학교에 다닐 때 송도는 정말 까다로운 팀이었어요. 저와 유택이가 있던 명지고는 키는 크지만 농구는 느렸거든요. 반면에 송도고는 정말 자율적이고 빠른 팀이었어요. 전원이 드리블이 좋고, 스텝을 특이하게 놓다 보니 우리가 쫓아가는 것도 힘들었죠. 그래서 송도고를 만날 때면 겁도 나고 그랬습니다."

그 당시 한기범도 전규삼에게서 영향을 받았노라고 말했다. "날짜는 정확히 기억이 나지 않는데, 송도고와 연습 경기를 하던 날이었어요. 할아버지께서 저한테 오더니 '슛 던질 때 움직임을 반 박자만 더 빨리 해 봐'라고 하시더군요. 그때만 해도 제 슛이 장점이라 생각했는데 할아버지는 '지금의 너는 너무 느려. 얼마 안 가서 상대한테 블록을 당할 거야. 그러니까 지금보다 반 박자만 더 빨리 해 봐'라고 말씀하셨어요. 처음에는 '이게 과연 될까'싶었는데 연습하니까 정말 되더군요. 덕분에 그게 제 장기가 됐습니다." 이처럼 한기범과 김유택이 송도고와 전규삼에 대해 친숙하게 말할 수 있는 이유는 따로 있었다. 바로 이들의 스승이자 중앙대 농구의 '대부'라 불리는 정봉섭 전 감독의 영향이다. 1943년생인 정봉섭은 전규삼과 비슷한 면이 많다. 우선 농구 감독이라고는 믿기지 않는 체형을 지녔다. 키가 165cm 정도였는데도

1980년대, 한기범과 김유택이라는 두 장대에게 플레이를 지시하는 장면은 늘 보는 관중들의 웃음을 자아냈다. 반면 이 장면을 본 농구인들은 그에게 '작은 거인'이라는 별칭을 붙이기도 했다. 두 번째로 정봉섭도 전규삼처럼 농구 선수로는 성공하지 못했다. 스스로 '구닥다리 농구'였다고 말했다. 실제로 그는 전문 코치로부터 배운 경험도 없었다. 정봉섭 역시 전규삼처럼 명동 뒷골목의 외국 책방에서 유명한 선수들의 동작과 그림을 보며 따라 하며 배웠다고 했다. 그런 그는 자신이 농구 지도자로 성공할 수 있었던 이유가 끈질긴 연구와 선배들의 가르침 덕분이었다고 말한다.

"나는 내가 지도자로서 할 수 있는 모든 정성을 다 했습니다. 선수 생활을 제대로 해 보지 못했으니까요. 그래서 외국에 가는 지인들에게 영어나 일본어로 된 농구책을 사달라고 하고, 아는 사람에게 부탁하거나 돈을 주고 번역을 시켰어요. 그런 식으로 공부했어요. 가끔 밥 먹는 것도 잊을 정도였어요. 심지어 꿈에서도 농구를 했어요." 그 연구의 결과물 중 하나가 바로 웨이트 트레이닝이었다. 1997년, 프로 농구가 출범하고 '용병'이라 불리는 외국 선수들이 진출하기 전까지만 해도 우리 농구는 웨이트 트레이닝을 등한시했다. 근육 때문에 슛폼이 안 잡히거나 균형이 안 맞을 수도 있다는 이유 때문이었다. 그러나 정봉섭은 1977년, 중앙대 감독을 정식으로 맡을 때부터 선수들에게 근력 운동을 강조했다. "근육이 없는 아이는 몸을 부딪치는 스포츠에서 자신감이 떨어져서 기술을 발휘하지도 못해. 연습할 때는 멋있게 잘하는데, 경기에서는 써먹을 수가 없다"는 것이 그 이유였다.

정봉섭이 가장 영향을 많이 받은 지도자 중 한 명이 바로 전규삼이었다. 정봉섭은 여러 인터뷰를 통해 "사람들이 나를 송도 출신으로 알았다"라고 말했을 정도로 전규삼을 자주 찾아갔고, 또 잘 따랐다. 많을 때는 일주일에 3일 이상을 송도고에서 보낸 적도 있었다. 다른 수많은 송도의 제자들처럼 정봉섭 역시 전규삼을 '할아버지'라 불렀다. 한참 송도를 드나들 무렵, 전규삼이 이미 칠순을 바라보고 있었고, 정봉섭은 막 삼십 대 중반도 안됐으니 그럴 만도 했다. "할아버지는 저를 친자식처럼 생각하셨어요. 도움을 청하면 늘 받아 주셨죠. 그때 저는 중앙대 감독을 맡고 있었는데, 중앙대는 체육관이나 숙소도 없었어요. 학교에서는 축구부만 지원해 줬죠. 그러다 보니 연습할 곳이 없어 이곳저곳을 다녔는데, 그중 한 곳이 송도고였습니다. 같이 연습 경기를 하면서 배웠습니다. 속공은 물론이고 선수들을 가르치는 방법도 알려 주셨어요. 참 많이 배웠죠. 매일 송도고를 드나들다 보니 농구인들도 저를 송도고 출신으로 알더군요. 하하. 나중에는 할아버지가 '이 선수 데려가'라고 하면 무조건 믿고 받았을 정도로 저는 할아버지를 믿었습니다. 비록 '아버지'라고 불러 본 적은 없었지만, 항상 마음으로는 아버지 같은 분이라 생각했어요. 할아버지도 저를 무척 귀여워해 주셨고요. 그렇지만 그렇게 잘 대해 주시면서도 항상 제게 존댓말을 쓰셨습니다. 놀라울 정도로 겸손하셨지요." 정봉섭의 말이다.

한기범과 김유택 역시 그 덕분에 답동의 송도고 체육관이 낯설지가 않다. 가끔은 신종철과 같은 송도고 출신 중앙대 선수들이 전규삼을 대신해 농구를 가르치기도 했다. 한기범의 1년 선배인 신종철은 "중학교 1학년 때부터 고등학교 3학년 때까지 매번 같은 훈련을 했어요. 어찌 제가 모를 수 있겠습니까. 제가 송도고에 있을 때도 송도 출신 선배들이 와서 훈련을 시키기도 했어요. 단지, 할아버지가 워낙 인자하시고 화를 못 내시니까, 선배들이 훈련을 시킬 때는 아주 '악' 소리 나도록 시켰죠"라고 돌아봤다. 정봉섭이 송도고 교문을 제집처럼 넘어 다닌 이유는 단순히 훈련 때문만은 아니었다. 바로 1학년이었던 강동희도 있었다. 그는 허재를 '날개', 강동희를 '엔진'이라 표현했다. "강동희가 온 뒤부터는 대학 경기가 의미가 없었습니다. 현대와 삼성을 목표로 연습했죠. 강동희도 언젠가 그런 말을 했더군요. 허재 형, 유택이 형이 있으니까 패스하면 무조건 어시스트가 되더라고요."

강동희는 자신은 이미 고등학교 1학년 때 중앙대에 가기로 결정됐던 것 같다고 말한다. 자신을 흐뭇하게 바라보는 정봉섭 감독의 시선을 느꼈던 것이다. 실제로 정봉섭 감독은 그보다도 훨씬 예전부터 강동희를 바라봤다고 한다. "중학생 때였을 겁니다. 오동통한데도 참 잘 뛰어다녀서 눈여겨봤죠. 그런데 어느 날부턴가 이 녀석이 안 보이더군요. '할아버지, 그 녀석 어디 갔어요?'라고 물어보니 그만뒀다고 하더라고요. 정말 아쉬워했던 기억이 납니다. 다시 돌아온 동희는 여전히 탐나는 녀석이었습니다. 키는 작은데 손이 크고, 팔이 길어서 위로 쭉 뻗으면 190cm 선수들보다도 더 높았어요. 힘도 워낙 좋고 정말 미친 듯이 뛰어다니는 게 눈에 안 띨 수가 없었습니다." 정봉섭 감독의 말이다.

강동희는 '내가 설마 정말로 중앙대에 갈까' 생각하며 2년을 보냈다. 그리고 마침내 진로를 결정해야 할 3학년이 되자 본격적으로 강동희에 대한 러브콜이 쏟아지기 시작했다. 예상대로 연세대와 고려대도 눈독을 들였다. 그때만 해도 강동희는 두 학교에 더 마음이 갔다. 허재, 김유택, 강정수 등 쟁쟁한 선배들이 버티는 중앙대에 가면 주전으로 뛸 기회가 별로 없을 것 같다고 생각한 것이다. 다른 한편으로는 다른 대학에 가서 더 좋은 전력으로 허재를 이겨 보고 싶다는 생각도 했다.

그러나 전규삼의 생각은 달랐다. "야! 호랑이를 잡으려면 어디로 가야 해? 호랑이 굴에 들어가야 하지 않겠어?" 한마디로 허재가 있는 중앙대로 가라는 것이었다. "나는 호랑이 굴 말고 다른 학교에 가야겠다는 심정이었는데, 그때 할아버지는 굉장히 완고하셨습니다. 저한테 '너, 중앙대 안 갈 거면 다시 내 앞에 오지마!'라고 하셨죠. '너는 내 새끼가 아니다!'라면서요." 반항심이 생긴 강동희는 15일 간 '소풍'을 떠났다. 말도 없이 농구부를 이탈한 것이다. 그동안 연락도 받지 않고, 농구도 하지 않았다. 농구를 다시 시작한 이래 이토록 오래 농구부를 떠난 것도 처음이었다. 주변이 시끄러워지기 시작했다. 연세대와 고려대는 기회가 왔다는 듯 더 적극적으로 구애했다. 〈매일경제〉는 강동희 스카우트 전쟁을 '3파전'이라 표현했는데, 1985년 6월 무렵에는 '연세대가 먼저 손을 뗐다'고 보도했다. 선배들은 강동희에게 '할아버지 말을 들어야 한다'고 설득했다. 예나 지금이나 마음 약하기로 유명한 강동희도 흔들리기 시작했다. "정덕화 선배가 할아버지 고집을 꺾고 연세대에 갔다가 할아버지와 틀어진 것을 보고 '아, 내가 지금 말을 안 들으면 정말로 못 보겠구나'라는 생각이 들었습니다."

결국 강동희는 백기를 들었다. 15일 만에 다시 학

교로 찾아가 "할아버지 말씀 듣겠습니다"라고 말한 것이다. 1985년 6월 12일, 송도고와 강동희는 중앙대 입학을 발표한다. 〈매일경제〉는 연세대와 고려대, 중앙대가 3파전을 벌였으나 연세대는 일찍 손을 뗐으며, 고려대와 중앙대가 경쟁했으나 끝내 중앙대가 이겼다고 보도했다. 같은 해 7월 6일에도 〈동아일보〉가 같은 내용을 보도하며 '쐐기'를 박았다. 일각에서는 강동희를 두고 '조건 싸움'이 한창이라는 의혹이 제기됐다. '스카우트=뇌물'이라는 생각이 만연해 있던 시절이었다. 실업팀은 대학 유망주가 하루라도 빨리 도장을 찍게 하려고 헬기까지 띄울 정도였다. 하지만 중앙대 정봉섭, 고려대 박한은 전규삼에 대해 말하길 "제자 한 명 더 받아 주는 것 외에는 제자에 대해 그 어떤 요구도 없었던 분입니다"라고 입을 모았다.

30년도 훨씬 지난 일이지만, 정봉섭 감독은 그때 분위기를 정확히 기억하고 있었다. "동희가 온 건 순전히 정(精) 때문이었습니다. 어렸을 때 아버지 돌아가시고, 어머니 혼자 가구 공장에 다니시면서 힘들게 키웠습니다. 그래서 송도고 오가면서 밥도 사주고, 좋은 말도 해주며 잘 챙겨 주었죠. 할아버지께서도 그런 모습이 보기 좋았던 것 같습니다. 그때 저희는 연세대, 고려대처럼 돈을 쓸 처지가 아니었어요. 적극적으로 '와야 해!'라고 말하기 힘든 상황이었죠. 그런데도 어머니께서 강동희를 저희에게 보내 주신 건 그런 오랜 인연과 의리 때문이었다고 볼 수 있겠죠. 다른 학교들은 나중에야 알아봤지만, 저는 어렸을 때부터 잘될 거라 봤으니까요." 이런 정봉섭의 애정과 달리, 강동희는 처음 중앙대를 갈 때만 해도 불안함이 앞섰다고 했다. 앞서 말한 것처럼 자리가 없을 것을 걱정했다. 그러나 강동희는 기어이 허재의 옆자리를 자신의 것으로 만들었다. 김유택은 "강동희가 노력해서 얻어낸 자리"라고 표현했다. 그렇다면 전규삼은 왜 제자의 행선지로 중앙대를 선택했을까. 단순히 정봉섭과의 의리 때문이었을까, 아니면 선견지명이었던 것일까. 전자도 분명 이유가 될 수 있었겠지만, 졸업한 제자들의 의견을 종합했을 때 전규삼은 강동희가 가장 빛날 수 있는 자리를 내다봤던 것 같다. 단순한 '승리자'를 넘어 농구 선수로서는 '전설'까지 올라갈 수 있는 그런 자리 말이다.

훗날 강동희는 이렇게 말했다. "할아버지가 있었기에 제가 있었습니다. 할아버지 장례식장에서 밤낮을 울다가 지쳐 쓰러졌죠. 지금도 생각납니다. '미국 아이들은 다 하는데, 니들이라고 못 할 게 뭐 있냐'면서 기술을 가르쳐 주시던 그 모습이요. 할아버지가 있었기에 '코트의 마법사'라 불릴 수 있었던 것 같습니다. 할아버지, 보고 싶습니다."

239

제20화

젊은 사람이
필요합니다

정봉섭은 허재, 김유택, 김주성 등 한국 농구 슈퍼
스타들을 키워 낸 중앙대의 '전설' 같은 존재다. 때로는
친아버지 같으면서도 때로는 호랑이 카리스마를 뿜어냈
던 정봉섭이지만, 송도고 교문만 들어서면 순한 양이 됐
다. 농구인들은 그가 누구보다도 송도고를 좋아하고 아
낀 인물이라고 말한다. 오히려 송도고 출신보다도 더 자
주 송도고를 자주 갔을 거라며 말이다. 그렇다면 그가 송
도인만큼이나 송도를 자주 찾게 된 계기는 무엇일까. 바
로 전규삼 때문이다. 정봉섭은 '사람' 전규삼에 대한 존경
심이 자신의 발걸음을 이끌었다고 말한다. 그는 나와의
통화에서 전규삼을 어른으로 모시게 된 계기가 두 개 있
었다고 고백했다.

이야기는 정봉섭이 중앙대 감독으로 정식 부임한
1977년보다도 훨씬 전으로 거슬러 올라간다. 바로 김동
광이 졸업반이던 1969년이다. 정봉섭은 당시 중앙대 농
구부 매니저로 살림을 도맡고 있었다. 아직 20대 중반의
나이였던 그는 농구 선수보다는 지도자로서의 성공을 꿈
꾸고 있었다. 그런 정봉섭의 꿈과 가능성을 알아본 고 정
세훈 중앙대 감독이 자기 옆에서 농구를 배우라고 자리
하나를 내준 것이다. 당시만 해도 중앙대는 정식 코치를
하나 더 고용할 정도로 돈이 넉넉하지 않았기에 상대적
으로 임금 부담이 적은 매니저를 제안했다. 중앙대는 그

해 스카우트에 실패하며 처참하게 주저앉는다. 스카우트 실패의 이유는 다름 아닌 전규삼이었다. "그때 송도고에 김인진과 김동광 같은 인재들이 있었죠. 마침 인천시 고위층에 중앙대를 나오신 분이 계시고, 또 송도 고등학교 재단에도 중앙대 출신이 있었어요. 이 분들은 송도고 선수들이 중앙대에 갔으면 좋겠다고 학교를 압박했습니다. 그래서 다들 중앙대로 올 것처럼 보였죠. 어느 정도였냐면, 인천시에서 송도고 체육관 증축 공사까지 도와주겠다고 했을 정도였어요. 제가 기억하기로는 토지 중 일부가 규제에 걸려 있어서 계획에 애를 먹고 있었는데 인천시에서 선수들만 중앙대로 보내주면 그것까지도 해결해주겠다고 했습니다. 인천 시장까지 움직이려고 했으니까요." 정봉섭의 회고다.

그런데 이 소식이 전규삼 귀에 들어가자, 그는 길길이 날뛰었다. 농구부 책임자가 바로 자신인데, 어찌 자신에게 상의 하나 없이 선수를 데려가려 하느냐는 것이다. 게다가 전규삼은 선수들의 고려대 진학을 일찌감치 약속해 둔 상태였다. 전규삼은 단호하게 윗선 지시를 거절했다. "약속이 우선입니다. 우리는 이미 선수들을 고려대에 보내기로 결정했습니다. 지금 이 약속을 어기면 앞으로도 관계 유지가 어렵게 됩니다." 온갖 회유에도 불구하고 전규삼은 완강했다. 학교도 두 손, 두 발 다 들었다.

243

그때만 해도 송도고 전규삼은 지방 팀으로는 최초로 전국 체전 우승을 이끈 인물이었다. 게다가 '재개교'를 함께 이끈 유공자였기에 쉽게 접근할 수 없었다. 또 전규삼이 키워 낸 선수들이 대학과 실업에 가서도 잘한 덕분에 학교 위상도 올라가던 터였다. 또, 선수들에게는 한없이 인자해도 일을 할 때는 전규삼의 고집을 꺾지 못했다. 워낙 단호했기 때문이다. 제자들에게는 들을 수 없었던 전규삼의 새로운 면모였다.

정봉섭은 "제가 그래서 할아버지에게 반한 겁니다. 일할 때는 진짜 깐깐하셨습니다. 중앙대는 할아버지 때문에 그해 스카우트를 망쳤지만, 저는 다른 걸 다 떠나서 윗선 지시보다 신뢰를 더 중요하게 여기신 그 성품이 정말 대단하다고 느꼈습니다. 정정당당. 그게 스포츠맨의 자세 아니겠습니까. 그 당시에는 결코 쉽지 않은 일이었죠. 언젠가는 할아버지 밑에서 농구를 배워 보고 싶다는 생각을 하게 됐지요. 그래서 나중에 감독이 됐을 때 찾아간 겁니다"라고 그때를 돌아봤다. 정봉섭이 감독을 꿈꾸며 자신을 연마하는 동안, 전규삼은 김인진과 김동광, 이충희 등을 배출하며 승승장구했다. 본인은 '제자들 덕분'이라며 한사코 감투 쓰길 거절했지만, 정봉섭과 박한 등 대학 감독들은 물론이고 기자들도 '지도자' 전규삼에 대해서는 경이로운 눈빛으로 바라봤다.

정봉섭은 전규삼을 더 우러러보게 된 두 번째 이유를 설명했다. "모든 팀이 그랬던 건 아니지만, 그때만 해도 체육계에 비리가 많았습니다. 돈을 주고받고, 심판을 매수하는 일이 더러 있었지요. 애들 스포츠인데 지방 농구 협회 사람들이 아주 대놓고 그런 짓을 했습니다. 부끄러워하지도 않았어요. 송도고도 억울하게 당한 적이 몇 번 있었어요. 하지만 할아버지는 그런 부패한 상황에 반응을 아예 안 하셨습니다. 선수들이야 숨이 막히고 억울하죠. 그렇지만 할아버지는 흥분하지 않도록 잘 다독이시고 연연하지 않았습니다. 그저 우리들 연습한 게 제대로 나왔는지를 보셨던 거죠. 언젠가 저도 옆에서 들었는데 이런 말씀을 하시더군요. '좋은 경험 했다. 앞으로 우리가 쟤네보다 월등히 잘해서 20점을 앞서면 되지 않겠느냐. 그러면 아무리 심판이 장난을 치고 싶어도 그러지 못할 거다.' 그때 참 대단하신 양반이라고 생각했습니다. 그 인격은 감히 흉내 내기 힘들었을 겁니다."

정봉섭의 말처럼, 1960~1980년대 농구 심판은 수차례에 걸쳐 언론으로부터 지적을 당했다. 고교 농구부터 실업농구까지, 전 세대에 걸쳐 심판에 대한 불신이 만연해 있던 시절이었다. 실업팀 감독 출신의 한 농구인은 내게 익명을 전제로 한 가지 이야기를 해 주었다. "어우, 그때는 말도 못 했습니다. 어찌나 일방적이던지, 제가 참

245

다못해 따지는 척하면서 가까이 다가가서 그 심판놈 배를 주먹으로 세게 쳤습니다. 그 놈도 후배였고, 본인도 잘못한 걸 알았는지 아무 말 못 하더군요. 정말 열받았었거든요. 그때는 심판 판정이 마음에 안 들면 선수들 다 철수시키고, 안 나가고 버티는 일도 자주 있었어요. 몰수패도 있었습니다.”

한국 프로 농구는 1997년에 출범해 2020년으로 23번째 시즌을 마쳤다. 길다면 길고, 짧다면 짧은 역사이지만 6,000 경기 넘게 치러오면서 몰수패 사건은 단 한 번밖에 일어나지 않았다. 2003년 12월 20일 안양에서 열린 KCC와 SBS의 경기 중 일어난 일로, 당시 심판 판정에 불만이 있었던 SBS 측 코칭 스태프가 경기를 포기해 버린 것이다. 이로 인해 감독과 코치 등이 자격 정지 징계를 받고, KBL 부총재였던 김영기 씨가 자리를 내놓는 등 난리가 났었다. 그런데 이런 일이 1990년대 이전에는 비일비재했다는 것이 당시 농구인들의 증언이다. 그런 시대에 큰 시비 한번 안 걸리고 상대팀 코치로부터도 '존경한다'는 말을 들을 정도였으니 전규삼이 얼마나 신사적이었는지는 굳이 더 설명하지 않아도 될 것이다.

1944년 7월생인 용산고 양문의 코치는 “인간적으로 가장 존경했던 분이셨습니다”라고 그를 설명하기도 했다. 양문의 코치는 1975년부터 1999년까지 용산고를 이끌며 허재, 이민형, 김재훈, 유도훈, 김병철 등을 배출한 지도자였다. 송도고와는 수차례 결승 가는 길목에서 마주해 왔지만, 양문의 코치는 "농구인으로서는 대한민국 농구사에서 오랫동안 존경을 받아야 할 인물"이라며 상대를 인정했다.

그러나 다른 쪽에서는 전규삼에 대한 거부감도 생기기 시작했다. 딱히 건방진 것도 아니고, 피해를 끼친 것도 아니었지만, '다루기 어려운 사람'이라는 인식을 주었기 때문이다. 서운함과 어려운 감정이 쌓이고 쌓여 결국 학교는 이사회를 통해 분위기를 만들었다. "전규삼은 아이들을 지도하기에 너무 늙었다. 나갈 때가 됐다"라고 말이다.

"나이가 들어서 못 가르친다니……. 말이 안 되는 이유였죠. 할아버지 같은 분은 또 없었습니다. 그 시기에 NBA 농구에 가장 근접한 농구를 하는 팀이 바로 송도고등학교였습니다. 앞서간 농구였죠. 시스템이 없는 것 같아 보일지 모르겠지만 그게 바로 할아버지의 시스템이었습니다. 선수들 개인기가 워낙 출중하니까 대학에 가도 주전을 차지하고 성장을 이어 갔죠. 할아버지는 1대1을 잘하면 자연스럽게 팀 농구도 잘된다고 생각하셨습니다. 할아버지는 '고등학교 때 몇 번 우승하는 게 뭐가 중요하냐, 차라리 대학이나 실업에 가서 주전이 되고 스타가 되는 것이 중요하다'는 생각이셨습니다. 농구를 지도하는 데 탁월한 것만 아니라 아이들도 정말 친자식, 친손자처럼 여기셨어요. 지금도 생각나는데, 어느 날이었습니다. 분명 다들 잘 시간인데 소리가 들려서 나가보니 아이들 자는 동안 할아버지가 선수들 농구화를 깨끗하게 닦고 있더군요. 그때는 저 스스로도 느낀 점이 많았습니다. 이런 분을 어떻게 내쫓을 생각을 합니까." 정봉섭은 이렇게 말하며 당시 학교 측이 전규삼에게 가한 행동을 비판했다.

'전규삼 경질'이란 말이 처음 나온 건 1988년 여름이었다. 경질 이야기를 하기 위해서는 그 이전 2~3년의 분위기부터 짚고 시작해야 한다. 당시는 언론에서 전규삼의 제자 강동희를 두고 '강동희의 시대가 왔다'라는 헤드라인으로 대서특필하던 그 시기였다. 언론에서는 강동희의 선전을 조명하면서 유희형과 서상철, 김인진, 김동광, 이충희, 정덕화 등 전규삼 밑에서 성장한 스타들의 이름도 함께 열거했다. 그 정도로 역사와 전통이 깊은 학교였고, 그 중심에 전규삼이 있었다는 것을 강조하기 위함이었다. 이에 앞서 1986년 7월에는 서동철과 신동재의 활약으로 제22회 쌍용기 쟁탈 고교 농구 대회에서 우승했다.

잠시 이 대회 이야기를 해 보자. 송도고가 전국 대

회에서 우승한 것은 1983년 동대 총장기 이후 처음이었기에, 1980년대 송도 농구 역사를 말할 때 빼놓을 수 없는 대회이기도 하다. 무엇보다 정상으로 가는 매 경기가 드라마였다. 첫 날은 서울의 강호, 경복고를 상대로 71-69로 짜릿한 뒤집기에 성공했고, 이튿날 대전고 전도 마찬가지였다. 대전고 전에서 송도고는 81-74로 승리를 거두었는데 이때도 역전승이었다. 후반 중반, 상대 선수 이재열을 5반칙으로 몰아낸 뒤 서동철을 앞세워 경기를 뒤집었던 것이다. 4강 진출을 확정 짓는 과정도 우여곡절이 있었다. 순항하던 송도는 예선 마지막 경기에서 휘문고를 맞아 연장전 종료 1초전, 상대팀 김영주에게 레이업을 허용해 89-91로 대회 첫 패배를 당했다. 송도고는 당시 휘문고와 2승 1패로 동률이 됐으나 승자승 원칙에 따라 조2위로 밀리고 만다. 이는 즉, 반대조 1위 용산고를 토너먼트에서 만난다는 의미였다.

장일이 버틴 용산고는 높이와 수비에서 고교 최강이란 평가를 받아온 팀. 실제로 1985년 쌍용기 우승팀이었고, 1986년에도 춘계대회를 비롯해 나가는 대회마다 입상할 정도였다. 그러나 분위기를 잘 탄 송도고는 빠른 스피드로 용산고 체력을 떨어뜨리면서 66-63, 극적인 이변을 연출했다. 7월 17일 결승전 상대는 휘문고. 연장 접전 끝에 뼈아픈 패배를 안긴 팀이었다. 그러나 두 번 패

249

배는 없었다. 팀내 최장신이었던 강병수가 리바운드에서 힘을 보태고, 서동철과 신동재의 슛이 터지면서 87-72로 승리를 거머쥐었다. 이 우승은 전규삼은 물론이고, 송도고에도 큰 의미가 있었다. 쌍용기를 가져온 건 1980년 이후 6년 만이었기 때문이다. 또한 쌍용기 대회 역사만 놓고 돌아볼 때, 송도고의 마지막 우승이기도 했다. 팀의 에이스와도 같았던 강동희가 졸업한 직후임에도 불구하고 정상에 올랐다는 점도 놀라웠다. 하지만 결정권자들에게 이러한 전통과 성과는 아무 의미가 없었다.

1988년 7월 15일, 〈동아일보〉 9면에 '송도고 농구 코치 28년, 전규삼 옹 갑자기 사퇴'라는 기사가 실린다. 기사 내용을 함께 살펴보자. "국내 최고령 농구 지도자였던 전규삼 옹이 14일, 전격 사퇴하며 28년 간 정들었던 코트를 떠났다. 전 옹은 지난 61년부터 송도중고 코치를 맡아 서상철, 유희형, 김동광, 이충희 등 수많은 국가 대표를 키워 왔다. 전 옹은 특히 승부에 집착하지 않고 농구 기본기를 가르치는 데 주력, 진정한 지도자로 추앙받아왔다. 한편 송도 출신 농구 동문들은 전 옹의 갑작스런 사퇴에 놀라움을 표하면서 '곧 회합을 갖고 대책을 협의하겠다'고 말했다."

농구계가 기사를 접할 무렵, 전규삼은 이미 통보를 받고 학교에서 나간 상황이었다. 농구부 코치를 맡은 이래, "아파도 체육관에서 아프겠다"며 체육관에서 이부자리를 펴 놓고 선수들을 가르쳤던 전규삼은 7월 14일, 송도고 이준경 교장으로부터 "송도고 농구를 이어 나가기 위해서는 젊은 코치가 필요합니다. 이제 그만 내려놓으시면 좋겠습니다. 이사회에서 논의된 사항입니다"라는 의견을 전달받고 그 길로 학교를 나왔다. 오후 훈련은커녕 제자들과 작별 인사도 제대로 하지 못한 채였다.

바로 다음날 〈동아일보〉 최화경 기자가 전규삼을 인터뷰했다. 최화경은 1980년~1990년대 〈동아일보〉의 체육 전문 기자로 활동한 인물로 주로 농구를 전담했다. 전규삼은 당시 최화경과의 인터뷰에서 "후배에게 팀을 물려주고 떠날 때가 됐다는 생각은 하고 있었지만 쫓겨나듯 떠나리라곤 꿈에도 생각지 않았습니다. 내가 노인이라는 사실을 새삼 다시 깨닫게 됐습니다"라며 애써 분을 삭였다. 이준경은 경기도 교육 위원회 교육감 출신이었다. 이미 송도고 교장으로 올 무렵에는 정년 퇴임을 한 뒤였다. 송도고는 교육감 출신이 학교에 온다면 더 영향력이 강해질 것이라 봤다. 면학 분위기 조성이나 학업으로 인한 명성을 떨치는 데 긍정적인 영향을 줄 거라 생각했던 것이다. 학교 입장에서는 나쁘지 않은 선택이었다. 게다가 그 역시 개성 출신이었다.

처음에는 함께 북에서 내려왔기에 공감대가 형성

됐다. 그런데 지내다 보니 관계가 이상해지기 시작했다. 전규삼 입장에서는 10살 넘게 어린 고향 후배이니 이준경 교장을 편하게 대했는데, 교장 주변 인물들이 보기에는 이것이 불편했던 것이다. "아무리 우승도 많이 했고, 성과가 좋았어도 어디까지나 일개 코치 아닙니까. 그런 사람이 교장선생님께 반말이라니요." 이는 누군가 이야기하지 않아도 이준경 역시 느끼고 있던 부분이었다. 딱히 의견 충돌이 있었던 것은 아니지만, 학교 밖에서라도 '준경이'라고 불리는 것이 싫었다.

그런데 전규삼에 대한 반감은 이준경만이 갖고 있었던 것은 아니었다. 오히려 졸업생들은 신옥철이 교장의 생각에 동의했다는 것을 놀라워했다. 게다가 그는 당시 직위가 교감이었다. 교장이 자르자고 해도 반대할 수 있는 경력과 위치를 가진 사람이었다. 또한, 농구부가 처음 만들어져 전국 체전에서 우승을 차지하고 수많은 스타들을 배출하는 동안, 한 번도 전규삼 곁을 떠난 적이 없었던 인물이 바로 신옥철이었다. 교사에서 농구부장으로 그리고 교감까지 갔던 신옥철에 대해 사람들은 "신옥철 선생이 전규삼 덕을 봤다"고 생각했다. 그러나 송도고 사정에 밝았던 이들은 "행정적인 면에서 할아버지가 덕을 본 부분도 있었을 것"이라고도 말했다.

그렇게 둘이 함께한 지도 수십 년. 아무리 돈독한

사이라 할지라도 충돌이 없을 리 없었다. 비록 직접 농구를 한 적도 없고, 가르쳐 본 적도 없었지만, 오랜 시간 농구부장으로 지내다 보니 신옥철도 농구에 대한 지식이 깊어져 갔다. 전규삼과의 마찰이 생긴 것도 그 때문이었다. 언젠가부터 전규삼의 지도 방식이나 농구 스타일이 시대에 맞지 않는다고 생각한 것이다. 마침 전규삼의 나이도 70대에 접어들면서 점점 훈련에 직접적으로 관여하는 시간이 줄고 있었다. 훈련 내용도 같았다. 그래서인지 졸업생들은 "그 무렵 할아버지와 신옥철 선생의 관계가 잠깐 좋지 않았다"고 돌아봤다. 우려대로 일이 터지고 말았다. "이럴 바에는 차라리 좀 더 젊은 사람을 데려오는 것이 좋겠습니다." 각기 다른 응어리를 품고 있던 교장과 교감은 이사회를 통해 그렇게 뜻을 모았다. 전규삼이 '쫓겨나듯' 송도고 교문을 나오게 된 배경이었다.

제21화

할아버지를 위한 메모

1983년은 송도 농구사에 있어 가장 중요한 해 중 하나다. 송도 중학교와 송도 고등학교가 분리된 해였다. 오랜 공사 끝에 송도고는 1983년 3월 2일, 지금의 옥련동에서 새롭게 역사를 시작한다. 이는 농구부에게도 중요한 일이었다. 유희형과 서상철, 심욱규 등의 부탁으로 농구부를 지도한 이래 전규삼은 단 한 번도 중학교와 고등학교를 떨어뜨려 놓지 않았기 때문이다. 대회가 있을 때는 지도 교사가 농구부를 인솔했지만, 기본적으로 모든 커리큘럼은 전규삼 지도 아래 이뤄졌다. 그러나 몸이 두 개가 아닌 이상 이제는 불가능했다. 중학교는 중학교대로, 고등학교는 고등학교대로 훈련이 필요했기 때문이다. 그리 가까운 거리도 아니어서 하루에 수시로 왔다 갔다 할 수도 없는 노릇이었다. 결국 전규삼이 고등학교를 맡기로 하고, 1967년 졸업생 김진태가 중학교 코치를 맡았다. 김진태는 유희형, 서상철의 동기였다. 나름대로 송도의 산증인 중 하나였던 것이다. 박재수는 "오늘날로 따지면 헤드 코치 밑에 A코치(어시스턴트 코치 ; 헤드코치를 도와 훈련을 진행하고, 선수들을 관리한다)를 한 명 더 둔 셈이라 보면 됩니다"라고 설명했다. 1983년은 강동희가 고등학교에 진학하던 해였다. 강동희는 "고등학교 1학년 올라갈 때부터 학교가 나뉘어졌습니다. 그때는 매일 수업을 마치면 모여서 답동 중학교 체육관에 가서 운동을 했어요"라고 돌아봤다.

그러나 체육관이 완공되고 자리가 잡히면서 한 학년 아래인 김지홍, 서상철, 신동재는 또 다른 기억을 갖게 된다. "저희부터는 주중에는 고등학교에서 훈련을 하고, 주말에 중학교로 내려갔습니다. 주말에는 중, 고등학생들이 다 같이 훈련을 했지요." 김지홍의 말이다. 1969년생인 김지홍은 서동철, 신동재와 같은 해에 졸업해 고려대에 진학했으며 선수 생활은 현대전자에서 했다. 신동재는 다른 기억보다 "그때는 건물이 없어서 인천 앞바다까지 보일 정도였다"라고 말했다. 1973년생 정재훈도 그때를 기억하고 있었다. "제가 중학교 1학년 때 김지홍, 서동철 등 선배님들이 고3이었어요. 주말마다 학교로 내려오셨던 기억이 납니다. 그때만 해도 선후배 질서는 그래도 체계가 잡혀 있어서 장난을 치거나 그렇게 대하진 못했지만, 할아버지께서 주말마다 중, 고등학교 섞어서 5대5 연습 경기를 많이 시키셨어요. 3팀, 4팀 많게는 6팀까지 만들었는데, 경쟁에 불이 붙어서 정말 재밌었습니다."

이는 저학년들의 실력 향상에 영향을 주었다. 매주 자기보다 크고 힘 좋은 고등학생들과 경기를 하게 되니, 맞붙어 이기는 법도 연구하게 된 것이다. 고학년들의 경우도 지면 망신이라는 생각에 더 힘을 냈다. 한마디로 선순환이었다. 시간이 지나면서 전규삼이 고등학교 체육관에서 머무르는 시간이 줄기 시작했다. 그 이유는 다름 아닌 '나이'와 '체력' 때문이었다. 송도고는 옥련로를 따라 옥련터널 쪽으로 올라가는 길에 위치해 있었다. 올라가는 길은 말 그대로 언덕이었다. 취재차 몇 차례 방문했던 송도고는 길이 잘 정리되어 있음에도 불구하고 걸어 올라가는 것이 부담스러울 정도로 경사도 제법 있었다. 내려오는 길에는 이런 생각도 해봤다. '겨울에 한번 미끄러지면 끝나겠군.' 농구 전문 잡지 〈점프볼〉에서 아마추어 농구 전문 기자로 15년째 근무 중인 한필상 기자 역시 "겨울에 길이 한번 얼어 버리면 답이 없었어요. 급경사 도로잖아요. 염화칼슘을 뿌려도 소용이 없을 때도 있었습니다. 아예 염화칼슘 자루가 미끄러져 내려오는 것을 본 적도 있습니다"라며 혀를 내둘렀다. 그러니 막 길이 생긴 35년 전에는 오죽했을까. 지금은 버스 정류장이 중간에 있어 그리 힘들지 않지만, 초창기만 해도 '벌판' 그 자체였다. 비가 오는 날이면 신발과 양말이 젖기 일쑤였고, 눈 오는 날에는 빙판이 따로 없었다. 김지홍은 "버스에서 내리면 150m쯤 올라갔습니다. 칼바람이 장난 아니었죠. 몸 푼다고 생각하고 올라가다가도 추워서 몇 번이나 옷깃을 여미었던 기억도 있습니다"라고 돌아봤다. 김지홍은 이어 "그러니 할아버지는 오죽했겠습니까. 정말 추웠을 텐데, 매일 제 시간에 체육관에 나오셨어요. 그때는 학교 주변에 건물이 없다 보니 체육관 창문에서 보면 할아버지가 언덕을 올라오시는 게 보였습니다. 노인이시다 보니 빠른 걸음으로는 못 오셨거든요. 그래서 놀다가도 할아버지가 시야에 들어오면 '야, 할아버지 오신다'라며 다들 허겁지겁 운동 준비를 했습니다"라며 전규삼과의 추억도 들려줬다. 그러나 아무리 농구가 좋고, 열정이 뜨거워도 결국 나이와 세월은 이기지 못했다. 전규삼이 주말 훈련 장소로 답동 송도 중학교를 선호했던 것도 이 때문이다. 송도 중학교는 버스 정류장이 교문 바로 근처에 있어 이동이 수월했다. 그렇다면 전규삼이 고등학교에서 선수들을 가르치는 동안 중학교는 어떻게 했던 것일까. 혹시나 훈련 내용이나 방식이 다르진 않았을까. 정재훈은 "선생님도 할아버지 제자셨습니다. 전통이 있다 보니 그 밑바탕은 전혀 다르지 않았어요. 저희가 배우는 것은 고등학생 형들과 크게 다를 것 없었습니다"라고 말했다. 실제로 송도고 출신 지도자들의 지도 방식은 비슷했다. 굉장히 자율적이었고 창의성을 강조했다. 할아버지의 영향인지 폭언과 폭력도 존재하지 않았다.

　　대표적인 학교가 송림초였다. 오늘날에는 송림초-송도중-송도고가 하나의 진학 코스처럼 엮여 있다. 자연스럽게 송도중·송도고 출신들이 송림초에 가서 지도자로 시작하는 경우도 있다. 신종철이 대표적이다. 기아 자동차 원년 멤버였던 그는 은퇴 후 모 기업에서 일반 사원으로 근무하다 송림초 코치로 부임했다. 2012년에는 전국 소년 체전만 준우승하고, 출전했던 다른 3개 대회에서 우승을 차지했다. 당시 신종철은 "할아버지가 가르쳐 주신 대로 기본기만 시켰더니 다 되었습니다"라고 말했다.

수원 매산초에서 코치 생활을 시작했던 심상문도 2011년 KBL 총재배 농구 큰 잔치 우승을 이끈 뒤 "할아버지 방식대로 아이들을 지도했습니다. 그게 제 철학입니다"라고 말했다. 한때 전규삼을 모셨으며, 지금은 지도자 자리에서 은퇴해 이태원 초등학교에서 다문화 어린이 농구단 '글로벌 프렌즈'를 이끌고 있는 송기화도 "그 나이 어린이들은 재미있게 기본기를 반복할 수 있도록 해 주는 것이 중요합니다. 저희 팀 애들은 저마다 부모님 국적이 다릅니다. 15개국이나 되지요. 이 아이들이 하나가 될 수 있었던 건 농구였어요. 지루할 때는 술래잡기도 해 보고, 종종 자유투 라인에서 훅슛도 던져 보는 등 다양한 동작을 유도하고 있습니다. 할아버지 영향이지요. 제가 어렸을 때 할아버지 동작을 보면서 '와~'했는데 이제는 이 아이들이 저를 보며 그러고 있습니다"라며 껄껄 웃었다.

이처럼 전규삼이 제자들에게 끼친 영향은 지대했으며, 실제로 성적으로도 이어지니 당연히 송도에는 누가 오든 그 방식을 따르는 것이 당연하다고 생각했다. 정재훈도 "지금 제가 한양대 감독을 맡고 있습니다. 아이들을 지도하다 보면, 그리고 스카우트 때문에 여러 고등학교 농구부를 가서 보면 '아~ 이래서 그리 하셨던 거였구나'라는 것을 느끼게 됩니다. 할아버지는 기본기나 인성 등 다방면에서 깊게 관여하셨는데, 그때는 잘 몰랐지만, 지금은 왜 그랬는지 알 것 같은 그런 부분이 많았습니다"라고 말했다. 그러나 제자들이 깨닫고 당연하게 여긴 것을 학교 측은 당연하지 않다고 봤다. 전규삼의 기동력이 떨어지니 쇄신이 필요하다고 본 것이다. 1986년 송도 고등학교는 농구부장으로 강식선을 임명했다. 강식선 역시 전규삼의 제자로, 김동광의 4년 후배이기도 했다. 1973년 졸업해 고려대와 산업은행을 거쳐 1986년 은퇴했는데, 신옥철 교감은 그를 농구부를 총괄하는 부장으로 고용했다. 여기서 또 그림이 이상해졌다. 아무리 코치의 역할이 막중해도, 학교라는 '조직'의 구성도를 보면 결국 농구부장이 상사이고, 코치는 직원일 수밖에 없다. 한마디로 제자 강식선이 전규삼의 상사가 되는 모양새였다. 전규삼은 사실 개의치 않았다. 이 글을 쓰면서 만나고 통화한 제자들은 하나같이 "선생님(혹은 할아버지; 시대에 따라 호칭은 다 달랐다)은 자기가 받는 월급보다 제자들이 얼마를 받느냐를 더 신경 쓰셨습니다"라고 입을 모았다. 신동재 역시 "제가 3학년일 때, 3학년 어머니들끼리 3,000원씩 매달 걷어서 통장을 만들어드리자고 한 적이 있어요. 그런데 할아버지께서 '이걸 왜 나한테 주냐'며 거절하셨다는 거예요. 자기는 학교에서 나오는 20만 원만 있으면 된다면서 중, 고등학교에 자기보다 못한 코치들이 많으니 거기에 써 달라고요"라며 거들었다. 이런 일화를 보면 전규삼이 자기보다 높은 직급에 제자가 온다고 불편해할 사람은 아니었음을 알 수 있다.

전규삼 경질을 최초로 보도했던 〈동아일보〉 최화경 기자에게 강식선에 대해 묻자 "제가 취재할 무렵에는 경기 끝나고 장충동에서 술을 마실 때면 항상 강식선 씨가 선생님을 옆에서 보필했습니다"라고 말했는데, 이를 미루어 볼 때 두 사람의 관계는 결코 나쁘지 않았음을 유추할 수 있다. 다만, 학교와 전규삼의 사이가 벌어지면서 결국 학교에 고용된 입장이었던 강식선도 자연스럽게 불편해질 수밖에 없었다. 적지 않은 제자들이 둘의 관계가 나빠지고 있음을 감지했기 때문이다. 전규삼이 해고될 때도 마찬가지였다. 박재수는 그 당시 학교 측 입장에 대해 이렇게 설명했다. 그는 스승 전규삼을 누구보다 존경하고 따랐지만, 다른 한편으로는 교사로 근무하는 입장이었기에 학교에서 나오는 불만에 대해서도 이해하고, 또 되도록 전규삼을 보호하고자 애썼던 인물이었다. "사실, 중학생들이 고스톱을 치는 것에 대해 모두가 좋게 본 것은 아니었습니다. 교감이셨던 신옥철 선생님은 그 시간이 아깝다고 봤던 것 같습니다. 저는 그때 운동에 직접적으로 관여를 하지 않았기에 직접 말을 들은 것은 아니지만, 건너서 듣기로는 이 부분에 대해 불만스럽게 이야기하셨다고 합니다. 다른 한편으로는 김진태 씨를 A 코치로 쓰고 있고 실질적으로 이 분이 훈련을 지도하는 시간도 늘고 있었으니 학교 입장에서는 굳이 두 명이나 두고 있을 필요가 있느냐는 말도 나올 수밖에 없었습니다. 한마디로 할아버지에게 돈을 드리는 것이 아깝다는 것이었죠. 따지고 보면 정식 교사도 아니었으니까요."

해고 통보를 받은 다음 날인 7월 15일, 전규삼은 습관적으로 오후 2시에 맞춰 몸을 움직이고 있었다. 송도고 선수들이 정규 수업을 듣고 체육관에 몸을 풀려고 나오는 시간이었다. 버스에 내린 뒤 언덕을 바라보자 전규삼은 그제서야 깨달았다. '아, 나는 여기 오면 안 되는 거였는데……' 인사라도 하고 나올까 했지만 일을 키우게 될까 싶어 전규삼은 그대로 가던 발걸음을 되돌렸다. 일본에서 돌아온 이후 자신의 거의 모든 일생을 바친 학교였고, 자는 시간을 제외하면 한시도 놓쳐 본 적이 없는 '농구'였는데 이대로 물러나게 된 것이 씁쓸했다. '언젠가 좋은 후배에게 물려주겠다고는 했지만 이런 식은 아니었

는데'라며 말이다. 그러나 그 씁쓸함은 오로지 전규삼만
이 느꼈던 감정은 아니었다. 〈동아일보〉에 기사가 나간
다음 날, 전규삼을 알고 있는 모든 농구인들과 학부형들
이 목소리를 내기 시작했다. 그 시작은 중앙대였다. 지금
은 안성에 체육관을 두고 있지만, 그 시기만 해도 중앙대
는 서울 본교 체육관을 사용하고 있었다. 정봉섭은 훈련
을 시작하기 전에 신종철을 비롯한 송도 출신 선수들에
게 말했다. "송도 출신들은 학교에 큰일이 났으니 지금 얼
른 가 봐라. 나도 곧 따라갈 거다." 전규삼이 나가게 됐다
는 소식을 듣자 신종철은 곧바로 행동에 옮겼다. 송도 출
신들은 신종철에 대해 '성격이 불같던 사람'이라고 표현했
다. 실제로 그는 동문들을 모으고, 재학생들을 집합시켜
농성에 돌입했다.

그는 나와의 전화 인터뷰에서도 스스로 이 '수습
활동'을 '주동'했다고 말했다. "제가 주동했습니다. 평생을
농구에 몸을 바치신 분이잖아요. 이 학교가 누구 때문에
유명해졌는데, 나이 들었다고 그렇게 무심하게 자른다는
것 자체가 말이 안 된다고 생각했어요. 그렇게 하면 안
되는 거 아니겠습니까?" 30년도 더 지난 일이지만, 휴대
전화 건너로 들려오는 신종철의 목소리는 여전히 단호했
다. 안암동에 있는 고려 대학교 체육관에서도 난리가 났
다. 신동재는 그 순간을 생생히 기억하고 있었다.

"박한 감독님께서 오시자마자 '송도! 너희들 뭐 하는 새끼들이야!' 그러시더라고요. 할아버지 물러나신 것도 모르고 있었냐는 거죠. 큰일 났다고. 학교로 빨리 가라고. 그 말도 기억나요. '할아버지 문제 해결될 때까지 내 얼굴 볼 생각도 하지 말라'고요. 박한 감독님이 할아버지를 많이 따른다는 건 알고 있었죠. 감독님이 '거기는 할아버지가 계실 자리'라면서 저희를 내보내 주셨어요. 그래서 대학 중이던 동문들이 운동장에 모였죠. 데모 아닌 데모를 했습니다."

같은 시각, 유희형, 김동광, 정태균 등 졸업생들도 연락을 받고 송도고로 향했다. 이미 학교에서는 재학 중인 선수들은 물론이고, 학생회에서도 행동을 개시하고 있었다. 대자보를 쓰고, 전규삼 해고를 반대하는 서명운동도 시작됐다. 학부형들은 "고생이 많다"며 간식을 준비해 제자들이 모여 있는 체육관에 가져다주었다. 신문 기사가 나간 지 이틀 만인 7월 16일의 분위기였다. 덕분에 전규삼의 생일날조차 그가 한사코 거부해 이루어지지 않았던 '대동문회'가 성사됐다. 전규삼의 해고는 단순한 코치 한 명의 해고가 아니었던 셈이다.

265

제22화

전규삼이
만드는 세상

한국 농구 역사에 기록된 국내 최고령 농구 감독은 전규삼이 아닌 장갑진이었다. 서울대 농구부 감독이던 장갑진은 1962년 팀을 맡아 2012년 겨울 88세의 나이까지 팀을 이끌었다. 55살만 넘어도 '베테랑' 혹은 '고참' 소리를 듣는 요즘 한국 프로 농구 풍토를 생각해 보면 그야말로 경이로운 기록이다. 프로까지 갈 필요도 없다. 아마추어 농구만 봐도 환갑을 넘기면 '세대 차이'를 논하며 대놓고 불편한 기색을 드러내는 이들이 많았다. 그저 꼰대 소리 듣지 않으면 다행일 정도였다. 장갑진은 2부 리그에 속한 서울대 농구부가 계속 열심히 해야 할 이유를 만들어주고, 이를 행동으로 옮기게끔 리드한 인물이었다. "감독님은 농구를 왜 열심히 해야 하는지를 말씀해주셨어요. 선수들이 농구 속에서 삶을 발전시켜 가길 바랐죠. 단순히 이기고 잘하는 것을 떠나 인생을 배우고, 삶을 찾길 바라셨어요." 배우 박재민의 말이다.

1983년생인 박재민은 서울 대학교에서 체육교육학과 경영학을 전공했다. 당시 농구부원으로도 활동하며 '진짜 농구'를 배웠다. 즉, 취미활동이 아니라 대한민국 농구 협회에 정식 선수로 소속되어 경기에 나선 것이다. 2부 리그이긴 했지만 그렇다고 '진지함'까지 2부는 아니었다. "선생님으로부터 들었던 가장 인상적이었던 말이 있습니다. '지는 일은 있을 수 있다. 그러나 질 수밖에 없을 때는 멋있게 져라.' 서울대는 엘리트 농구부원과는 거리가 멀었어요. 우리가 상대하는 팀들은 모두 초중고부터 농구만 하던 친구들이 많았죠. 선생님께서는 '쟤네는 꾸준히, 열심히 운동을 해 온 이들이다. 우리가 쟤네를 이기겠다는 것은 욕심일 수도 있다. 단지 나는 최선을 다해 뛰고, 지더라도 박수를 쳐 주고 고개를 숙이지 않았으면 좋겠다'고 용기를 주셨습니다. 그 말이 아직도 제 삶을 움직이고 있습니다."

장갑진은 2020년 2월에 노환으로 작고했다. 장례는 가족들 의사에 따라 조용히 치러졌지만, 마지막까지도 제자들이 찾았을 정도로 존경을 받았다. 박재민은 "외롭지 않게 보내 드리고 싶었습니다. 마지막까지도 제자들과 함께했다는 기억을 남겨 드리고 싶어서 시간이 될 때마다 찾아뵈었죠. 제 인생이 방향을 정하는데 8할 이상의 영향을 주신 분 같아요"라며 그를 그리워했다.

미국에도 이런 인물들이 있다. 세인트 조셉 대학의 짐 캘훈(Jim Calhoun) 감독은 1942년생으로, 미국 대학 농구 역사상 최고령 우승팀 감독(2011년, 코네티컷 대학) 기록을 거머쥐기도 했다. 또 시라큐스 대학을 지도하고 있는 짐 뵈이하임(Jim Boeheim) 역시 1944년생으로 이미 칠순을 훌쩍 넘겼다. 전규삼이 개인기의 중심 농구로 명성을 떨쳤다면, 뵈이하임 감독은 수십 년째 지역 방어 전문가로 수많은 제자와 학자를 배출하고 있다.

장갑진, 짐 캘훈, 짐 뵈이하임 등……. 그들의 제자들은 입을 모아 말한다. 선수 지도에 있어 중요한 것은 '나이'가 아니라고. 상대를 배려하고, 이해하며 서로 간의 감정 간극을 좁히는 공감 격차가 리더십의 가장 큰 화두로 떠오른 가운데, 제자들은 '노장'들이 롱런할 수 있었던 가장 큰 비결은 용병술도, 작전도 아닌 바로 '동기 부여'를 위한 리더십이었다고 말했다. '노장'이지만 더 깊은 지혜가 나올 수 있고, 더 큰 영감을 줄 수 있기에 늘 그 자리에 있을 자격이 있다고 말이다.

이는 1988년 7월. 송도에 모여든 전규삼의 제자들이 이준경 교장에게 하고 싶었던 말일지도 모른다. 〈동아일보〉 기사가 나가자 송도고 교무실 전화기가 쉴 새 없이 울리기 시작했다. 동문부터 시작해 학부모와 농구계, 언론 등이 따지고, 따지고 또 따졌다. 그리고는 하나, 둘 송도고로 모였다. 일반 학생들은 "우리가 할아버지를 지켜야 한다"며 학생회를 중심으로 대자보를 만들어 붙였다. 그간의 업적을 써 내려가며 할아버지를 제 자리로 돌려놓을 것을 요구했다.

'마법의 성'으로 유명한 가수 김광진은 송도 출신의 농구 마니아다. 학창 시절 송도고 선수들의 농구 하는 모습을 보며 농구에 푹 빠졌다. 김광진은 "그 시절 송도를 다녔던 학생이라면 할아버지를 모를 수 없었다"고 돌아봤다. 1990년에 졸업한 김현수(가명)도 "나는 농구부도 아니었지만 우리 학교 농구부가 유명했고, 그 중심에 할아버지라고 불리신 선생님이 있었다는 것은 알고 있었다. 종종 유명한 선수들도 학교에 찾아오곤 했다"고 말했을 정도로 농구 그리고 전규삼은 송도와 떼려야 뗄 수 없는 관계로 여겨졌다. 교장실에는 유희형과 김동광이 들어갔다. 그 당시 유희형은 〈KBS〉에서 농구 해설로 유명했고, 김동광은 중소기업 은행 감독을 맡고 있었다. 농구 경기가 열렸다 하면 온 가족이 TV 앞에 모여들었던 그 시절, 〈KBS〉의 영향력은 절대적이었다. 그 농구 중계의 간판 해설자가 바로 유희형이었으니 학교 입장에서는 위축될 수밖에 없었을 것이다. 김동광은 또 어떤가. 오랜 세월 '혼혈'이라는 설움을 이겨내기 위해 외로이 기 싸움을 해 온 만큼, 기 싸움에서는 누구에게도 밀리지 않았다. 불필요하게 거친 언행 없이 큰 목소리와 말투만으로도 그는 상대를 위축되게 만드는 카리스마가 있었다. 아마도 오랫동안 겪어 온 여러 일로 인해 단련된, '내공'이라 표현할 수 있는 부분이 아니었을까 싶다. 그런 김동광에게 어머니 외에, 아니 어쩌면 가족 이상으로 자기 편이 되어준 첫 번째 인물이 바로 전규삼이었다.

그래서 그는 더 분노를 참지 못했다. 미간이 잔뜩

찌푸려진 채 고성을 내질렀다. 저음의 굵은 목소리가 집무실에 쩌렁쩌렁 울렸다. 부리부리했던 두 눈 역시 위협적으로 느껴졌다. "해임이라뇨. 가당치도 않습니다. 학교가 필요 이상으로 간섭한다고 생각합니다. 선생님이 언제 사심으로 챙기시던 분이셨습니까. 농구부에 남게 해 드려야 합니다." 신종철도 거들었다. "송도고가 누구 때문에 이렇게 유명해졌는데……. 이게 말이 된다고 생각하십니까?"

정태균은 특유의 나긋나긋한 목소리로 교장에게 의견을 전달했다. "변화를 생각하시는 것도 이해는 갑니다. 그렇지만 할아버지는 송도의 역사 그 자체입니다. 그분이 있어서 역사가 만들어졌는데 이런 식으로 내치시는 건 납득할 수 없습니다."

처음엔 '이사회의 뜻'이라며 완강했던 이준경 교장도 당황하기 시작했다. 생각 이상으로 일이 많이 커졌고, 졸업생들의 대응 역시 강경했던 것이다. 생각해 보라. 아무리 교장이라고 해도 눈앞에 190cm가 넘는 거구들이 우르르 몰려와 자신의 결정에 항변하고 있다면 주눅이 들 수밖에 없었다. 그것도 TV에서 늘 나오던, 한 마디 한 마디가 매스컴으로 옮겨지는 이들이었으니 말이다. "선생님이 계속 가르칠 수 있게 해 주십시오." 유희형이 마지막으로 한 번 더 청을 전했다. 밤늦은 시각에도 체육관에

272

는 동문들이 오고 있었다. 심지어 중앙대 정봉섭도 일과를 마치고 함께 섰다. 그는 나와의 전화 통화에서 이렇게 말했다. "애들부터 보내 놓고, 저도 따라가서 밤늦게 같이 운동장에 서 있었습니다. 그거는 어떤 게 옳은 건지 확실한 일이었으니까요." 농구 스타들의 항의는 다음날 오전까지도 계속됐다. 교무실 전화통도 불이 났다. 문의와 항의가 뒤섞였다. 이쯤 되니 학교도 부담이 될 수밖에 없다.

결국 이준경 교장과 신옥철 교감은 5일 만에 해고 제안을 철회했다. 7월 19일, 이사회를 통해 없던 일로 하기로 했다. 그리고 바로 다음날인 7월 20일. '全奎三(전규삼)옹 松都高(송도고) 농구코치 계속 맡기로'라는 제목의 기사가 〈동아일보〉 11면에 실렸다. "농구부 때문에 학교 전체가 시끄러워지는 것은 아무도 원치 않습니다. 이사회에서 전규삼 씨에 대한 모든 논의를 백지화하기로 결정했습니다. 그만합시다." 이준경 교장은 질렸다는 듯 손사래를 쳤다. 복직은 일사천리로 결정됐다. 전규삼이 만든 농구 세상이 그렇게 그를 수렁에서 건져냈다.

"그러면… 할아버지께서는 제자들에게 고맙다고 연락이라도 주셨나요?" 나는 '주동자'를 자처했던 신종철에게 조심스럽게 복직, 그 이후를 물었다. "에이……. 할아버지 성격상 그런 말씀은 또 쉽게 못 하셨을 겁니다. 그리고 우리들 중 누구도 그런 걸 바라지 않았을 거예요. 그냥 당연히 할 도리라고 생각하고 갔던 거였으니까요." 제자들은 전혀 서운해하지 않았다. 오히려 '할아버지'라 모셨던 송도고 대부의 무사 귀환을 기뻐했을 뿐이다. 전규삼은 그런 제자들에 대해 이렇게 말해왔다. "어디서든 잘해 주기만 하면 됩니다. 다른 거 다 필요 없습니다. 꼭 농구가 아니어도 되니까, 성실하게 사는 모습만 보여주면 됩니다. 그걸 보는 게 제 삶의 기쁨입니다." 제자들이 막아 낸 해고 소동은 그렇게 자나 깨나 제자 생각만 했던 전규삼의 오랜 결실이었다. 자식처럼, 손자처럼 돌봤던 그 진심이 전해진 것이었으니, 이보다 더 든든할 수도 없었을 것이다. 한편, 분명 학교로부터 버림을 받을 뻔했다는 사실에 대한 마음의 상처는 남았을 지도 모른다. 고향 대신 '집'처럼 생각하고 모든 걸 다 바쳐 이룩한 그 세계관이 예전 같을 수 없다는 것을 직감했을 것이다.

해고 소동 이후 일상으로 돌아간 송도고는 그 스타일을 그대로 유지해 나갔다. 당시 송도고는 2학년 가드 홍사붕, 3학년 심상문과 김광은 등이 이름을 떨치고 있었다. 1989년 6월, 잠실 학생 체육관에서 열린 제14회 협회장기 남녀 중고 농구 대회에서는 4강에 진출하기도 했다. 비록 4강전에서 마산고의 '예비 스타' 김영만에게 26점이나 내주면서 58-70으로 패배했지만 앞서 가진 대구

계성고와의 경기에서는 90점이나 뽑아내는 특유의 속공 농구로 '역시 전규삼', '역시 송도'라는 찬사를 받기도 했다.

그러던 어느 날, 전규삼은 뜬금없이 제자 박재수를 불러 고등학교 코치를 그만두겠다고 말을 한다. "할아버지가 어느 날 저를 부르셨어요. 제가 그 일(해고 소동) 있고 나서 1년 뒤쯤 중학교에서 고등학교로 올라왔거든요. 제게 대뜸 '이제는 집에서 왔다 갔다 하는 게 너무 힘들어. 언덕 오르락내리락하는 것도 벅차고……. 이제는 나 중학교로 내려가고 싶네. 거기가 다니기 편해'라고 말씀하셨습니다."

학교 주변이 이제 막 개발될 시기였기에 아무리 운동을 꾸준히 해 왔다고 해도 칠십 대 고령이 걸어서 오르내리기에는 쉽지 않았던 것이 사실. 그러나 박재수는 그게 전부는 아닐 것이라 추측했다. "할아버지 입장에서는 심경의 변화가 있으셨던 것 같습니다. 또 언젠가는 제자들에게 자리를 물려주고 싶다는 생각도 말씀하셨고요"라며 실질적으로는 '여러 복합적인 사유를 들어 스스로 내려놓았다'고 해석했다. 그렇다면 학교 분위기는 어땠을까. 어찌 보면 '전설'이 기 싸움에 밀려 내려온 셈이었는데, 큰 동요는 없었을까. 당시 제자들은 아예 느끼지 못했다고 입을 모았다. "할아버지는 제가 중학교 3학년

275

때 내려오셨습니다. 사실 크게 달라질 것은 없었어요. 늘 해왔던 대로 훈련을 했죠. 주말이 되면 고등학생 형들이 내려오는 것도 똑같았죠. 학생이긴 했지만 분위기나 공기가 특별히 달라졌다는 것도 느끼진 못 했습니다." 정재훈의 말이다.

정재훈의 2년 선배였던 가드 홍사붕 역시 공기의 흐름에는 변화가 없었다고 말했다.

전규삼도, 제자도 거의 달라진 것을 못 느꼈지만, 유일하게 달라진 공기에 힘들어한 인물이 있다. 바로 전규삼 대신 송도고 지도를 맡은 박재수였다. 그의 입장에서는 굉장히 '뜬금없는' 변화였다. 그동안 운동부에 일절 관여하지 않았기 때문이다. 박재수는 당시를 이렇게 돌아봤다. "수업하고 학교 끝나고 체육관 가서 훈련시키고, 대회에 나가고를 반복했습니다. 제가 뭐 따로 배운 건 없었습니다. 그냥 할아버지 하시던 대로만 따라 했죠. 배운 거라고는 그것뿐이었으니 말입니다."

그러나 박재수가 제일 힘들었던 건 농구를 가르치는 것도 아니고, 교사와 코치를 병행하는 것도 아니었다. 바로 전규삼의 중학교행을 '좌천'으로 여긴 주변 시선이었다. "경기장에 가면 어느 정도였냐면, 저를 두고 '저 놈이 선생님 쫓아낸 놈이다'라고 수군거리는 게 들렸을 정도였습니다. 하도 답답해서 학교 측에 전문 농구코치를 고용했으면 좋겠다는 말까지 했습니다." 1965년부터 1989년까지 한결같이 자리를 지켜오던 전규삼이 떠난 뒤 송도고 코치의 자리는 그때부터 수차례 바뀌었다. 전규삼의 철학을 물려받아 그 색깔이 유지되긴 했지만, 이런저런 문제로 공석이 생길 때마다 박재수가 '대타'로 코치를 맡은 것만 세 번이었다.

비로소 2002년, 프로에서 은퇴한 최호가 코치를 맡으면서 송도고는 2020년 현재까지 분위기를 잘 이어올 수 있었다. "할아버지 같은 사람이 되는 것이 꿈"이라는 최호 코치는 "제 꿈은 꾸준히, 송도와 같이 가는 것입니다. 착실히 생활하면서 좋은 결과를 얻고, 아이들과 함께 꿈을 키우는 지도자가 되고 싶습니다"라고 말했다.

제23화

몇십년 전의
스킬 캠프

"미국 농구 같았다." 전규삼이 송도중, 송도고에서 구현한 농구를 물어볼 때면 모두가 빼놓지 않는 말이었다. 중앙대 '대부' 정봉섭은 전규삼의 농구를 이렇게 설명했다. "빠르게 속공으로 넘어가서 3점슛을 던지고, 재미난 동작으로 장신 선수들을 속이고 슛을 던지는 게 오늘날 세계 농구의 추세라고들 합니다. 요즘에는 미국 농구를 쉽게 보니까 그런 동작들이 익숙하지 않습니까? 그런데 생각해 보면 그때 할아버지가 선수들한테 시키셨던 것이 바로 그런 농구였어요. 할아버지는 1대1이 완성되면 팀 플레이는 자연스럽게 만들어진다고 보셨던 겁니다."

유희형도 같은 말을 했다. "NBA에서 뛰고 있는 제임스 하든(James Harden)이나 스테픈 커리(Stephen Curry)가 사용하는 스텝을 우리도 배웠어요. 대한민국에서 훅 슛이라는 걸 제일 처음 가르친 양반이 우리 할아버지셨죠. 제일 작은 사람이 210cm가 넘는 선수들이 쓰는 기술을 대한민국에서 제일 먼저 가르친 겁니다. 신기하지 않습니까? 하하." 1990년대 농구 대잔치를 휘어잡은 '허동택(허재 강동희 김유택)' 트리오의 김유택 역시 "뭐 저런 농구가 다 있나 싶었습니다"라고 말했고, 1980년대 송도고와 토너먼트에서 자주 만나왔던 용산고의 양문의 전 감독은 "우리 팀(용산고)은 키 큰 선수가 많지 않아서 체력과 프레스 수비(press defense ; 보통 수비보다도 더 밀착하여 상대방 움직임을 압박하는 수비)로 승부했습니다. 체력을 기르려고 남산을 미친 듯이 달렸죠. 그런데 송도고는 드리블도 하지 않고 패스만으로 휙-휙 넘어와요. 그래서 우리 선수들이 정말 애를 먹었던 기억이 있습니다. 송도고를 만나면 고생했어요"라고 돌아봤다. 이런 창의적인 농구로 진화하기 위한 전규삼이 택한 방식은 기이했다. 한 동작을 몇 년이고 반복했다. 중학교 1학년부터 고등학교 3학년까지 똑같은 동작을 지겹게 따라 했다. 그러다 보니 처음 할 때는 어설펐던 선수들도 나중에는 '도사'가 되어 있었다. 때로는 전규삼이 없어도 선배들이 똑같이 가르칠 정도였다. 어느 학교에서도 볼 수 없는 방식이었다.

돌이켜 보면 그가 처음 지휘봉을 잡았을 때부터 늘 그랬다. 1971년에 졸업, 1991년에 전규삼을 이어 학교를 지도한 송기화는 전규삼이 이처럼 창의적인 마인드를 갖게 된 것은 미국 농구를 일찍 그리고 자주 접한 덕분일 것이라 봤다. 지인 덕분에 근처 미군 부대 출입이 비교적 잦았고, 미군들의 농구를 직접 보면서 다른 사고를 갖게 되었을 것이라 본 것이다. 여기서 들고 나오는 미국 신문, 잡지도 도움이 됐다. 송기화도 할아버지 덕분에 카림 압둘-자바(Kareem Abdul-Jabbar)나 월트 채임벌린(Wilt Chamberlain) 등 1960~1970년대를 주름잡은 센터들의 화보를 본 적이 있다고 했다. 전규삼은 그 사진을 몇 번이고 집중해서 봤을 것이다. 그리고 자연스럽게 동작이 나올 때까지 뭐가 필요할지, 어떤 훈련이 필요할 지 연구했을 것이다.

1991년에 송도중에 입학한 이현준은 중학교에서 전규삼으로부터 농구를 배웠다. 이미 전규삼이 고등학교에서 내려온 지 꽤 된 시점, 나이로 따지면 팔순이 몇 년 안 남은 시기이기도 했다. 그런데도 이현준은 "할아버지가 시범도 잘 보이시고 설명도 기가 막히게 잘하셨다"고 말했다. "저희를 모아 두시고 '이렇게 하면 되는거야'라며 말로 설명을 해 주셨어요. 할아버지는 '서울 농구'처럼 안 해도 된다고 하셨어요. 왜 있잖아요. 모든 동작이 정확해야 하고, 모험을 하다가 실수하면 안 되는 그런 것보다는, 뭐 하나를 하더라도 다양하게 시도를 해 보라고 권장하셨죠. '앞으로 주다가 안 되면 뒤로 주면 되잖아?'라고 말이죠." 이현준이 중학생일 때, 고등학교 선배 정재훈도 주말마다 송도중에 내려와 같이 훈련했다. 정재훈은 "3점슛 라인에서 훅슛 던지기를 연습시키셨어요. 지금 생각해 보면 정말 웃긴 거죠. 그런데 말이 안 되는 훈련은 또 아니었어요. 시간에 쫓길 때 그런 동작을 사용해서 슛을 넣었으니까요. 다리 사이로 빼서 레이업(between the legs layup)도 해봤고요. 할아버지만의 코스가 있었습니다. 그게 매일 반복됐어요. 배운 다음에는 연습 경기에서 쓰도록 하셨고요"라고 말했다. 이는 미국 농구의 스킬 캠프(skill camp)와 비슷하다. NBA는 2000년대 들어 농구의 세계 보급을 위해 아프리카, 유럽, 아시아 등을 돌며 농구 캠프를 개최했다. 드리블부터 시작해 다양한 기본기를 가르쳤다.

나는 2007년부터 2015년까지 한국을 비롯해 일본, 미국 등 다양한 나라에서 진행된 캠프를 취재해 왔다. 당시 캠프 코치들은 센터들에게도 드리블 훈련을 시켰고, 가드들에게도 스크린을 거는 연습을 시켰다. 그리고는 훈련 뒤 2~3번의 연습 경기를 통해 선수들이 그 기술을 써먹도록 장려했다. "해 봐야 내 것이 된다"는 것이 그들의 철학이었다. 단, 실수는 해도 되지만, 배울 때 제대로 집중해서 배워야 한다는 것이 캠프의 목적이었다. 한국의 몇몇 지도자들은 이런 미국의 방식을 싫어했다. 겉멋만 들어서 어설프게 따라 하다가 경기에 악영향을 준다는 것이었다. 그들은 오히려 경기에 도움이 될 수 있는 전술을 더 배워 오길 바랐다. 괜히 심판에게 걸려서 바이얼레이션 선언을 받을 바에는 확실히 쓸 수 있는 것을 눈으로 보고 오길 기대했다. 그 기술이 자기 것이 되도록 장려하고 기다려 주진 않은 채 말이다. 한 코치는 대놓고 '놀고 오는 캠프'라고 비하하기도 했다. 정작 그들에게는 그런 기술 하나 제대로 가르칠 노하우도 없었다.

전규삼은 어떤 기본기이든 탄탄하게 익히고 중, 고등학교를 마치길 바랐다. 그러면 대학에서 감독들이 전수하는 고급 기술까지 쉽게 수용할 것이라 믿었다.. 그러나 여기서 한 가지 의문이 생긴다. 분명 30년 넘는 세월 동안 전규삼은 자신의 훈련 방식으로 수많은 국가 대표를 만들어냈고, 팀을 정상에 올려놓았다. 1988년 7월 14일, 전규삼이 늙었다며 해고를 통보하기 직전에도 송도는 두 개의 트로피를 더했다. 1987년 협회장기에서는 송도중학교가 최호, 안병익 등을 앞세워 우승했고, 같은 해 6월 대통령기에서는 준우승을 거머쥐었다.

그런데 왜 '제2의 전규삼'은 나오지 않은 것일까. 왜 대학교, 실업, 프로 레벨에서는 송도중, 송도고 선수처럼 농구 하는 선수가 더 만들어지지 못한 것일까. 나는 의문을 갖게 됐다. 왜냐하면 농구도 유행과 같기 때문이다.

농구는 대중가요, 예능 프로그램과 비슷한 패턴을 지닌다. 하나가 유행하면 따라 하려는 사람들이 늘어난다. 1990년대 레이지 어게인스트 더 머신(Rage Against The Machine)이라는 밴드가 미국에서 공전의 히트를 기록했다. 기존의 메탈(metal) 장르에 랩과 힙합을 가미한 새로운 장르였다. 그러자 한국은 물론이고 세계적으로 이 밴드를 벤치마킹하는 밴드들이 생겨났다. 그룹 시나위 출신으로, 대중적인 락 음악으로 인기를 끌었던 김종서조차도 같은 스타일의 음악을 발표했다. 1990년대 '농구황제' 마이클 조던(Michael Jordan)을 앞세운 시카고 불스(Chicago Bulls)는 '트라이앵글 오펜스'라는 그들만의 독특한 작전을 갖고 있었다. 시카고가 10년간 6번의 우승을 차지하자, 전 세계 수많은 코치들이 트라이앵글 오펜스를 참고했다. 물론 누구도 오리지널보다 높은 완성도의 트라이앵글 오펜스를 쓰지 못했지만 말이다. 예능은 또 어떤가. 하나의 포맷이 성공하면 여기저기서 벤치마킹을 한다. 요즘에는 유튜브(youtube)에서 성공한 포맷은 물론이고, 자막까지도 이곳저곳에서 재활용되는 시대다. 한국 프로 농구에서도 특정 팀이 특정한 수비로 우승을 하면 그 다음 시즌에는 너도, 나도 그 수비를 사용한다. 송도고는 그런 면에서 혁신적이었다. 보는 이들로 하여금 '부럽다', '대단하다'는 생각을 갖게 했다. 가끔은 '농구가 뭐 저렇냐'라며 질투를 사기도 했지만 쉽게 입 밖으로 꺼내기가 힘들었다. 성과가 명확했기 때문이다. 스카우트에 욕심을 내지 않아 선수 구성은 늘 들쑥날쑥했고, 이에 따라 전력도 불안정했지만 졸업할 무렵에는 최고의 완성도를 자랑했다. 만일 전규삼처럼 중, 고등학교 6년을 오롯이 기본기에만 투자하는 지도자가 각 도시, 혹은 각 레벨별로 10명만 더 있었어도 한국농구가 지금처럼 추락하지는 않았을 것 같다는 생각이 들었다.

그런데도 이런 농구를 따라 하는 것은 오로지 송도 출신 지도자들뿐이었다.

이유는 무엇일까. 우선 가장 중요한 건 성적이었다. 전규삼이 선수들의 대학 진학을 위해 '1년에 꼭 한 번은 4강 진입'에 목숨을 걸었던 것처럼 다른 학교들도 성적을 중요하게 생각했다. 성적이 중요하지 않았다면 말도 안 되는 스카우트 전쟁도 일어나지 않았을 것이다. 이는 대학교 감독들도 마찬가지였다. 특히 연세대와 고려대는 서로에게 1점 차라도 지는 날이면 감독 자리까지 내놓을 수도 있는 분위기였다. 이렇다 보니 '장기 투자'에 집중하기가 힘들었다. 가장 결정적으로는 전규삼처럼 오랫동안 한 학교만 지도하기란 불가능했다. 성적이 안 나고, 선수들을 대학에 보내지 못하면 자리를 반납해야 했다. 말이 좋아 반납이지, 학부모들로부터 별별 욕을 듣고 쫓겨난 코치들만 해도 야구팀 몇 개는 만들고 남을 정도다. 당장 지면 잘리니까, 지도자들은 '안전제일 주의'를 택할 수밖에 없었다. 최대한 실수 없이 경기하고, 가장 확실한 방법만을 찾아야 했다. 이런 분위기에서는 '창의성'이란 단어가 사치처럼 여겨질 수 있다.

송도는 오랜 기간 전규삼에게 강한 신뢰를 주었고,

전규삼 역시 실적과 배출 선수로 증명했다. 그 전통은 지금까지도 이어지고 있다. 2002년부터 팀을 맡아 온 최호는 "할아버지 영향인지 학교나 선배님들 모두 대회에서 성적을 잘 내라고 압박을 주지 않습니다. 단, 선수들의 대학 진학은 정말 중요합니다. 최대한 노력하고 집중해서 선수들이 대학에 갈 수 있도록 하고 있습니다. 그런 부분에 대해서는 긴장도 하고, 스스로도 나사를 조이고 있죠"라고 말했다. 전용 체육관이 없어 여기저기 '연습 장소'를 동냥해야 했던 중앙대 정봉섭 역시 전규삼의 방식을 준경하고, 이해하면서도 중앙대에서는 100% 주입하지 못했다. 본인 역시 생존해야 했던 상황이었기 때문이다. 강동희도 이를 이해했다. "바탕을 만들어주신 분은 전규삼 할아버지였고, 나를 더 발전시켜주신 분이 바로 정봉섭 감독님이었다"라며 말이다.

송도 선수들은 졸업 후 '기성 농구'에 적응해야 했다. "할아버지가 가르쳐준 동작대로만 농구를 하면 혼나기 일쑤였습니다. 한번은 비하인드 백 패스를 시도했다가 실수를 했는데 박한 감독님께 혼쭐이 난 적이 있었어요. 그렇지만 기본기를 워낙 잘 다져 놓은 덕분에 대학에서 새로운 것을 습득하는 데 있어 어려움을 느끼지 못했던 것 같습니다." 1978년 졸업생 정태균의 말이다.

고려대를 졸업하고 삼성전자에 입단한 정태균은

여자 농구 삼성생명, 국민은행, 우리은행 등 여자 프로 농구단에서 감독 생활을 했다. 우승 경험은 없지만, 특유의 온화한 성품과 부드러운 지도 방식으로 롱런했다. 그는 "할아버지의 방식을 프로에 적용하기에는 무리가 있었습니다. 장기간 계속 같은 상대와 번갈아 만나야 하는 만큼 계속 전술이 필요했으니까요. 그렇지만 초등학생이나 중학생들에게는 할아버지의 지도 방식이 맞다고 생각합니다. 농구를 재밌게 해야 하는 것이 우선이니까요"라고 말했다. 정봉섭은 "송도 선수들은 대학에 가면 늘 금방 배우고, 주전이 되었습니다. 서울 학교보다 우승을 덜 했을지는 몰라도 기본기만큼은 확실했죠"라고 덧붙였다.

1993년 10월, 문화체육부는 그런 전규삼의 오랜 노력을 인정해 '제31회 체육상' 지도자 부문 수상자로 전규삼을 선정했다. 이 상은 농구계나 전규삼 모두에게 의미가 깊었다. 대한민국 체육상은 1963년 제정되어 공로, 연구, 지도, 경기 등 부문에 대해 매해 시상을 해 왔다. 그야말로 체육 분야의 상징적인 상으로 매년 수상자들이 언론의 헤드라인을 장식할 정도였다. 경기 분야에서는 김연아(빙상), 임춘애(육상), 전이경(빙상), 이경출(양궁), 김경욱(양궁) 등 국제적인 대활약으로 국민에게 감동을 주었던 스타들이 시상식을 빛냈고, 2008년에는 베이징 올림픽 야구 국가 대표팀이 단체로 수상하는 영예를 안기도 했다. 농구에서는 박신자 씨가 1963년 제1회 수상자가 된 바 있으며, 신동파(1968년)와 김영기(1970년), 곽현채(1976년) 등이 전규삼에 앞서 시상대에 오른 바 있다. 그러나 중·고등학교 농구 코치가 상을 받은 건 전규삼이 유일하다. 또한 전 부문을 통틀어 농구 종사자가 대한민국 체육상을 수상한 것은 전규삼이 마지막이었다. 시상식 당시 사람들은 궁금해했다. 수많은 스타를 키워 냈고, 우승도 했으며 당신을 따르고 인정하는 사람도 그리 많은데 왜 다른 곳에 대한 도전은 생각하지 않았는지. 만약 협회든 실업팀이든 부르는 곳으로 갔다면 나이가 들었다는 이유로 자존심 상하는 말도 듣지 않았을지도 모르고, 형편도 넉넉했을 텐데 말이다. 시간이 지나면서 전규삼은 다양한 연령대의 기자들로부터 이같은 질문을 받았다. 이 질문은 1990년대까지도 이어졌다.

전규삼은 "몸이 건강하고 마음이 평안하니 충분히 부자 아니겠습니까"라며 자신의 농구 인생에 '부'는 아무런 조건이 되지 않았음을 강조했다. 또한 전규삼에게 '학교'는 집이자 고향이었다. 다시는 돌아갈 수 없는 곳을 떠나왔던 그에게 학교는 자신이 돌아갈 수 있는 유일한 곳이었고, 제자들은 아들이자 손자였다. 1943년생인 정봉섭은 이런 말을 했다. "할아버지가 언젠가 말씀하시더군요. 북에 두고 온 자신의 아들이 제 또래라고요. 아마

도 저뿐만 아니라 당신을 찾아오던 모든 사람들을 자식
이라고 여겼던 것 같습니다."

　　어쩌면 그에게 송도를 떠난다는 것은, 한 번 더 고
향에 자식들만 남겨 두고 떠나는 것과 같은 의미가 아니
었을까.

제24화

너는 평범한
사람이니까

운동은 나쁘게 표현하면 '자발적 자기 학대'다. 숨이 금방이라도 넘어갈 듯한 극한의 고통을 이겨내야 한다. 조건 반사적으로 그 동작이 나올 때까지 계속 반복해야 한다. 그 과정에서 찾아오는 각 부위의 통증을 이겨내는 것은 물론이요, 때로는 먹고 싶은 것이 눈앞에 있어도 꾹 참아야 하는 사사로운 고통도 감수해야 한다.

운동선수가 눈물을 흘릴 이유는 주로 두 가지다. 그러한 고통을 이겨 냈음에도 불구하고 목표를 이루지 못한 것에 대한 분함과 아쉬움의 눈물이 첫 번째고, 그 고통을 극복하고 뭔가를 달성했을 때 찾아오는 무한한 기쁨의 눈물이 두 번째다. 당연한 이야기지만, 어느 대회에서든 '가장 가치 있는 선수(most valuable player)'로 인정받은 MVP들이 흘리는 눈물은 후자에 속할 것이다. 농구 기자로서, 20년 간 한국 프로 농구를 취재하며 만난 MVP들도 그 기쁨의 표현을 아끼지 않았다. 이유가 어찌 됐든 남들은 쉽게 하지 못하는 그 노력 끝에 흘리는 눈물은 언제나 아름답게 다가왔다.

한국 프로 농구는 1997년에 출범했다. 이충희, 김현준, 허재, 강동희부터 이상민, 서장훈, 현주엽, 전희철 등이 빛내 온 농구 대잔치 인기에 힘입어 자연스럽게 프로 농구로 규모가 커진 것이다. 그로부터 25번의 시즌이 지났다. 가드가 MVP에 선정된 것은 그중 14번이었는데, 송도고 출신 가드는 강동희(1997시즌), 김승현(2001-2002시즌), 신기성(2004-2005시즌), 김선형(2012-2013시즌) 등 모두 4명이었다. 한 고등학교에서 이렇게 MVP가 많이 배출되기란 힘들다. 송도고 다음으로 MVP를 가장 많이 배출한 학교는 용산고인데 김병철(2002-2003시즌)과 양동근(통산 4회), 허훈(2019-2020시즌) 등 3명이다. 그 외 학교들은 1명 이상 배출하지 못했다. 2004-2005시즌 MVP가 된 신기성은 전규삼과 함께 우승을 맛본 마지막 세대다. 전규삼에게 우승컵을 안긴 마지막 선수이기도 하다.

시간을 건너뛰어 2005년 3월 16일로 가 보자. 2004-2005 시즌 프로 농구 시상식이 열린 날이었다. 워낙 스피드가 빨라 별명이 '총알탄 사나이'였던 그는 당시 소속팀 원주 TG삼보(현재는 원주 DB라고 불린다)를 2년 연속 최고 승률로 이끈 공로로 MVP가 됐다. MVP는 KBL 경기에 출입하는 기자단이 투표로 뽑는데, 그는 동기 현주엽을 제치고 1위가 됐다. 오랫동안 웃는 모습만 보여온 신기성이 그날 처음으로 눈물을 글썽였다. "머리가 쭈뼛쭈뼛 섰습니다. 벅찬 감격 때문에 눈물이 나는 걸 꾹 참아야 했습니다. 이런 감동은 처음이었습니다." 신기성의 소감이다. 이날 기자 회견에서 신기성은 자신에게 가장 고마운 인물을 말하며 '전규삼 할아버지'를 제일 먼저 언급했다. "제 마음의 스승입니다. 저는 그분께 농구가 아니라 인생을 배웠다고 생각합니다. 진짜 농구가 어떤 것인지, 즐기는 농구가 어떤 것인지 알려줬고 인생을 어떻게 살아야 하는지도 일깨워 주셨습니다. 할아버지께 모든 영예를 바치고 싶습니다."

사람들은 신기성을 '총알 탄 사나이'라 불렀다. 신기성이 막 인기를 끌 당시 미국과 전 세계에서 히트한 패러디 영화 「총알 탄 사나이(The Naked Gun)」에서 가져온 별명이다. 그만큼 스피드가 빨랐다. 2001년부터 10년 가까이 〈점프볼〉에서 아마추어 농구를 취재한 〈스타뉴스〉의 채준 기자는 "신기성의 스피드는 타고났다. 여기에 체력과 근력까지 더해져 따라가기 힘든 선수로 성장했다"고 분석한 바 있다. 신기성과 같은 학년이었던 최경훈은 "농담 삼아 기성이는 다섯 명 제치고, 또 어디 제칠 선수 없나 심심해한다는 말을 했을 정도로 스피드가 엄청났던 선수였습니다"라고 돌아보기도 했다. 그러나 앞서 송도고를 빛냈던 이충희나 강동희처럼 타고난 테크니션으로 분류되진 못했다. 전규삼 역시 '천재'로 분류될 정도의 선수는 이충희와 강동희 정도라 말했다. 신기성은 하드웨어는 타고났지만, 농구에 필요한 소프트웨어는 후천적인 연습으로 완성된 선수였다. 그 소프트웨어를 깔아주고 업그레이드시켜준 이가 바로 전규삼이었다. 신기성은 산곡북 초등학교 1회 졸업생이었다. 한때 송림초가 해체되면서 인천에서 농구를 배울 수 있는 곳은 산곡북 초등학교뿐이었다. 그 시기 이 학교는 인천 지역 유망주들을 대거 키워 내면서 이름을 알릴 수 있었고, 그 스카우트를 계기로 전규삼과도 인연을 맺게 된다. 신기성이 전규삼을 만난 건 1988년 송도중에서였다.

전규삼이 송도중으로 내려와 자리를 잡아가고 있을 무렵이었다. 그 시절 송도 선수들이 말하는 전규삼 훈련 레퍼토리는 선배들과는 조금 달라져 있었다. 새로운 훈련이 포함됐는데 바로 '체조'였다. "저희는 체조를 했습니다. 하하. 할아버지가 정말 유연하셨어요. 이걸 해야 안 다친다면서 매일 시키셨죠. 와서 하는 일이 매트리스 깔고 대기하는 일이었습니다." 신기성의 말이다.

체조도 그냥 체조가 아니었다. 처음에는 앞구르기, 그다음은 의자 넘기였다. 이어서 뜀틀을 넘었고, 조금 숙달된 친구들은 공중돌기를 했다. 물구나무서기도 시켰다. 이 모든 걸 칠순 넘은 전규삼이 직접 시범을 보였다. "신기성에게 이런 이야기를 들었다"고 박재수에게 묻자, 박재수는 껄껄 웃으며 "우리 때도 가끔 그랬다"고 돌아봤다. 할아버지 물구나무서기가 예술이라며 말이다. "시간이 날 때면 인천 해수욕장을 가곤 했습니다. 물속에서도 물구나무서기를 보여 주시곤 했어요. 몸이 워낙 유연하셔서 정말 이런저런 시범을 잘 보여 주셨죠. 한번은 물구나무서기로 체육관을 한 바퀴 돌기도 하셨는데, 그때 애들이 '우와~'하면서 입을 벌리고 쳐다봤지요"라고 말했다. 전규삼의 이런 방식은 결코 유별난 것이 아니었다.

'돌파'를 자주 하는 NBA 선수들 중에서는 거구와 부딪친 후 낙하하다 다칠 것을 우려해 일부러 낙법을 배웠던 선수도 있었다. 프랑스 국가 대표 선수였던 토니 파커(Tony Parker)가 대표적인데, 188cm에 몸매도 호리호리했던 파커는 타고난 스피드와 스텝으로 외곽슛 득점보다 골 밑 득점이 더 많은 가드였다. 체중이 85kg 정도였던 그는 100~110kg이 넘는 거구들과 부딪친 뒤 넘어져도 아랑곳하지 않고 일어나곤 했다. 그 비법은 바로 낙법에 있었다. '잘 넘어진' 덕분에 부상 없이 우뚝 섰던 것이다. 전규삼이 몸소 시범을 보이며 매일 진행했던 체조는 선수들이 밸런스를 잡는 데도 도움이 됐다. 균형을 잘 잡은 덕분에 동작도 자연스럽게 잘 나왔다. 프로 농구가 출범한 지 20년이나 지났는데, 아직 중·고교 및 대학 중에는 트레이너 한 명 제대로 두지 않는 학교가 훨씬 더 많다. 제대로 스트레칭을 배워 봤다는 선수도 얼마 되지 않고, 심지어 대학 감독 중에서는 "스트레칭하는 걸 보면 놀고 있다는 생각이 든다. 달리는 게 낫다"며 무리하게 달리기를 시켜 운동 과부하를 야기했던 이도 있다. 그래서 요즘에는 문화 체육 관광부에서 나오는 지원금으로 스트레칭 및 워밍업 수업을 따로 받는 학교도 있을 정도다.

그런 걸 감안하면 이미 30년 전부터 시작된 전규삼의 이러한 체조 수업과 '부상 방지'라는 목적은 얼마나 시대를 앞서갔는지 잘 알 수 있다. 신기성이 뛸 무렵에도 중학교 훈련은 전규삼이, 고등학교 훈련은 박재수가 맡았다. "주중에는 등교해서 슈팅 훈련을 하고 수업에 들어갔어요. 점심 먹고 잠깐 공 만지고 오후에 수업이 끝나면 저녁부터 야간까지 훈련을 했어요. 선배들도 다 그렇게 했다고 하더군요. 쉬는 날도 거의 없었습니다. 1월 1일에 다같이 인하 대학교 병원에 가서 샌드위치 먹고 온 것도 기억납니다. 어휴……. 참. 하루를 놀면 며칠을 더 훈련해야 따라잡을 수 있다고 하신 분이셨어요." 못 말린다, 지긋지긋하다는 듯 한마디를 내뱉은 신기성이지만, 그것은 결코 떠올리기 싫은 '악몽'을 기억하는 사람의 표정은 아니었다.

주말에는 송도고 선수들도 답동을 찾아와 다 같이 중학교 체육관을 썼다. "선배들이 오면 주전자 물 채워 넣고, 농구부실에 불 갈고 청소하는 것이 제 일이었어요. 그러다 할아버지께서 고등학교 형들과 섞여서 하는 5대5 토너먼트에 끼워 주셨는데 그게 제 낙이었습니다. 중학교

1학년부터 고등학교 3학년까지 다 함께 하다 보니 몇 시간이 걸릴 때도 있었어요. 그때는 별의 별 패스가 다 나왔습니다. 쉬는 형들은 할아버지랑 고스톱을 치기도 했어요. 가끔은 대학이나 실업팀에서 뛰시는 선배들이 오셔서 엄하게 훈련시킬 때도 있었는데, 언젠가는 강동희 선배가 오신 겁니다. '와! 진짜 강동희 선배님이시라고?' 저도 그렇지만, 다들 연예인을 만난 것 마냥 놀라워했던 기억이 납니다. 또 중앙대 정봉섭 감독님도 오셨던 기억이 납니다. 제가 중학생 때인데 일요일마다 중앙대 형들이 왔었죠."

신기성에게 시상식 당시를 물었다. 전규삼 할아버지가 그에게 어떤 존재였길래 가장 먼저 이름을 언급했는지 궁금했다. "저의 뿌리였습니다. 저를 있게 해주신 분이지요. 사실, 저는 평범한 선수였어요. 할아버지는 빠르게만 하지 말고, 속도를 늦춰서도 해 보라면서 여러 시도를 하게 해주셨습니다. 할아버지는 제게 늘 말씀하셨어요. '넌 평범한 사람이니까 더 많이 연습해야 한다'고요. 그렇다고 '억지로 해서는 안 된다'고도 하셨죠. MVP가 됐을 때 그 말이 생각났습니다."

신기성의 2년 후배 김완수는 전규삼의 그 말을 생생히 기억했다. 김완수는 전규삼이 고스톱을 치면서 그런 말을 자주 했다고 돌아봤다. "너는 가드이고 경기를 운영해야 하는 사람이니까 대장처럼 하고 싶은 것을 지시할 수도 있어야 하지만, 반대로 화가 난다고 해서 흥분하지 말고 누를 줄도 알아야 한다고 하셨어요."

그런데 전규삼이 신기성에게 강조한 '열심히'의 대상은 비단 농구만이 아니었다. 모든 생활에 있어 열정을 다하길 바랐다. "농구부에는 몽둥이도, 욕도 없었습니다. 우선 실력이나 그런 것에 대한 편견이 없으셨던 분이에요. 누구를 더 예뻐한다거나 그런 것이 없었죠. 그렇지만 시험 성적이 떨어지면 엄청나게 혼났어요. 개인적으로 제일 후회되는 부분이 있습니다. 할아버지는 농구가 인생의 전부는 아니라고 하셨어요. 학생이니까. 할 수 있을 때 해야 할 것을 꼭 하라고 하셨죠. 영어 단어를 하루에 한 개씩을 꼭 외우게 하셨어요. 가끔은 제대로 외우고 있나 시험도 보셨어요. 하하. 근데 저는 그걸 제대로 못 했습니다. 제일 후회되는 부분입니다. 틈날 때마다 인간관계나 도리에 대해서도 말씀하셨는데, 나중에 생각해 보니 왜 그러셨는지 와닿더군요."

사실, 신기성이 뛰는 동안 송도중은 한 번도 우승하지 못했다. 동기 전일우, 신종우, 최경훈 등과 고군분투했지만 8강에서 지거나, 아깝게 결선에 오르지 못한 대회가 더 많았다. 그러나 선배들이 그랬듯, 송도 농구의 완성은 중3도, 고3도 아닌 대학과 프로였다. 신기성의 스피드와 개인기는 고려대의 '시스템'을 만나 완성도를 높인다. 이미 대학에는 전희철(1973년생·92학번)과 김병철(1973년생·92학번), 양희승(1974년생·93학번) 등 쟁쟁한 동료들이 기다리고 있었다. 고교 농구를 평정한 '괴물' 현주엽(1975년생·94학번)도 있었다. 덕분에 고려대는 전국에서 날고 기는 유망주들이 와도 쉽게 자리를 잡지 못할 정도로 팀이 두터웠다.

신기성은 그런 호랑이들에게 날개를 달아 준 존재였다. 예상대로 고려대는 연세대와 함께 농구 대잔치를 '젊음의 무대'로 만들어 놨고, 이는 훗날 한국 프로 농구가 출범하는 데 중요한 단초 역할을 했다. 프로에서도 마찬가지. 프로 농구 최초의 신인상을 품은 신기성은 소속팀의 우승(2005년)을 주도하며 전성기를 맞는다. 이 우승은 신기성이 프로 선수로 뛰는 동안 누린 처음이자 마지막 우승이었다. 또한 2002년 부산 아시안 게임에서는 서장훈, 현주엽, 문경은, 이상민 등과 함께 대한민국 남자 농구에 20년 만의 금메달을 안긴다. 이는 훗날 농구팬들에게서 '농구 대잔치 스타들이 남긴 마지막 선물'로 기억되기도 했다. 신기성은 2012년 6월, 기자회견을 갖고 은퇴, 지도자의 길로 들어섰다. 유니폼을 벗을 때까지도 그는 모든 영광의 시작은 전규삼을 만났을 때부터였다고 말했다. 지금은 머리와 가슴으로 이해하지만 그때는 선뜻 와닿지 않았던 것들이 많았다며. 그런 만큼 제대로 실천하지 못한 것들이 많이 후회되지만 단 하나, '평범하니까 더 열심히 해야 한다'는 말을 실천에 옮긴 것만큼은 정말 잘한 일 같다고 돌아보았다.

제25화

마지막 춤

군웅할거(群雄割據). 1993년 남자고교농구 판세를 말할 때 빠지지 않던 표현이었다. 의미 그대로, 많은 팀들이 각각 지방에서 세력을 과시해 호각을 드러내는 상황이었다. 1993년 9월 27일, 〈경향신문〉 박진환 기자가 쓴 내용을 보면 판세를 이해하기 쉽다.

"모두 7차례 치러진 전국 규모 대회에서 대회마다 우승팀이 달랐고 초고교급 전력을 갖춘 휘문고도 2개 대회에서만 우승하는 데 그쳤다. 특히 올 시즌 두드러진 양상은 서울 명문 용산고와 경복고, 91년 6관왕에 빛나던 선일여고가 무관에 그친 반면 지방의 득세가 두드러져 농구의 균형적인 발전 가능성을 보였다는 점이다. 남고부의 경우는 초고교급 스타 현주엽이 이끄는 휘문고가 첫 대회인 봄철 연맹전과 쌍용기 대회를 휩쓸어 체면치레를 하긴 했으나 대통령기와 종별 대회에선 각각 대경상고와 송도고에 무릎을 꿇어 약점을 드러내 보이기도 했다. (중략) 연초 성적 부진으로 코치를 교체한 송도고는 신기성이라는 고교 제1의 가드를 탄생시키며 종별 선수권 대회에서 우승기를 손에 쥐었다." 기사에 나온 대로 휘문고는 현주엽과 윤영필의 더블 포스트가 막강했다. 대전고는 장신의 구본근과 함께 쌍둥이 조상현·조동현 콤비가 위력적이었다. 대경상고는 변청운과 강기중, 부산 중앙고는 센터 박도경과 김수환이 눈에 띄었다. 삼일상고 역시 김성철이 잘했다. 이들은 서로 물고 물리는 접전을 이어 갔다. 휘문고가 정말 잘할 거라 봤지만 막상 뚜껑을 열어보니 누가 이겨도 이상하지 않을 정도로 저마다 개성이 뚜렷했다. 그 가운데는 스피드와 화력을 겸비한 송도고도 있었다. 신기성, 전일우 등이 당시 고3으로 핵심 멤버였다.

그러나 1993년 송도고는 많은 시련을 겪는다. 전규삼이 고등학교에서 중학교로 내려간 뒤 코치진이 자주 변했다. 그가 중학교로 내려갈 무렵, 송도고 코치는 박재수가 맡고 있었다. 그러다 1991년에 송기화가 팀을 맡았지만 1993년 4월 협회장기 대회에서 대전고에 패한 뒤 자리를 내놓았다. 주변에서는 대전고전 패배가 여파가 컸다고 말했다. 그 대전고의 지도자가 바로 1년 차 코치 정덕화였기 때문이다. 정덕화는 송도고 역사상 최초로 전규삼의 결정에 반기를 들고 진로를 결정한 인물로 기억된다. 졸업생들과의 유대 관계는 나쁘지 않았지만, 전규삼은 그를 제자로 인정하지 않으려고 했다. 물론, 그렇다고 송기화의 경질에 전규삼-정덕화의 관계가 영향을 주었다고 보는 이는 없다. 1994년 졸업생 최경훈은 자신의 고3 시절 첫 대회에 대해 "동문회는 물론이고, 학교에서도 기대가 무척 컸던 해였습니다"라고 돌아봤다. 그러나 기대만큼 입상도 잘 되지 않았고, 팀워크도 잘 발휘되지 않앗던 것이 복합적인 이유로 작용한 것으로 보인다. 또 고 3 선수들의 스카우트가 '흉년'이 되면서 입지가 좁아진 것도 이유였다. 1993년 7월 7일 〈경향신문〉은 94학번 신 입생 스카우트 현황을 보도했다. 이미 '알짜'들은 한 학기 가 채 끝나기도 전에 스카우트가 결정되었던 것이다. 당 시 송도고는 유일하게 신기성만 고려대 행이 결정되었을 뿐, 다른 송도고 선수들의 진학이 오리무중이었다. 전규 삼 시절부터 성적보다도 더 중요하게 여겨 온 대학 진학 에 차질이 생긴 셈이었다. 최경훈의 말처럼, 신기성-전일 우-최경훈-신종우 라인업은 중학교 때부터 계속해서 입 상권에서 벗어났다. 1993년도 다르지 않았다. 4월 협회 장기에 이어 6월 열린 제25회 대통령기 전국 남녀 고교 농구 대회에서도 6강전에서 경복고에 49-68로 대패하 며 탈락했다. 위기감이 고조된 가운데 7월, 잠실 학생 체 육관에서 제48회 남녀 종별 선수권 대회가 개막됐다. 전 규삼은 고등부 대회에는 동행하지 않았다. 어차피 중학 교 코치였기 때문에 벤치에도 앉지 못했기 때문인데, 다 행히 〈SBS〉가 이 대회를 중계했다. 송도고의 출발은 좋았 다. 광신상고를 82-46으로 대파했는데 경기력이 기가 막 혔다. "운이 없긴 했지만 저희 팀은 전력이 나쁘지는 않았 습니다. 주관적이긴 했지만, 전력에 대한 기대가 컸던 이 유이기도 합니다. 기성이야 스피드가 워낙 좋았고, 전일우는 3점슛 라인에서 두, 세 걸음 뒤에서 던져도 넣을 정도로 슛이 뛰어났습니다. 신종우도 슛이 좋았죠. 잘 달렸고요. 저도 그때는 기자님들이 '키다리'라고 불러 주셨는데 제법 키가 컸습니다." 최경훈의 말이다. 야구를 하다가 키가 갑자기 확 자라는 바람에 농구를 하게 됐다는 최경훈은 광신상고 전에서 잘했다. 혼자 17득점을 올리며 분위기 제압에 힘을 보탰다. 분위기는 8강에서도 계속됐다. 강원사대부고를 93-76으로 대파했다. 송도고는 8강전까지 공통된 특징을 보였다. 전반은 치열하게 동점, 혹은 1~2점차로 가다가 후반전에 점수 차를 확 벌린 것이다. 빠른 패스워크와 스피드, 체력, 여기에 최경훈이 말한 '좋은 슈팅'이 원동력이었다. 그러나 코치 교체에도 불구, 송도고는 여전히 "이번 대회만큼은 꼭 우승하자!"와 같은 압박을 주진 않았다. 다만 선수들이 의지를 더 불태웠다. 덕분에 4강에서는 김성철이 버티는 삼일상고를 93-90으로 꺾으면서 결승에 진출했다. 신기성이 이 경기에서는 30득점을, 전일우가 18득점을 폭발시켰다. 결승전은 전통의 강호 송도고와, 1990년부터 내리 3년 간 대회 우승을 차지해 온 휘문고의 대결로 화제가 압축됐다. 휘문고는 현주엽이 청소년 선수권 대회 국가 대표에 차출되었음에도 불구, 윤영필을 앞세워 결승까지 올라온 저력을 과시했다. 전일우는 "휘문은 그래도 잘하는 팀이었습니다. 현주엽이 워낙 비중이 크긴 했지만 빠졌어도 경계 대상이었죠. 다만, '해 볼 만한 상대다'라는 생각은 했습니다. 오히려 삼일상고가 더 강한 상대라 여겼고, 삼일상고와의 4강전을 더 결승전처럼 여겼던 것 같습니다'라고 결승전 직전 분위기를 돌아봤다. 방심하지 않은 송도고는 강했다. 휘문고는 스피드를 당해 내지 못했다. 전반부터 49-43으로 달리기 시작하더니 후반에 점수 차를 벌려 99-89로 휘문고를 따돌렸다. 전일우가 29득점, 신종우가 23득점을 기록하며 불을 뿜었다. 여기에 신기성의 어시스트가 빛났다. 이날 발행된 두 신문의 내용을 합치면 경기 내용이 완성된다. 〈한겨레〉 신문은 "송도고는 경기 초반 윤영필만이 제몫을 한 휘문고를 몰아붙이면서 단 한 차례도 뒤집기를 허용하지 않은 채 줄곧 5점 안팎을 앞서며 전반을 49-43으로 앞선 채 마쳤다"라고 보도했다. 여기에 덧붙이자면 〈경향신문〉은 "전반을 49-43으로 앞선 송도고는 후반 시작하자마자 휘문고에 3점슛 연속 두 골을 허용해 50-49로 역전당했지만 신기성의 골 밑 탭슛으로 재역전시킨 후 59-52로 달아났다"고 전했다. 이렇게 전, 후반이 하나가 된다. 휘문고는 후반 들어 전준배가 3점슛을 보탰지만 신기성을 막지 못해 무너졌다.

송도고는 정덕화-신종철-김태유가 버티던 1981년 이후 처음으로 타이틀을 거머쥐었다. 종별 대회만 놓고 보면 송도고 역사상 3번째이자 마지막 우승컵이었다. 그러나 선수들이 누릴 우승의 기쁨은 오래 가지 않았다. 우승도 했으니 이쯤 되면 주말에 휴식을 주지 않을까 하는 기대도 있었건만, 전규삼은 아랑곳하지 않고 훈련을 지시했던 것이다. 다른 선배들이 그랬듯, 송도고는 바로 체육관에 모여 중학생 후배들과 함께 훈련했다. 최경훈은 그 시절을 이렇게 돌아봤다. "경기를 져도 혼나지 않았어요. 이기고 와도 감흥이 없었죠. 그런데 경기가 끝난 날은 고스톱을 더 오래 쳤어요. 저희에게 10원짜리를 10개, 20개씩 돌리신 뒤에 고스톱을 치면서 대화를 나누었죠. '야, 너는 그때 슛을 왜 그렇게 쐈어?', '리바운드를 안 하고 멍청하게 있었냐' 그런 것들을 하나하나 정리해 주셨어요. 선수들도 긴장이 풀린 상황에서 들었지요." 아쉽게도 최경훈은 동기인 신기성과는 달리 선수로 잘 풀리진 않았다. 그러나 '전규삼처럼 되겠다'는 꿈은 여전히 쫓고 있었다. 전일우와 함께 홍익대에 진학한 최경훈은 1997년, KBL의 청주 SK(현재는 연고지를 서울로 옮겨 '서울 SK'로 표기)에 입단했지만, 프로 커리어는 단 5경기 출전으로 끝났다. 한동안 유소년 농구 교실을 운영해 오던 그는 2019년 4월부터 송림초로 자리를 옮겼다.

"누가 와서 이야기해도 우리는 준우승, 우승 기록보다는 할아버지에게 배운 교육이 더 기억에 남는 팀이었습니다. 제 농구도 중학교, 고등학교 때 배운 농구가 전부라 생각해요. 기본기, 1대1 능력, 빠르게 나아가는 농구. 이것이 제가 추구하고, 아이들에게 강조하는 농구이지요. 여기서도 그렇게 하고 있어요. 그러고 싶고요. 할아버지를 처음 봤을 때가 생각납니다. 코트 한가운데 의자를 가져다 놓고 늘 수첩에 뭔가를 적고 계셨어요. 무섭다기보다는 늘 편안하고 자상한, 친아버지이자 친할아버지 이미지로 남아 있었어요. 체육관에 엄청 큰 공들이 여기저기 날아다니고 있는데 편안하게 앉아 계셨던 게 인상에 남습니다."

비록 1993년 종별 선수권 우승은 전규삼이 직접 지도하진 않았지만, 전규삼과 송도 역사에는 꼭 기록해 둬야 할 성과로 남아 있다. 이른바 전규삼이 '키워서 올려 보낸' 세대가 거둔 마지막 전국 대회 우승이었기 때문이다. 쌍용기는 1986년이 마지막이었고, 종별 대회도 1993년 이후 우승 트로피가 찾아오지 않았다. 다시 송도고가 전국 대회 정상을 주름잡은 것은 그로부터 한참 뒤인 2013년과 2014년이었다. 가드 장태빈과 빅맨 박준영이 활약하면서 추계 연맹전과 춘계 연맹전 우승을 차지했다. 한편, 고교 시절 송도고에 12년 만의 종별 선수권 대회 우승을 함께 일군 신기성과 전일우는 10여 년 뒤, 서로 완벽하게 다른 입장에 서서 대적한다. 신기성이 MVP로서 임했던 2005년 프로농구 챔피언결정전, 상대팀 전주 KCC 소속의 벤치 멤버였던 전일우는 프로 농구 데뷔 이래 가장 큰 무대에서 중책을 맡아 주목을 받았다. 당시 KCC 감독을 맡고 있던 신선우가 전일우에게 맡긴 중책은 단 하나. 미친 듯이 신기성에게 달라붙어 체력을 떨어뜨리라는 것. 그러나 한때 우승을 함께 꿈꿨던 두 선수의 맞대결은 신기성의 완승으로 끝나고 만다. 물오른 신기성의 스피드를 잡아내지 못하면서 금세 교체를 당하고 말았다. 당시 가뜩이나 높이까지 열세였던 KCC는 7전 4선승제 시리즈에서 2승 4패로 패하며 옛 동기에게 챔피언 트로피를 건네야 했다.

"당시 KCC는 신선우 감독이 맡고 계셨는데, 저한테 오리온스를 만나면 (김)승현이를, TG삼보를 만나면 기성을 막으라고 했어요. 장점을 잘 알 테니까 맡아 보라고 주문하셨던 거죠. 물론 잘되진 않았지만요. 하하. 그래도 코트에서 만날 때면 '살살 좀 하자'라고 말했던 기억이 있습니다." 전일우는 신기성을 수비한 것이 프로에서 맡은 자신의 마지막 임무였다. 그 뒤 프로 계약을 맺지 않은 그는 은퇴를 택했다. 그리고는 KCC 농구단의 모기업인 KCC의 영업팀에 입사했다. "그때 제 나이가 31살이었어요. 2~3년은 더 뛸 수 있다고 생각했지만 마침 회사에서 절 좋게 보신 건지 영업해 볼 생각이 있냐고 여쭤보시더군요. 여러 번 제의를 주셔서, 저도 그때 결혼한 상태였고 길게 봤을 때는 이게 더 낫다 싶어 모험을 했습니다. 그런데 이게 신의 한 수였다고 생각합니다." 15년이 지난 지금, 전일우는 KCC 청주영업소의 부장으로 일하고 있다.

은퇴 후 농구가 아닌 다른 직종을 택한 대다수의 농구인들은 새 업무에 적응하지 못해 헤매기 일쑤였다. 우선 책상에 앉아 있는 습관이 안 들어 있다 보니 답답해했다. 엑셀, 워드 등은 나중 일이었다. 그 시절 절대다수 선수들이 공부와 담을 쌓고 살았기에 책 읽는 것은 물론이고, 글 쓰는 것조차 어색해했다. 2010년대 들어 '공부하는 운동선수' 캠페인이 일어나고, 체육 특기생들의 입시 비리가 터지면서 '공부 안 하면 학점도 없다'는 분위기가 조성됐지만, 그때는 같은 반 학생들조차도 운동부 학생들과 대화 한번 나누지 못한 날이 대부분일 정도로 공부가 등한시됐다. 그런 분위기였다는 걸 감안하면 전일우는 빠르게 자리를 잡은 셈이다. 전일우는 그 비결 중 하나로 전규삼이 만든 공부하는 문화의 영향을 들었다. "할아버지와 저는 같은 '전' 씨였어요. 그래서인지 할아버지가 굉장히 예뻐해 주셨어요. 저도 영향을 많이 받았죠. 농구가 아닌 다른 곳에서도요. 할아버지가 공부를 강조해 주신 덕분에 그때는 수업도 열심히 듣고, 시험도 봤어요. 다른 학교에서는 상상도 할 수 없는 일이었죠. 비록 중학생이었지만, 그렇게 얻은 공부법이나 지식들이 지금까지 온 것 같습니다. 사회에서 큰 도움이 됐습니다. 그 시기에 그렇게 해 주신 것에 대해 정말 감사하게 여기고 지금도 대단하다고 생각하고 있습니다."

제26화

마지막
전규삼 키드

달리기 중인 까까머리 소년들의 눈빛에는 불안함
이 가득 차 있었다. 속고 있다는 느낌이 가시지 않았다.
"야, 우리 이래도 괜찮은 거지? 원래 이런 건가?" 까까머
리 소년이 친구에게 묻는다. 뭔가 어색하고 불안하다. 운
동부인데 힘들 지가 않다니! 훈련 시작한 지 꽤 됐는데
땀도 흐르지 않았다. 자신들이 제대로 하는 게 맞나 싶
다. 옆에 친구도 불안하긴 마찬가지였다. 똑같이 첫 훈련
인데 낸들 아나. 혹시나 몰래카메라처럼 자신들을 속이
고 있는게 아닐까. 그렇지 않다면 운동이 이렇게 편할 리
가 없다며 말이다. 질문을 던진 친구는 이현준. 1997년
에 송도고를 졸업한 이현준은 성균관대를 거쳐 2001년에
프로 농구 무대에 입단했고, 지금은 서울 SK 나이츠 농
구단에서 전력 분석 코치를 맡고 있다. 그에게 "나도 이
게 무슨 상황인지 모르겠다"며 답변한 친구의 이름은 김
승현이었다. 그는 훗날 한국 프로 농구 포인트가드의 역
사를 바꿔 놓는 대스타가 된다. 2001-2002시즌 동양 오
리온(현 고양 오리온)에 데뷔하자마자 팀을 우승으로 이
끌고 신인상에 MVP까지 거머쥐었다.

포인트가드는 코트 위 장군이라 불린다. 기본 틀
은 코치가 잡아 주지만 경기 위 상황까지 하나하나 조율
하기란 쉽지 않다. 그래서 농구는 코트 위에서 동료들의
움직임을 지시하고 공을 배급해 주는 가드의 역량이 중

요하다. 지도자가 믿고 맡길 수 있는 가드가 있는 팀은 성적이 잘 나왔다. 강동희가 그랬고, 신기성이 그랬다. 신기성의 동시대 경쟁자였던 이상민은 연세대에서 이 역할을 기가 막히게, 정확하게 해냈다. 그래서 별명이 '컴퓨터 가드'였다. 김승현은 이 역할에 있어서는 '천재'에 가까웠다. 그 능력을 앞세워 2002년 부산 아시안 게임 금메달을 목에 걸었다.

함께 뛴 선수들도 김승현의 천재성을 의심하지 않았다. 심지어 농구 선수 중 우승을 가장 많이(6회) 하고 MVP도 4번이나 선정된 양동근조차도 "정말 배우고 싶었던 능력"이라고까지 말했다. "중계를 보는데, 승현이 형이 패스한 공이 화면에서 사라지는 거예요. '아, 저건 승현이 형 실책이다'라고 생각했는데 알고 보니 뒤에서 오는 선수를 보고선 뒤로 휙 던져준 거였습니다. 정말 말도 안 되는 타이밍에 절묘한 방향으로 날아가 그 선수의 손에 착 달라붙었어요. 마치 뒤에 눈이라도 달린 것 같다는 느낌이었죠."

이런 장점 덕분에 김승현은 '포인트가드 6년 주기설'의 계보를 이어가는 선수로 낙점받기도 했다. 강동희-이상민-김승현 등 한국 농구를 짊어질 스타 포인트가드가 6년에 1명씩 나왔다는 것에서 생겨난 '6년 주기설'이다. 그러나 처음부터 엄청난 재능을 발휘했던 것은 아니었다. 이현준과 김승현은 산곡북 초등학교에서 농구를 함께 시작했다. 산곡북 초등학교 4회 졸업생이었다. 1회 졸업생 중에서는 신기성이 농구부에 갔고, 그 외 송도중 진학생 중에서는 김상우가 2회, 김완수가 3회였다. 이현준은 아버지를 따라 농구를 시작한 케이스다. 2019년 세상을 떠난 부친 이강일이 전규삼의 제자였다. 그래서 전규삼이 낯설지 않았다.

"저희 아버지도 중학교 때 아버님이 돌아가셔서 전규삼 할아버지를 아버지처럼 모셨다고 하더군요. 제가 운동을 시작하기 전에도 명절 때 할아버지 찾아뵙고 인사드린 기억이 있습니다. 그래서인지 저는 처음 뵈었을 때부터 '선생님'이라는 느낌이 없었어요." 이강일은 유희형, 서상철의 동기였다. 이현준을 고등학교에서 지도한 박재수는 "이강일 선배도 유희형 선배와 함께 전매청에 입단했다. 선수 생활을 오래 하진 않으셨지만, 무난하신 성격이셨고, 현준이도 아버지를 빼닮았다"고 말했다.

김승현은 원래 축구를 했다. 그러다 5학년 때 인천으로 이사를 했는데 통학 거리가 멀다 보니 그만두고 농구를 택했다. 원래 공을 갖고 노는 것에는 재능이 있었다. 스피드는 물론이고 힘도 좋았다. 김승현은 '재밌었던 시기' 정도로 초등학교를 기억했다.

이현준과 김승현이 송도중에서 함께한 첫 훈련. 두

선수는 예상 외 레퍼토리에 깜짝 놀랐다고 했다. "초등학교 때 매일 40바퀴, 50바퀴씩 달렸어요. 그래서 중학교에 올라갈 때 잔뜩 긴장했죠. 더하면 더했지, 덜할 것 같지는 않았거든요. 한 100바퀴 달릴 것 같다는 생각했는데, 딱 3바퀴 돌고 끝내시더라고요. 저랑 승현이랑 서로 마주보면서 '어? 이게 뭐지?' 했어요. 그다음부터는 릴레이 달리기 경기를 시키셨는데 레크리에이션 시간 같기도 하고……. 정말 재밌었어요." 이현준의 말이다.

첫날은 첫날이라 그런가 싶었지만 이게 어찌 된 일인가. 훈련은 나날이 재미를 더해갔다. 당시는 물론이고 오늘날까지도 '봉인'된 크로스오버 드리블(crossover dribble ; 순간적으로 상대를 속이기 위한 목적으로 다리 사이로 공을 빼서 방향을 전환하는 드리블)부터 시작해 여러 드리블 기술 전수가 이어졌다. 오늘날엔 굉장히 흔한 기술이 됐음에도 불구, 프로팀 감독 중에서도 이 기술을 못 쓰게 하는 경우가 있다. 겉멋 들고, 실수가 나올 가능성이 높다는 이유에서다. 심지어 한국 프로 농구 무대에 '용병(import player)' 신분으로 오는 NBA 경력의 외국인 선수들조차도 이런 개인기에 심하게 제약을 받아 감독과 갈등을 빚는 경우도 있었다. 우리 농구가 얼마나 고지식했고 실험을 두려워했는지 잘 알 수 있는 대목이다.

특히 이현준같이 195cm의 장신들은 어느 팀에 가든 파워포워드나 센터를 봐야 했던 시절이었지만, 송도는 이현준의 장점을 드리블을 잘하는 장신 선수로 키워 냈다. 왼손잡이였던 그는 남다른 박자감으로 한 자리를 차지했고, 프로에서도 지도자들이 이를 쏠쏠히 활용했다. 그러나 전규삼으로부터 진짜 수혜를 입은 선수는 김승현이었다. 특유의 스피드와 센스에 기술까지 입다 보니 함께 뛰는 이들조차도 입을 쩍 벌릴 정도로 놀라운 플레이가 자주 나왔다. 그러나 그런 김승현에게도 고민이 있었다. 바로 키가 작다는 점이었다. 프로에 데뷔할 시점에 그의 키는 178cm였다. 주변에서는 그보다 2~3cm 더 작을 것이라는 말도 있다. 중학생 때는 더 작았다. 스스로도 "다른 농구 선수들에 비해 20cm 이상 작았다"고 말할 정도였는데, 이 때문에 농구를 계속 해야 할지에 대한 고민이 있었던 것도 사실이다. 3년 선배 전일우는 "제가 고등학생일 때 승현이가 중학생이었는데 농구는 정말 기가 막히게 했습니다. 센스가 좋았죠. 그런데 키가 작았어요. 정말 체구가 작았어요. 흔히 표현하는 '땅꼬마'였죠. 승현이도 걱정이 많았는데 무엇보다 부모님이 더 걱정이셨죠. 고등학교에서 선배들이 훈련하러 중학교에 내려올 때면 승현이 어머니가 선배들한테 물어봐요. '아이고, 우리 승현이 농구 계속 해도 되겠습니까?'라고요. 저한테도 물어봤는데 '승현이 농구 정말 잘해요. 쟤는 정말 대학 가서 더 잘될 아이에요'라고 안심시켜 드렸던 적이 있습니다'라고 기억했다. 김승현은 그런 분위기가 못내 자존심이 상했던 모양. 게다가 키는 자신의 노력으로 바꿀 수 있는 부분이 아니니 부모님이 그렇게 물어보는 게 달갑지는 않았을 것이다. 그 분위기를 눈치 챈 전규삼의 한마디가 김승현을 일으켰다. "승현아, 넌 무조건 성공할거야. 그러니까 농구 계속 해야 한다!"

스승의 무심한 듯하면서도 힘이 가득 실린 한마디. 다른 그 무엇보다도 힘이 되는 말이었다. 김승현의 실력 향상에는 송도 특유의 시스템도 한몫했다. 신기성이 그랬고, 이충희가 그랬듯 주말에 펼쳐지는 선배들과의 연습 경기가 김승현을 더 많이 생각하게 하고, 더 신나게 해 주었던 것이다. 박재수는 "마지막에는 항상 내기 토너먼트를 열었습니다. 지는 팀이 음료수를 사거나 계단 뛰기를 하는 식이었죠. 선수들을 섞어서 했는데 고3들끼리 경쟁이 붙은 날이면 후배들도 죽어라 뛸 수밖에 없었습니다. 하하. 그런데 할아버지는 그 연습 경기 속에서 선수들의 재능을 확인하시고 장단점을 찾아냈어요. 승현이 같은 가드들에게는 '패스 주고 뛰지 말고, 패스하면서 뛰어!'라며 더 빨리 경기를 진행하실 것을 지시하셨습니다"라고 그 무렵 주말의 분위기를 돌아봤다.

눈치 보지 말고 하고 싶은 대로 하란 지시 역시 김
승현의 '코드'와 딱 맞아 떨어졌다.

김승현의 장점 중 하나는 바로 '당돌함'이었다. 주
눅 드는 법 없이 본인 하고 싶은 플레이를 딱딱 해냈다.
선배들이 공을 달라고 해도 본인이 아니다 싶으면 공을
안 줬다. 처음에는 그런 김승현이 못마땅했던 선배들도
손맛을 본 뒤부터는 자연스럽게 김승현의 눈빛만 따라다
니기 시작했다. 기다리면 공이 왔기 때문이다. 프로팀에
서 '신예' 김승현과 함께 뛴 위성우는 그 김승현의 당돌함
과 패기를 생생히 기억하고 있었다. 위성우는 김승현보다
7살 많았고, 그가 프로에 입문했을 때는 이미 '은퇴'를 계
획 중인 고참이었다. 위성우는 감독으로서는 여자 프로
농구에서 소속팀 우리은행을 6년 연속 우승으로 이끈 명
장으로 꼽히지만 선수로서는 수비 외에 눈에 띄는 장점
이 없는 선수였다. 스스로도 "선수 시절에는 공을 피해
다니는 내 자신이 너무 싫었습니다. 행여 실수할까 걱정
되어서 '내게 공이 안 왔으면 좋겠다'고 생각한 적도 있었
죠"라고 말했을 정도였다. 그런 위성우는 김승현과의 일
화를 돌아봤다. "언젠가 제게 그러더군요. '형, 일단 달리
기 시작하면 코너에 가서 내 눈만 보고 있으세요'라고요.
정말로 정확한 타이밍에 공이 왔어요. 신기했죠. 딱딱 받
기 편하게 공이 왔습니다. 벤치에서 승현이 경기를 볼 때

면 저도 모르게 소리를 지르곤 했습니다. 정말 신나게 했거든요."

그러나 이 시기 송도중은 한 번도 우승을 차지하지 못한 채 두 명을 고등학교에 올려 보내야 했다. 결승은커녕 4강, 8강도 제대로 올라가지 못할 정도로 전력은 과도기였다. 그렇지만 한국 남자 농구에 20년 만의 아시안게임 금메달을 안겨준 김승현이라는 거물을 배출했다는 점에 있어서는 의미 있는 3년이었다.

이쯤에서 그 무렵, 즉 김승현과 이현준 등이 팀의 주축으로 자리 잡을 1994년경 전규삼의 '신분'에 대해 정리할 필요가 있다. 전규삼은 당시 송도중을 중심으로 맡고 있었다. 그러나 대한민국 농구 협회에 등록된 공식 인솔자는 전규삼이 아닌 김진태였다. 처음 고등학교를 포기하고 내려올 때만 해도 그가 공식 코치였지만 시간이 지나고 장거리 이동이 어려워지면서 스스로 공식 코치를 내려놓았다. 이로 인해 송도중은 대회에 나설 때 김진태를 공식 코치로 지정하여 이동했다. 대신 전규삼은 매일 훈련장에 나와 손자뻘 되는 선수들 훈련을 도맡았다. 이현준은 "훈련 강도는 세지 않았지만 그래도 쉬는 날은 없었어요. 어쩌다가, 아주 어쩌다가 1번씩 '오늘은 일찍 끝내자'고 하셨는데 선수들이 믿지 않을 정도였죠. 그러다 고등학교 가서는 박재수 코치님께 배웠는데 스타일이 완전히 달라서 적응을 못 하기도 했습니다. 박재수 코치님은 요령을 피운다거나 대충하는 걸 못 넘기셨거든요"라고 당시 분위기를 기억했다.

그렇다면 김진태가 경기 중 보인 색깔은 전규삼과 어떤 차이가 있었을까.

선수들은 큰 차이가 없었다고 말했다. 결국 김진태도 '전규삼 키드'였고, 그의 가르침대로 팀을 이끌고 있었기 때문이다. 그러나 김진태는 2001년, 제물포고에 코치로 이적해 송도와의 인연을 사실상 놓게 된다. 제물포고는 전국 체전을 두고 송도고와 경쟁해 오던 인천 라이벌이었기 때문이다. 한 제자는 "전 선생님이 (제물포고로는) 안 가는 게 좋겠다고 하셨는데, 결국 자리를 포기하고 떠나셨습니다. 그래서 저희도 연락드리기가 애매하게 됐죠"라며 아쉬워했다. 훗날 김진태는 제물포고에서 오세근이라는 거물을 키워 냈다. 2m의 오세근은 2011-2012 시즌, 프로 농구에 데뷔하자마자 우승과 신인상, 플레이오프 MVP를 거머쥔 스타였다. 데뷔 시즌 임팩트만으로는 김승현 이후 최고였다. 오세근은 김진태 코치의 지도 스타일이 송도와 닮았다고 말했다. "송도 출신이고, 돌아가신 전규삼 코치님의 제자라고 들었는데, 정말 그렇게 지도하셨습니다. 기본기를 항상 강조하셨고, 다양한 기술을 알려 주셨죠. 실제 경기서 쓰진 못 했지만, 외곽슛도

연습 때는 종종 던지곤 했습니다. 코치님 덕분에 성장할
수 있었지요."

상황을 종합했을 때, 비록 김진태가 제물포고로
떠나면서 '인수인계'는 완벽하게 이뤄지지 못했지만, 전규
삼은 김진태에게 물려주면서 슬슬 송도와의 이별을 준비
하고 있었다. 그 와중에도 전규삼은 손자 같은 아이들의
성장을 지켜보는 것이 즐거웠는지 하루도 빼놓지 않고
체육관을 찾아 선수들과 농구를 이야기하고 인생을 가
르쳤다.

취재를 마칠 무렵, 이현준은 자신 세대는 전규삼
에게 맞아도 봤다는 말을 하기도 했다. "저는 할아버지
한테 회초리를 맞았어요. 농구 못하는 걸로 맞진 않았어
요. 공부 안 하는 거 때문에 혼났죠. 6교시까지 다 받고
연습을 했는데, 커트라인으로 정해둔 점수를 못 넘기면
맞았어요. 60점 밑이면 한 대, 영어 몇 점이면 한 대 이런
식으로요. 사실 여든 살 되신 분이 회초리로 때린다고 해
도 아파야 얼마나 아팠겠어요. 단지, '너희가 농구로 성
공 못 하면 어떻게 되겠냐'는 말씀을 굉장히 많이 하셨
고, 그게 맞은 것보다 더 아프게 다가왔죠. '선수'가 아니
라 진짜 제자이자 손자인 저희의 인생에 대해서도 그만
큼 생각이 강하셨던 것 같아요. 그래서 더 기억에 남습니
다."

제27화

나와 친구 합시다?

"기본이 되자!" 군산제일고 교사 김경록의 수업은 항상 똑같은 구호로 끝난다. 스승을 기리고자 그리고 스승의 뜻을 되도록 오래 품고 싶다는 의미에서 만든 구호다.

김경록의 스승은 전규삼이다. 1979년생인 김경록은 전규삼이 송도중에서 배출한 마지막 제자이자, 그의 휘하에서 배출된 마지막 프로 선수다. 송도고에서 청소년 대표 선수로 성장했으며, 고려대를 거쳐 프로 농구 선수가 됐다. 나이로 치면 김승현, 이현준보다 한 학년 아래. 프로 선수까지 했던 인물이 선생님이 되는 건 흔한 일이 아니다. 박재수, 김진태 등 교사와 코치를 겸했던 인물도 있지만 그들의 시대에는 프로 농구가 없었다. 서른만 되어도 은퇴를 고민하고 진로를 모색하던 시대였다. 실업팀 선수들은 은퇴하면 모기업에서 직무 전환을 통해 '회사원'의 삶을 이어 갔다. 은행팀들이 많았던 여자 농구는 은행원을 시켜줬다. 그 당시 어른들이 가장 안정적이라 생각했던 직업 중 하나. 그래서 '농구 하면 굶어 죽지는 않을 것이다'라는 말도 있었다.

프로 농구는 다르다. 은퇴해 '정글'에 나오면 누구도 받아 주지 않는다. 스타이거나, 감독으로부터 영민함을 인정받은 소수의 몇몇이 코치가 될 뿐, 대다수 은퇴 선수들은 아마추어 지도자부터 시작했다. 김경록도 그

중 하나였다. 2002년에 프로 선수가 된 김경록의 커리어는 2007년에 끝났다. 군대에 다녀오니 자리가 없었다. 김경록도 다른 은퇴 선수들처럼 코치로 나섰다. 첫 발령지는 여자 농구 명문 숭의여고. 그렇지만 이내 생각을 바꾼다. 교수였던 부친 김기중의 뒤를 이어 교단에 서고 싶다는 욕심이 있었던 것이다. 그 길로 공부를 시작해 2008년 임용고시에 합격, 군산 제일고 교사로 부임했다. 2018년부터는 담임도 맡았다. 1997년 프로 농구 출범 후 임용고시에 합격해 교사로 재직 중인 이는 손에 꼽을 정도. 그중 김경록은 선구자 아닌 선구자였다. 일생을 농구만 했던 이가 갑자기 펜을 잡는다는 건 여간 힘든 일이 아니다. 책상에 앉아 있는 습관조차 되어 있지 않기 때문이다. 그랬던 김경록이 그나마 버티고 힘을 가질 수 있었던 것은 바로 전규삼의 가르침 때문이었다.

"할아버지는 늘 '농구가 인생의 전부가 아니다. 운동 평생 못 한다. 그러니까 나중을 생각해서 공부해야 한다'고 말씀해주셨죠. 항상 사람이 먼저 되어야 한다는 말을 빼놓지 않았어요. 한자 2개, 영어 2개를 매일 외우게 하셨죠. 물론 잘하진 못했지만, 할아버지와 함께하는 동안에는 그래도 노트에 적고 외우려는 시늉은 했던 것 같아요." 그는 전규삼이 시대를 앞서간 지도자라 했다. '엘리트 체육'이 우선시되던 그 시절, 학생 선수들은 1교시에 얼굴만 비추고 체육관으로 향하는 것이 당연했다. 피가 철철 흘러도 부모가 한마디 못 하던 때이기도 했다. 김경록은 욕 한 번, 따귀 한 대 안 맞고 농구를 배웠다. '선생님'이 된 김경록은 자신이 배운 대로 제자들을 대하고 있었다. "담임을 맡은 지 3년째입니다. 저희 반 급훈은 늘 같았어요. '기본이 되자!'이죠. 사실은 할아버지 말씀대로 '먼저 인간이 되어라'라고 짓고 싶었지만, 다 같이 외치기에는 이상하더라고요. 하하."

그는 전규삼 덕분에 한자에 대한 거부감을 덜 갖게 됐다고 돌아봤다. 2000년대 중반까지만 해도 농구 대회 팜플렛에 선수 명단은 한자로 표기되어 있었다. 나 역시 취재하면서도 참 짜증 났던 부분이었다. 왜 한자로 표기했는지, 선수 이름을 잘못 옮겨 적어서 당시 편집장에게도 여러 번 혼이 나고, 모르는 한자는 몇 번이나 물어봐야 해서 번거로웠다. "할아버지는 신문 사설에 있는 한자 정도는 읽을 줄 알아야 한다고 하셨어요. 그러시면서 대회 팜플렛을 읽어주셨어요. 선수 이름도 한자로 되어있다 보니 네 이름의 '경'은 이런 뜻이고, '록'은 이런 의미야 라면서 선수들의 이름을 풀이해 주셨죠. 덕분에 일상에 좀 더 가까워졌던 것이 아닌가 싶습니다. 단순히 농구를 떠나서, 부모님도 이야기해 주지 않는 이야기들을 해주시면서 선수들이 올바르게 클 수 있도록 하셨죠. 말씀

이 많지는 않았는데, 참 유머있고 편안했죠. 늘 함께 있
다는 느낌이 들었습니다." 그러나 전규삼은 1994년 가을
이후 더 이상 송도중 코트를 찾지 않았다. 김경록이 중학
교 3학년 때의 일이었다. 전규삼은 농구부 일에 깊이 관
여하지 않았다. 김경록이나 당시 제자들은 그 정확한 날
짜나 이유를 알지 못한다. 깊이 알기에 그들 나이는 너무
어렸던 탓도 있다. 1991년에 송도중을 졸업한 전일우도
고등학생이 된 뒤부터는 전규삼으로부터 거의 훈련을 받
은 기억이 없다고 했다. 선배들은 주말이면 어김없이 송
도중으로 내려와 전규삼의 지도 아래 합동 훈련을 했지
만, 언젠가부터 주말에도 그런 일이 줄기 시작했다. 그러
던 것이 김경록 세대에는 아예 중단됐다.

　"할아버지를 뵐 기회가 줄었지요. 가끔 중학교에
내려가서 연습 경기를 할 때만 뵈었죠. 언젠가 '왜 안 오
시냐'고 물었더니 '내가 자꾸 나오면 부담스러워 해'라고
하셨던 기억이 있습니다." 전일우의 말이다. 전규삼은 자
신이 있다 보면 중학교 팀이나 고등학교 팀이나 정작 코
트에서 가르쳐야 할 코치들이 부담스러워 할 것이라 생
각했다. 그래서인지 처음에는 학교에서 하는 훈련만 봐
주고 경기 인솔과 지휘는 코치들에게 맡기던 것을 갈수
록 비중을 줄여갔다. 아예 훈련도 손을 놓았다. 김경록
이나 동기들은 그때만 해도 '전규삼이 떠났다'는 것을 인

지하지 못했다고 했다. "할아버지가 나오는 날이 줄긴 했지만 우리는 할아버지와 작별한다는 생각은 아예 하지도 않았어요. 늘 있었던 사람이고, 항상 함께하는 사람이라고 생각했죠. 게다가 학교 앞 약국에 늘 계셨으니까요. 지나가면서 뵈면 인사드릴 수 있었으니 우리는 '그만두었다'는 생각은 차마 하지 못했던 것 같아요. 고등학생 때도 그랬어요. 주말이면 중학교에 다 같이 내려와서 훈련을 했는데 비록 체육관에 오진 않았어도 그때도 약국 앞에서 저희를 맞아 주셨거든요. 항상 함께 있다는 생각을 했던 것 같습니다." 김경록은 고려대 진학에 앞서 전규삼과 함께 〈문화일보〉 인터뷰를 갖기도 했다. 1997년 11월 1일 인터뷰였다. 김경록이 청소년 대표팀 선수로 발탁되면서 전규삼은 또 한 번 제자를 태릉 선수촌에 올려 보내는 쾌거를 이루었다. 김경록도 당시 인터뷰를 생생히 기억하고 있었다. 할아버지와 나란히 인터뷰를 하고, 사진을 찍은 처음이자 마지막 인터뷰였다. "할아버지는 그때도 같은 말씀을 하셨어요. 최선을 다하고, 항상 겸손하라고요. 농구도 인생과 같으니 땀 흘려 연습하면 보상을 받을 것이라고도 하셨죠. 인터뷰라고 특별하게 해 주신 말씀은 아니었어요. 선수들 모두에게 똑같이 대해 주시고, 경기보다는 사람을 먼저 생각해 주시고……. 그런 것 때문인지 할아버지는 선수들뿐 아니라 학부모님들과도 무척 가깝고, 서로 잘 지냈던 것 같습니다."

김경록의 말처럼, 전규삼은 학부모들의 신뢰도 탄탄했다. 스타를 키워낸 지도자라는 브랜드 덕도 봤지만, 이에 앞서 그가 선수들을 대하는 방식에 매료된 이들도 적지 않았다. 전규삼이 성적에 연연하지 않고 기본기 지도에 집중하는 자신의 스타일을 끝까지 고수할 수 있었던 것도 부모들의 믿음이 있었기 때문이었다. 김경록의 부친 김기중은 전규삼의 오랜 친구이자 전규삼을 믿고 따른 대표적인 학부모였다.

대전상고에서 농구를 했고, 인천 체육 전문 대학(현 인천전문대학)에서 교수를 지냈다. 농구인이자 동시에 교육자였던 그는 전규삼을 '한없이 맑은 사람'이라 표현했다. 1945년생으로, 전규삼과는 나이 차가 무려 30년이나 났지만, 아들이 학교를 다니는 동안에는 수도 없이 함께 시간을 보내며 인생을 논하고, 농구를 말했다. 그러다 보니 사이도 상당히 가까워졌는데 그래서인지 사람들은 김기중을 송도고 출신으로 착각을 할 정도였다. 김기중과 전규삼의 인연은 아들 김경록이 농구공을 잡기 이전으로 거슬러 올라간다. 김기중은 인천 체전 농구부 선수들을 이끌고 송도고를 찾곤 했다. 연습경기를 위해서였지만 진짜 목적은 경기 후에 이뤄졌다. 마음 맞는 이들끼리 술잔을 기울인 것이다. 합이 잘 맞는다고 생각한 것일까. 전규삼은 술을 마시던 중 대뜸 김기중에게 제안을 하나 한다. "우리 친구 합시다!"

김기중은 화들짝 놀라 손사래를 쳤다. "아이고, 저 이상한 사람 만들지 마십시오. 선생님! 어떻게 감히 제가 '친구'라고 부를 수 있겠습니까?" 전규삼이 친구를 제안한 이유는 따로 있었다. 자신과 술을 마실 때면 유독 흡연자들이 안절부절못한다는 것이다. 담배는 피우고 싶은데, '하늘 같은' 선생님이 앞에 있어 대놓고 피우지는 못하겠으니 화장실 핑계를 대고 담배를 피우러 술집 문턱을 넘나드는 사람들이 늘어난 것이다.

그래서 전규삼은 "담배마저 그렇게 마음껏 못 태워서 어떻게 하냐. 제발 내 앞에서 그냥 피워라. 난 괜찮다"라고 했지만, 마음처럼 쉽게 되는 일은 아닐 터. 이는 김기중도 마찬가지였다. 그래서 전규삼은 "그냥 우리 친구 합시다. 친구끼리 담배 한 모금씩 주고받는 게 뭐가 이상한 일이오? 내가 먼저 피우면 되지 않겠어요?"라며 김기중을 유혹(?)했다. 김기중은 내게 "서울에서 선수 스카우트하려고 대학 감독들이 왔을 때도 그랬던 거 같아요. 시간이 지날수록 대학 감독들과 전 선생님 나이 차도 많이 나니까, 제 아무리 감독이라고 해도 불편했던 거지요. 담배도 나가서 피우고……. 다들 전 선생님이 권위적이지 않다는 것도, 정말로 앞에서 담배를 피워도 별일 없을 것이란 걸 알고 있었죠. 하지만 밖에서 봤을 때는 괜찮지 않아 보이잖아요. 선생님도 그런 걸 아쉬워 하셨죠"라고 돌아봤다.

전규삼은 틈날 때마다 김기중을 '친구'라 불렀다. 이사를 갈 때면 손수 명패를 제작해 선물하기도 했다. "친구한테 명패는 내가 꼭 선물해 주고 싶었다네"라며. 전규삼의 송도고 문화는 학부모에게도 전파됐다. 여름과 겨울, 합숙 훈련 기간에는 학부모들이 학교를 찾아 간식도 주고, 식사도 사 주곤 했다. 전규삼은 그때마다 화투를 꺼냈다. 지금으로선 상상도 할 수 없는, 오로지 그 시대만 가능했던 일. 김기중은 전규삼과의 고스톱을 회고하며 '상당히 앞서가신 사람'이라 했다. "한번은 제게 그러더군요. '네 아들놈(김경록)은 곧 죽을지도 모르는데도 죽어도 고(go)한다. 과감하고 뚝심이 있는 녀석이다'라고요. 무슨 말씀이냐 여쭈니 고스톱을 치면서 내리는 결정들을 보면 선수를 들여다볼 수 있다고 하더군요. 시종 집중을 못 하면서 갈팡질팡하는 아이, 조금만 더 하면 점수를 딸 수 있는데도 소심하게 스톱(stop)을 해 버리는 아이 등 성격을 읽는다는 겁니다. 일리가 있는 말이었어요." 학부모 입장에서 고스톱은 기절초풍할 일이지만, 그 뜻을 깊이 알았던 학부모들은 이내 전규삼과 고스톱을 즐기며 사는 이야기를 나누는 지경에 이르렀다.

그렇다면 전규삼이 친구 앞에서 고향 이야기를 한 적은 없었을까. 제자에게는 결코 약한 모습을 보이지 않았던 그였지만, 어쩌면 가식을 내려놓고 마음을 나누는 '친구'에게라면 그런 이야기를 꺼내지 않았을까 궁금했다. 김기중은 "이제는 기억이 희미하다고 하셨죠. 고향 생각이 날 때가 종종 있으셨던 거 같습니다. 그렇지만 이야기를 마치시면 울적해하셨어요. 저도 20년이 지난 일이라 구체적으로는 기억이 나지 않네요. 하지만 자주는 아니더라도 가끔 이야기를 꺼내시며 울적해하셨습니다"라고 회고했다. 전규삼은 1994년 가을 학교를 떠났다. 그러나 선수들 생각에 전규삼이 그만두지 않았다고 생각한 이유는 수도권에서 경기가 열릴 때면 늘 관중석에서라도 제자들을 보며 흐뭇하게 웃고 있던 전규삼의 모습 때문이 아닐까 싶다. 김경록은 "가끔 듣기로는 할아버지가 요즘도 꼼꼼히 경기를 보고 기록을 체크하고 있다고 하셨어요. 제가 중학생 때도 경기는 김진태 코치님에게 맡기고 할아버지는 벤치에 앉지도 않으셨거든요"라고 기억했다. 김경록이 고등학교에 올라가 송도고 유니폼을 입을 무렵, 전규삼은 한 계단을 더 내려간다. 김진태에게 모든 것을 물려준 것이다. 한국 전쟁 이후 지속됐던 전규삼의 농구가 막을 내렸다. 그러나 많은 이들은 구체적으로 그 시기가 언제인지, 왜 그래야 했는지 정확히 알지 못한다.

다만, 떠나는 과정이 위대한 여정에 비해 충분히 빛나지 못했다는 사실이 아쉬웠다는 것만은 동의한다. 지난 20년 간 정년 퇴임을 하거나 환갑, 산수, 고희 등을 맞은 원로 농구인들이 제자 및 동료 농구인들 사이에서 큰 박수를 받으며 자신의 농구 인생을 돌아볼 기회가 있었다는 점을 생각하면 아쉬울 따름이었다. 비록 '송도 농구'를 제자들에게 물려주고 내려왔지만 이것이 곧 전규삼의 '끝'을 의미하는 것은 아니었다.

제28화

정규삼의
농구는
끝나지 않았다

전규삼은 더 이상 코트에 서지 않았지만, 농구공은 여전히 굴러가고 있었다. '할아버지'라 부르며 따라다녔던 어린 제자들은 어느덧 정장을 입고 전규삼이 서 있던 그 자리에서 팀을 진두지휘하고 있었다. 프로농구 출범 후 이충희(남자농구 LG), 김동광(남자농구 삼성), 정덕화(남자농구 SBS/여자농구 삼성생명), 정태균(여자농구 삼성생명) 등이 지도자로서 자신들의 경험과 색깔을 뽐냈다. 그리고 경사를 맞을 때면 '고마운 분'으로 전규삼을 언급하는 것을 잊지 않았다.

2001년 4월 6일은 송도 농구가 다시 한 번 만인의 입에 오르내린 날이었다. 서울 잠실 실내 체육관에서 열린 2000-2001시즌 프로 농구 챔피언 결정전 5차전. 이날은 6개월 넘게 달려온 프로 농구 한 시즌이 대미를 장식하는 날이 됐다. 챔피언이 결정되고 축포가 터졌다. 귓가에는 '퀸(Queen)'의 'We are the champions'가 무한 재생 되고 있었고, 플로어에 샴페인 냄새가 진동을 했다. 어느 종목을 막론하고 수십 년째 바뀌지 않는 장면이지만, 누구도 지루해하지 않는다. 오로지 챔피언만 누릴 수 있는 특권이며, 그 기회는 누구에게나 쉽게 찾아오지 않기 때문이다. 2000-2001 시즌의 주인공은 삼성이었다. LG를 112-102로 이기면서 시리즈 전적 4승 1패로 우승을 결정지었다. 한국 남자 농구 최초의 실업팀이었던 삼성이지만, 프로 농구에서는 고전을 면치 못했다. 출범 첫 해였던 1997년에는 플레이오프도 오르지 못했고, 한동안 아래에서 맴돌았다. 스카우트 전쟁에서 '삼성 브랜드'는 늘 우세했지만, 리그 구성원 모두에게 공평하게 기회가 돌아가는 프로 농구 무대는 그렇지 못했다. 프로가 출범할 무렵, 삼성은 너무 늙은 팀이 되어 있었다. 구성원이 더 젊게 바뀔 필요가 있었다. 2001년은 그 작업이 훌륭히 끝난 뒤였다. '람보 슈터' 문경은과 '철인' 주희정, 식스맨 강혁과 김희선, 여기에 국내 선수들을 든든히 받쳐준 두 외국 선수 아티머스 맥클래리와 무스타파 호프까지. 2000-2001 시즌이 시작되자 삼성은 보란 듯 쾌속 질주 해서 시즌 내내 선두권을 놓치지 않았다. 삼성 특유의 농구 스타일도 인기를 끌었다.

그리고 그 중심에는 바로 김동광이 있었다. 삼성 지휘봉을 잡은 김동광은 특유의 카리스마로 선수들을 주도했다. 우승컵을 든 김동광은 며칠 뒤 스승을 향해 영상 편지를 띄우며 고마움을 전했다. "잘 키워 주셔서 감사드린다"며, "시즌을 치른다는 핑계로 찾아뵙지 못해 죄송하다"며 말이다. 이 장면은 〈KBS 언제나 청춘〉 프로그램을 통해 방영됐다. '사랑의 집배원'이라는 코너였는데, 작고한 코미디언 백남봉이 우편 배달부처럼 사연을 전달하는 역할을 맡아 전규삼을 찾아갔다. 당시 전규삼은 비교적 건강해 보였다. '활발하다'는 표현을 쓸 수 있는 정도는 아니었지만 자신을 표현하는 것이나, 거동은 전혀 불편함이 없어 보였다. 챔피언이 되어 스승을 다시 찾은 김동광은 스승에게 이렇게 인사를 전했다.

"만약에 운동을 하지 않았다면, 지금의 저는 없었을 것입니다. 누구를 가르치는 일이 쉬운 일이 아니더군요. 이기는 기술만 가르치는 게 아니라, 선수 하나하나 신경을 써야 했습니다. 가정 생활까지 신경 써야 하니까요. 예전부터 저희에게 '좋은 선수보다는 좋은 인간이 되어야 한다'는 말을 많이 하셨는데, 저 역시 저희 선수들에게도 이야기합니다. 농구기계보다는 인간이 되자고요. 제 가슴 속에 선생님이 남아있듯, 저도 오랫동안 선수들에게 기억되고 싶은데, 선생님처럼 될 수 있을지 모르겠습니다. 선생님 팔뚝에 매달릴 때가 엊그제 같았는데 이제는 제가 안아드릴 정도가 됐으니 세월이 많이 지난 것 같습니다. 항상 아버지 같고, 할아버지 같고 너무너무 고마우신 분이기에 어떻게 표현해야 할지 모르겠습니다. 지금의 저를 있게 해 주신 선생님께 제 이번 시즌 우승컵을 전해 드리고 싶습니다."

제자의 영상 편지를 보는 전규삼의 눈에는 눈물이 맺혀 있었다. "동광아, 몸조심하고 너희 선수들을 위해 열심히 힘써 주길 바란다"라고 짧게 인사를 전하는 전규삼.

"선수들 중에는 자기 실력의 30%밖에 못 내는 선수들도 많습니다. 어떤 선수는 80%를 내기도 하지요. 하지만 우리 김동광이는 120%를 냈어요. 투지도 있고, 담력도 좋고 의지도 강했죠"라고 회고한 전규삼은 "인간이 되어야 성공합니다"라는 특유의 레퍼토리로 훈훈한 격려를 마쳤다. 20년 가까이 지난 지금, 김동광은 당시에 대해 어떻게 기억하고 있을까. 실제로 그는 감독이 된 뒤 인천을 자주 찾지는 못 했다고 고백했다. 프로팀 감독이었던 그는 4월 우승 뒤에도 이를 자축할 겨를도 없이 새 시즌 준비에 돌입했다. 마침 어릴 적 헤어졌던 미국인 부친을 극적으로 찾으면서 바쁜 시간을 보냈던 것도 사실. 이처럼 스스로 "자주 뵙지 못했다"며 아쉬워했던 그였지만, 주변에서는 '그래도 가장 스승을 챙겼던 인물'을 이야기할 때면 여전히 김동광의 이름이 빠지지 않았다.

그리고 1년 뒤……. 또 다른 제자가 전규삼을 흐뭇하게 한다. 이번에는 감독이 아닌 선수였다. 2002년 3월 17일. 서울 하얏트호텔 그랜드볼룸. 2001-2002 시즌 최고의 선수를 발표하는 프로 농구 시상식장에서 대구 동양 오리온스 소속의 신인 선수 김승현이 '최고의 별'에 등극한다. 신인상은 물론이고, 시즌 MVP, 베스트5, 어시스트상, 가로채기상 등 5개 부문 수상자가 된 것이다.

신인 선수가 신인상과 MVP를 석권한 것은 김승현

이 최초. 신인상은 유효표 77표 중 76표라는 몰표를 받았고, MVP 투표에서도 39표를 얻어 서장훈을 2표 차로 따돌렸다. 국내 선수 신분으로 신장과 탄력이 뛰어난 외국 선수들을 상대한 서장훈의 활약도 훌륭했지만, 이제갓 대학을 졸업한 선수가 선배들 틈에서 코트를 호령한 모습도 충분히 인상적이었다. 특히, 소속팀 동양 오리온스는 1년 전만 해도 하위권을 전전했던 팀이었지만, 김승현을 맞으면서 일약 강팀이 되었다는 점도 가산점이었다. 동양은 이 시즌 챔피언 결정전에서 서장훈의 소속팀 SK를 4승 3패로 제압하고 창단 첫 우승도 품었다. 김승현은 이현준, 김경록과 함께 전규삼의 '마지막 키즈'였다. 그는 전규삼의 시대를 오래 겪진 못했다. 중학생 3년이 전부. 그러나 자유로우면서도 기본에 충실한 스승의 가르침이 있었기에 오늘날의 자신이 있었다며, 가장 고마운 인물로 전규삼을 꼽았다. 2년 연속 챔피언을 배출한 송도 농구의 위상이 드높아진 순간이었다.

〈조선일보〉는 김승현이 한참 프로 농구에서 센세이션을 일으킬 무렵 김승현과 인터뷰를 가졌다. 2001년 11월 28일. 김왕근 기자와의 인터뷰에서 그는 "뜰 줄 알고 있었어"라며 중학교 때부터 '싹수'가 있었다며 흐뭇해하기도 했다.

이 무렵, 전규삼은 동생 전규진과 함께 지내고 있

었다. 제자들은 그 무렵 전규삼은 반려자였던 김점례와 함께 지내지 않고, 동생 가족과 지냈다고 말했다. 오로지 가족만이 말할 수 있는 속사정이 있을 터. 측근들은 전규삼과 김점례 모두 건강 상태가 그만큼 안 좋았기 때문이 아니었겠냐고 추측했다. 신종철 역시 "막판에는 제가 병문안을 자주 갔었는데 할아버지만 계셨을 뿐, 할머니는 뵙지 못했습니다"라고 말했으며, 김동광과 박재수도 "왜 그랬는지는 잘 모르겠다", "정확히 기억이 나지 않는다"고 말했다.

다만 박재수는 인터뷰 중에 "몇 년 뒤에 할머니가 돌아가셨다는 연락을 받고 울산에 다녀왔다"는 말을 남겼다. 2002년 송도고 코치로 부임했던 최호는 "제가 알기로는 할머니도 거동이 정상적이진 못 하셨기에 같이 지내지 못했던 것 같다"고 돌아봤다. 보강 취재를 위해 수소문을 했지만, 안타깝게도 동생 전규진마저 세상을 떠난 상황에서 끝내 유가족들과 접촉할 단서를 찾지 못했다. 전규삼을 아버지처럼 모셨다는 신흥약국의 약사 역시 세상을 떠난 상태였고, 심지어 전규삼, 전규진 형제의 묘비를 관리하는 파주 동화 경모 공원 측에 연락을 해 "관리하시는 분께 연락처를 전달해 달라"고 했으나 이마저도 성공적으로 이뤄지지 못했다.

하지만 한 가지는 확실했다. 전쟁으로 인천에 온

이후 전규삼의 인생은 온통 농구뿐이었고, 그 존재는 '공기가 있어서 숨을 쉰다'는 말처럼 당연하면서도 중요했다는 것이다. 이는 '송도중학교 코치'라는 직함을 내려놓은 뒤에도 여전했다.

1994년 가을, 전규삼은 홀연히 송도 체육관을 떠났다. 모든 지휘권을 후배들에게 맡긴 채 말이다. 제자들은 그 뒤 전규삼은 중학교 바로 앞 신흥약국에서 자주 볼 수 있었다고 돌아봤다. 마침 약국을 운영하던 부부가 아이를 낳았다. 전규삼에게는 손자가 늘어난 셈이었다. 약국서 손님 응대에 바쁜 부부를 대신해 아이들을 돌봤다. 때로는 아이들을 안고 체육관을 찾곤 했다. 최호 코치는 "약국 부부가 거의 양자와도 같았고, 돌아가셨을 때도 나와 함께 상주 역할을 맡아 장례를 거의 다 치러 주셨다"고 돌아봤는데, 그 정도로 유대 관계가 좋았다. 그 와중에 농구 지도도 빼놓지 않았다.

새로운 곳을 찾았다. 산곡북 초등학교였다. 역사가 짧은 학교다. 1983년에 개교했다. 1975년생인 신기성이 1회 졸업생이었고, 1978년생인 김승현과 이현준이 4회 졸업생이었다. 김승현과 이현준이 5학년일 때, 여자부도 창단했다. 인근 초등학교 농구부 2개가 해체되는 바람에 산곡북 초등학교가 두 학교 선수들을 받아들여 농구부를 만든 것이다. 아이러니하게도 이 학교 농구부 역사는 남자부가 아닌 여자부가 이어간다. 이현준은 "누나들이 있었던 게 기억나요. 그런데 남자부는 저희 이후로 신입생을 거의 받지 못했어요. 자연스럽게 남자부가 없어지고 지금은 여자부가 명맥을 이어 갔지요"라고 돌아봤다. 전규삼은 1994년 말부터 이 학교의 농구부 고문을 맡았지만 공식 직함은 아니었다. 그 시기 어느 학교도 '고문'이란 직함을 만들고 제대로 된 월급을 주지 못했다. 그러나 전규삼은 개의치 않았다. 그에게 필요한 건 명예도, 돈도 아닌 '농구를 가르칠 아이'뿐이었다. 어느 순간부터 일생의 모든 것이 농구가 되었던 그에게 농구는 단 하나의 재산이었다. 총기를 잃지 않기 위해 아침마다 1시간 가까이 체조를 하며 체력과 건강을 유지했고, 책을 읽어가며 세월과 맞섰다. 이 모든 노력은 오로지 농구를 가르치기 위함이었다.

부평구 산곡동에 위치한 산곡북 초등학교는 전규삼의 거주지로부터 12km 넘게 떨어진 곳에 위치했다. 운전으로는 25분, 대중교통으로는 50분은 족히 걸리는 먼 거리. 제자들은 그 먼 곳까지 가서 말괄량이, 장난꾸러기들에게 농구를 가르치는 것이 못내 불안했다. 여든이 다 된 나이에 분명 쉽지 않은 일이라 봤던 것이다. 제자 심욱규와 유희형이 아이디어를 냈다. 사회에 진출해 자리를 잡은 제자들이 십시일반으로 적금을 들면 어떻겠냐는 것이다. 이 무렵 실업팀에서 뛰는 선수만 강동희와 심상문 (기아자동차), 김지홍(현대전자), 서동철(삼성전자) 등 무려 13명이었다. 문화 체육부 사무관으로 근무하던 유희형은 중소기업 은행 인천 만수동 지점에 그의 이름으로 통장을 개설해 전달하기로 했다. 정상적인 방법으로 돈 봉투에 넣어 전달했다면 한사코 거절했을 것이기에 통장 개설을 도모한 것이다.

유희형은 "잔치든, 뭐든 그렇게 모시려고 해도 어찌나 사양을 하시니 도리가 없다"고 말한다. 전규삼의 생활은 결코 넉넉하지 않았다. 중학교에 내려온 시점에서도 그는 정규 교사 신분이 아니었고, 고문도 아니었다. 그렇게 오래 근무를 했건만 퇴직 과정도 정상적이지 않았다. 김동광도 "할아버지가 정말 힘들게 지내셨기에 뵐 때마다 봉투에 용돈을 넣어 드렸던 기억이 있습니다"라고 말했다. 한 학부모는 "지도자들과는 정말 대조되는 행동이었다"고 말했다. 익명을 전제로 인터뷰를 나눈 그는 "요즘에는 절대 찾아볼 수 없는 스승이셨어요. 본인은 그렇게 좁디좁은 집에서 사는데도 물질적인 욕심은 절대 내지 않으셨어요. 청렴, 그 자체였습니다. 도와드리고 싶어도 한사코 거절했어요. 가끔은 너무 청렴하셔서 부담스러울 정도였으니까요. 그런 지도자가 흔치 않아요. 오히려 선수들 출전 시간이나 진학을 빌미로 먼저 요구하는 사람도 있었는데 전 선생님은 절대 그러지 않았습니다"라며 "힘들게 사셨는데도 오히려 남 걱정이 먼저셨습니다"라고 돌아봤다. 대면하지 못해 그 표정은 알지 못했지만, 휴대폰 너머로 들려오는 목소리에서는 조금씩 울먹임이 느껴졌다. '전규삼'이라는 사람을 취재하면서 굉장히 자주 겪은 일이었다. 그 감정이 고마움이든, 아쉬움이든 전규삼은 그를 추억하는 사람들을 울컥하게 할 무언가를 가진 인물이었던 것이다. 제자들의 도움을 피해 다니기도 했던 전규삼은 자신을 위한 그 돈이 학생들에게 돌아가길 원했다. 1995년 〈우리교육〉에 소개된 전규삼과 자유기고가 김서령의 인터뷰에서도 이런 마음이 잘 드러났다.

"3월인데도 아직 체육관 안은 춥다. 선수 어머니들이 가끔 들러 빵조각을 사놓고 가기도 하지만 운동에 쏟을 수 있는 학교 예산이 터무니없이 적어 전 선생으로서는 아주 안타깝다. 아동을 위한 국가적 차원의 운동 진흥책이 마련되면 좋겠다는 생각을 늘 해 보곤 한다."

전규삼이 얼마나 오래 산곡북 초등학교에서 고문 역할을 했는지는 기록에 남아있지 않다. 슬프게도 '고문' 직은 팜플렛에도 이름이 남지 않기 때문이다. 아마도 이는 지도자 전규삼의 마지막 활동이었을 것이다. 그러나 그의 농구는 제자들의 선전 덕분에 끊임없이 재조명을 받았다. 2000년 3월에는 제6회 코카콜라 체육 대상 시상식에서 우수 지도자상을 수상하기도 했다. 코카콜라 체육 대상은 1995년 대한민국 스포츠의 발전을 위해 기획한 국내에서 가장 오래된 아마추어 스포츠 시상식이다. 농구 지도자 중에서는 전규삼이 유일하다.

제29화

참스승

2019년 6월 16일, 송도중 체육관이 오랜만에 북적거렸다. 머리 희끗한 노인부터 한눈에 봐도 운동선수라는 것이 느껴지는 큰 체구의 청년들까지. 10대부터 70대까지 다양한 연령대의 '거인'들이 체육관을 바라보고 있었다. 누군가의 시대에는 아예 체육관도 없었을 것이고, 다른 누군가의 시대에는 하도 천장이 낮아 높이 던지는 슛은 꿈도 못 꾸었을 것이다. 다시 저 체육관에 들어가고 싶어 이를 악물고 운동한 이가 있는가 하면, 반복 훈련이 지겹다며 도망갔다가 급히 후회하고 돌아온 그래서 문을 열면 뭐부터 해야 하나 우물쭈물했던 이도 있을 것이다. 참석자 명단을 보았다. 1967년에 송도고를 졸업한 유희형부터, 2015년 졸업생 박준영, 장태빈까지 거의 모든 세대가 학교를 찾았다. 이 역시 참 드문 일이다. 각자의 기억은 다르겠지만, 이들이 모인 이유는 같았다. 시대를 관통하는 리더십으로 수많은 제자를 길러내고 스타를 배출한 지도자, 전규삼을 위한 흉상부조 제막식에 참석하기 위해서였다. 송도 중·고등학교 총동창회와 송도 중·고등학교 농구 후원회는 전규삼의 흉상을 제작해 현관에 부착했다.

총동창회장 정규성은 "정말 뜻깊은 날입니다. 송도 농구와 한국 농구 발전에 크게 공헌하신 코치님의 기념동판을 코치님의 숨결이 녹아있는 체육관에 설치하게 됐습니다"라며 기뻐했다. 제자들의 십시일반으로 마련된 동판. 이제 체육관에 들어설 때마다 모두가 스승을 마주하게 될 것이다. "좀 더 빨리 해 드렸어야 하는데 늦은 감이 있어 송구스럽습니다." 1978년 졸업생 정태균의 말이다. 행사가 끝난 뒤 유희형은 운동장을 한참 바라봤다. 전규삼과의 첫 만남이 이뤄졌던 곳. 그는 내게 넌지시 말했다. "저쯤이었어요. 우리가 농구한 곳이. 그땐 체육관도 없었죠. 손에 입김 불어가면서 농구했었는데……. 그러다 교실을 이어 붙여 만든 것이 저 체육관의 시작이었어요. 하하."

그때 덩치 큰 사내가 조심스럽게 말을 건넨다. "선배님, 오셨습니까." 1991년 졸업생 최호다. 최호가 1972년 생이고 유희형이 1949년생이니 거의 아버지뻘이다. 무엇보다 유희형이 졸업 후 전규삼을 아버지처럼 극진히 모시고, 송도 중,고등학교 농구부가 그 특유의 문화를 유지할 수 있도록 힘을 써 온 것도 잘 알려졌던 만큼, 후배들입장에서는 말 그대로 '하늘 같은' 느낌일 수밖에. 게다가 최호는 송도 고등학교에서 코치를 맡고 있었다. 프로에서 은퇴한 직후였던 2002년 모교의 코치로 부임해 18년째 송도고를 지켜 왔다. 전규삼을 제외하면 가장 오래 팀을 끌어온 셈이다. 덧붙여 전규삼의 마지막 모습을 지킨 인물이기도 했다. 최호 코치에 따르면 전규삼은 세상을 떠나기 직전까지도 송도고를 찾았다. "거동이 정상적이진 않으셨어요. 오래 병원에 누워 계실 정도의 지병이 있었던 것은 아니지만 아무래도 연세가 있다 보니 그 먼 길 오시기가 수월하진 않으셨죠. 가끔, 아주 가끔 사람을 못 알아보시는 그런 증상도 있었지만 '치매'라고 하기에는 그 기간이 짧았고요. 괜찮으실 때는 학교에 오셨습니다." 최호 코치의 말이다. 그는 자신이 코치가 되었을 때도 전규삼이 덕담을 해 주었다고 기억했다. "마지막에 저와 아이들에게 해 주신 말씀은 30년 전 제가 들었던 이야기와 크게 다르지 않았습니다. 기본기를 잊지 말아야 하고, 루즈볼을 포기하지 말고……. 같은 이야기셨어요. 그렇지만 '나라면 이렇게 지도했어'라는 식으로 애들을 어떻게 지도해야 한다는 식의 말은 일절 하지 않으셨죠. 그저 동작에 관해서만 기본을 강조하셨어요. 할아버지다우신 말씀이셨죠." 그래서 그 역시 지금도 그 신념을 갖고 지도하고 있다 했다.

"제 자신이 낮아져야 하더군요. 아이들보다 위에 있고, 잘났기 때문에 가르친다는 생각은 굉장히 안 좋습니다. 아이들에게도 배울 것이 있으니까요. 꾀부리고 노력을 안 하는 선수들도 간혹 있을 수 있지만, 안 되는 아이들에게는 '왜 안 되냐', '노력이 부족한 것이 아니냐'는 말보다는 눈높이를 맞추고 함께 노력해야 해요. 최선을 다하는데도 안 되는 경우도 있지만, 어른이라고 다 정답은 아니기 때문에 선수들을 대할 때의 자세부터 바로 갖고 도전하는 것이 중요할 것입니다. 편견 없이 아이들을 대하는 것, 그게 바로 선생님께 제가 배운 겁니다. 우리 학교 선배님들도 다 제게 '할아버지 같은 지도자가 되어라'라고 말씀하십니다. 평생을 해도 그게 제일 어려울 것 같지만요."

김동광이 프로 농구 우승팀 감독이 되고, 김승현이 프로 농구 MVP에 선정되고, 제자가 모교 감독이 되는 장면을 차례로 지켜본 전규삼. 그는 2003년 5월 8일 밤 9시, 88세의 일기로 세상을 떠났다. 지병인 심근경색으로 인해 인천 의료원에 입원, 결국 어버이날을 넘기지 못했다. 유희형부터 김동광, 이충희, 강동희까지. 모든 제자들이 눈물을 감추지 못했다. 유희형의 동기인 서상철은 "대구에서 감사로 일하고 있을 때였습니다. 그래서 임종을 지켜보지 못한 것이 너무나 안타까웠죠. 임진강 쪽에 모셨는데 거기서 마지막 가시는 길을 봤습니다"라고 당시를 돌아봤다. 강동희와 전일우 등은 장례식 당시 밤낮을 울었던 기억밖에 없다고 했다. 부모를 잃은 것 같은 심정이었다고 했다. 강동희는 "사흘 밤낮을 울어 대다 지쳐 쓰러졌습니다"라고도 말했다.

1987년 졸업생 신동재는 이런 말도 했다. "저는 할아버지처럼 되고도 싶었고, 할아버지처럼 살면 안 되겠다는 생각도 했었어요." 왜일까. "할아버지를 보면서 저렇게 베푸는 사람이 되고 싶다는 생각도 했죠. 하지만 할아버지처럼 본인은 챙길 줄 모르고 제자들만 생각하는 것도 참 힘들었겠죠. 뭔가 더 해 드리고 싶어도 '나는 한 달에 20만원만 있으면 돼'라며 한사코 거절하시고. 그걸로 제자를 더 챙기길 바라셨죠. 제게는 영원한 스승님입니다."

영결식은 전규삼의 역사가 시작된 송도중 체육관에서 이뤄졌으며, 장지는 그의 고향이었던 개성에서 가까운 이북5도민 묘지인 파주의 통일 동산에서 거행됐다. 긴 세월, 오로지 농구와 제자만 바라보며 달려온 전규삼. 그의 영결식 당시 이뤄진 유희형의 조사(弔詞)를 소개한다.

우리 모두가 그토록 존경하고 사랑하던
송암 전규삼 선생님을 떠나보내며

생자필멸(生者必滅)이요, 회자정리(會者定離)라 했습니다. 사람은 누구나 한 번은 죽게 마련이요, 사람이 서로 만나 아무리 사랑하고 존경하고 우정이 깊어도 한번은 꼭 헤어지게 마련이라는 삶의 이치를 모르는 바 아니지만 오늘 이처럼 존경하는 선생님과 영원히 헤어진 다고 생각하니 섭섭하고 안타깝고 애석한 마음을 무어라 표현할 수가 없습니다. 이렇게 허망하게 보내 드려야될 줄 알았더라면 좀 더 자주 찾아뵙고 좀 더 잘해 드릴 걸 그랬구나 하는 회한이 뜨거운 눈물이 되어 저희들 모두의 가슴속으로 흘러내리고 있습니다. "인생의 연수(年數)가 70이요, 강건하면 80"이라고 했고 우리 사회의 보편적인 인식으로 보아서도 89세시라면 어느 정도 수(壽)를 누리셨다고 생각할 수도 있지만 그래도 저희들은 선생님과 헤어진다는 것이 너무나 서글픕니다.

선생님을 향한 사랑과 존경이 너무도 크기 때문에, 저희들 곁에 영원히 아버지처럼 큰 바위처럼 항상 함께 계시기를 바라는 마음을 금할 길 없습니다. 그게 안 된다면, 시원하고 아늑한 그늘을 드리워 주는 아름다운 거목(巨木)처럼 다만 몇 년이라도 더 머물러 주셨으면 하는 한결같은 마음으로 '선생님의 가족, 제자, 선생님을 존경하는 분'들이 이 자리에 모였습니다.

송암 전규삼 선생님, 전규삼 할아버지! 선생님을 지칭하는 많은 말들이 있습니다. '농구계의 별'이라고도 하고 '농구계 대부'라고도 하며 '농구계의 역사'라는 표현도 있습니다. 모두 다 맞는 말씀이며 선생님의 업적을 높이 평가해주는 고마운 찬사임에 틀림없습니다. 그러나 이와 같은 화려한 지칭보다는 '참스승'이라는 표현이 더 어울릴 것 같습니다. 선생님은 진정 이 시대 최고의 '참

스승'이셨습니다. 경기에 임해서는 수단과 방법을 가리지 않고 꼭 이겨야 한다는 냉혹한 승부 정신만이 판을 치며 살벌하기 짝이 없는 '정글의 법칙'이 지배하는 이 나라 스포츠계의 풍토 속에서도 선생님께서는 전혀 다른 스승의 길을 걸으셨습니다.

독기 서린 승부 정신과 스파르타식 강훈련만이 유일한 살 길인 양, 비인간적인 매질과 욕설을 전가의 보도처럼 휘두르던 보편적인 지도자들의 지도 방법을 잘못된 것이라 판단하시고 선수들을 사랑으로 교육시키셨습니다. 매를 드시기는커녕 화를 내시는 법도 결코 없으셨던 선생님. 더 나아가서 선수들의 학과 시간 출석 상황과 학업 성적까지도 일일이 챙기시며 수업에 충실할 것을 당부하셨던 선생님.

그래 가지고서야 어떻게 큰 경기에서 이길 수 있겠느냐고 주위의 걱정 어린 시선을 받으면서도 조금도 흔들리지 않고 교육자다운 대도(大道)를 걸으셨던 선생님.

그러나 결과는 선생님의 승리로 나타났습니다. 그냥 승리가 아니고 그야말로 완벽한 대승이었던 것입니다. 그래서 선생님은 교육자로서 '참스승'이 되셨고 스포츠 지도자로서 '위대한 승리자'가 되셨습니다. 우리의 자랑스런 모교 송도 중·고교가 한국 최고의 농구 명문교로 우뚝 서게 된 것도, 선생님의 가르침을 받은 저희들이 오랜 세월 이 나라 농구를 이끌어 간 괜찮은 선수 또는 지도자로 활약할 수 있었던 것도 모두 선생님 덕분이었습니다. 이 시간, 저희들 모두는 마음의 무릎을 꿇고, 머리를 깊이 숙여 존경하는 선생님께 감사의 큰절을 올립니다. 금전적으로 형편이 별로 좋지 않으신 줄을 우리 모두가 잘 아는데도 선생님께서는 남모르게 어려운 처지의 선수들에게 사랑의 손길을 보내 주셨습니다. 형편에 따라 농구화를 사 주시기도 하셨고 병원비까지도 부담해 주셨습니다. 농구화나 병원비처럼 눈에 보이는 그것이 큰 게 아니라 그 속에 담겨진 선생님의 사랑이 더 값지고 고마운 것이었습니다. 저희들은 그 사랑을 잊을 수 없습니다.

좋은 학벌과 해박한 지식, 높은 철학, 성실하신 자세 등을 지니셨기에 다른 사람들처럼 영광의 길을 추구하셨더라면 더 화려한 위치에 서실 수도 있었던 선생님. 그러나 때로는 무보수로, 때로는 임시직으로의 척박한 가시밭길을 걸으시면서도 오로지 농구 지도자로 만족하셨던 고마우신 선생님, 우리는 선생님이 가장 위대하게 보입니다. 선생님, 싫어도 이제는 선생님과 영원한 작별을 고해야 될 시간입니다. 근심 걱정 없는 편안한 곳으로 안녕히 가십시오. 이 순간 저희들이 육신으로는 이별을 하게 되지만 영원히 함께할 수 있는 길이 하나 있다고 생각합니다. 이 나라 농구계, 아니 스포츠계의 큰 등불이셨던 선생님의 가르침을 마음 속에 깊이 새기고 저희들 모두가 각자 작은 등불이 되어 선생님의 가르침과 사랑하심대로 이 나라 스포츠계를 비추는 것입니다. 그

렇게 되면 선생님은 영원히 우리와 함께하시는 것이 될
것입니다. 존경하고 사랑하는 전규삼 선생님, 안녕히 가
십시오. 이제 편안한 곳에서 고이 잠드시옵소서.

2003년 5월 11일

제자 유희형

에필로그

창조농구, 21세기에 각광받다

2019년 1월 5일. 잠실 학생 체육관. 서울 SK 나이츠와 부산 KT 소닉붐의 정규 시즌 경기. 연장까지 가는 접전의 뜨거운 열기를 반영하듯, 캐스터의 데시벨도 계속 높아진다. SK 스타 김선형이 레이업을 넣자, 목이 터져라 소리를 지른다.

"김선형! 김선형! 김선형입니다!" SK 가드 김선형. 송도고가 낳은 프로 농구 현역 최고의 스타. 이날 KT를 맞아 김선형은 49득점을 기록했다. 49점은 우지원(70점)과 문경은(66점) 이후 국내 선수 최다 득점 3위 타이 기록(1997년 김영만)이다. 김선형은 전규삼에게 직접 농구를 배운 적은 없다. 그러나 송도의 정신만은 물려받고 있었다. 자율적인 농구. 승패를 떠나 기본기를 중요시 여기는 그 송도만의 문화는 선배들의 보살핌 속에서 계승되고 있었다. 이들을 지도한 최호 코치나, 그를 고용한 박재수 선생 역시 전규삼의 제자였기 때문이다.

프로 농구는 20년을 넘기면서 '기술 실종의 시대'를 맞고 있었다. 화려한 드리블이나 패스워크 대신 기계적인 플레이만 반복하다 보니 지루하다는 평가까지 나왔고, 그 평가를 증명하기라도 하듯, 관중 수도 줄고 있었다. 사람들은 테크니션이 필요하다고 입을 모았다. 김선형처럼 팬들을 즐겁게 해 줄 플레이가 필요하다며 말이다. 사람들은 다시금 한 사람의 이름을 떠올린다. 전규삼. 송도고에서 반 세기 가까운 시간 동안 수많은 전설들을 배출한 그 이름을 그리워하며 "오늘날 아마추어 농구에 가장 필요한 인물"이라 말했다.

"시대를 앞서간 분입니다." 최호 코치의 말이다.

"시대만 앞서갔을까요. 저는 대한민국 제1호 스킬 트레이너라고 생각합니다." 국내에 스킬 트레이너라는 직종을 탄생시킨 안희욱이 자신 있게 말했다. '기술의 필요성'이 대두될 무렵, 한국에서는 안희욱을 시작으로 박대남, 김현중 등이 스킬 트레이닝 시장에 도전했다. 그들에게 전규삼의 훈련 방식을 설명하면 믿지 못하겠다는 반응을 보인 다. 1960년대부터 스텝백, 크로스오버 드리블,

362

훅슛 등을 지도했다는 것이 믿기지 않았다는 것이다. "할아버지는 늘 말씀하셨죠. 키가 작으면 작은 대로 극복해야 했고, 큰 선수들은 작은 선수들 기술을 배울수록 더 강해질 거라고. 그런데 그게 누구에게 배운 것도 아니고 TV를 본 거도 아니었어요. 그저, 본인이 생각하고 연구하면서 떠올린 동작이었죠. 사실 모든 선수들이 그 동작을 100% 따라 하지 못했어요. 어쩔 때는 개그를 한 것 같았죠. 하지만 그렇게 몸에 익히다보니 유연해지고 실전에서도 비슷하게 만들어졌어요. 그런 기본기 덕분에 우리는 대학교, 실업팀에 가면서 더 성장할 수 있었습니다." 강동희의 말이다.

김선형이 49점을 올리던 날, 그의 고교 선배이자 KT 감독을 맡고 있던 서동철은 "김선형 한 명에게 당한 경기였습니다"라며 고개를 떨어뜨렸다. 그 역시 다른 이들의 말에 동의했다. "키 큰 선수를 상대로 이길 수 있는 농구를 하셨어요. 근데 생각해 보면 그 시절에 그걸 어떻게 정립했는지 모르겠습니다." 그러면서 그는 "오늘날 초등학교나 중학교에서 그런 농구를 가르치셨다면 어땠을까요? 요즘 농구에 진짜 필요하신 선생님이 아니셨나 싶습니다"라며 아쉬워했다.

전규삼같은 사람이 50년만 늦게 태어났어도……. 한국 농구는 조금은 더 달라지지 않았을까. 흥미롭게도 전규삼 본인도 그 말을 한 적이 있다. "50년만 늦게 태어났더라면……." 이 글에서 여러 번 인용된 〈우리교육〉에서 그와 인터뷰한 자유 기고가 김서령은 자신의 글에 전규삼이 무심코 그 말을 내뱉었다고 기술한다. 전쟁과 역사라는 괴물에 의해 가족을 잃고, 고향을 잃었던 전규삼은 인천에서 농구와 제자를 위안 삼아 그 고난을 이겨냈다. '통일', '상봉'이라는 그 꿈은 접은 지 오래. 말년에는 오로지 제자들이 건강하고 농구 저변이 넓어지기만을 바랐다는 전규삼은 왜 '50년만 늦게 태어났더라면'이라는 말을 했던 것일까. 좀 더 건강한 모습으로 자라나는 새싹들을 위해 '송도 정신'을 전파하길 바랐던 것은 아니었을까.

2014년, 송도 중학교는 전규삼의 이러한 정신을 기리는 뜻에서 '전규삼배 초등학교 농구 대회'를 창설했다. 제1회 대회는 2014년 12월 13일, 송도 중학교 체육관에서 시작됐다. 이 대회는 순수 아마추어 대회로 대한민국 농구 협회에 비등록된 초등학교 농구팀만 참가하게 했다. 제1회 대회에는 12개팀 114명의 새싹들이 출전했고, 옥련초가 우승했다. 당시 송도중 교장이었던 기원서 교장은 "전규삼 옹이 평생을 바친 체육관에서 이런 대회를 열 수 있어 영광입니다. 이를 계기로 그의 지도 철학이 더 큰 대회로 확산됐으면 합니다"라고 말했다. 이 대회는 여전히 진행되고 있다. 2020년에는 코로나 바이러스 확산으로 인해 열리지 못했지만, 2019년에는 6월 16일에 제 6회 대회가 열려 선후배들이 힘을 보탰다.

아직 지역 방어가 무엇인지, 스크린 플레이가 무엇인지 잘 모를 나이였지만 코트 위에서 공을 잡고 있는 어린이들에게 그런 것은 중요해 보이지 않았다. 내가 코트에서 공을 갖고 친구들과 뛰어놀고 있다는 그 사실, 그 자체에 몰두하고 있었던 것이다. 만일 전규삼이 이 장면을 보고 있었다면 어땠을까. 아마도 흐뭇한 미소를 지으며 무엇을 가르쳐 줄지 행복한 고민을 하고 있지 않았을까. 자나 깨나 농구 가르칠 생각만 했던 그였다면 충분히 가능한 일이다.

전규삼의 영정 사진 ┃송도 농구부 제공

전규삼과 그의 첫 제자 유희형, 서상철 | 유희형 제공

2019년 6월 16일, 그의 제자들은 스승을 위한 동판제막식을 가졌다 | 점프볼 제공

동은 농구스타들을 길러냈다. 그의 숭고한 정신 앞에 동료 농구인들이 예를 갖췄다. | 강현돈 제공

책 발간에 참여해주신
후원자 여러분께 감사드립니다

유틸리티 가이
이현준
윤형중
김은주
redfo****
iov****
이혜리
영선
송도고 김상우
par
루나
uc****
Tim Park
한솔로
이현주
김동욱
김진수
장정욱
JJ REDICK
걸돈K1
newmin
Yohwan Park
hea****
중경삼림
mun****
제이케이
canon****
마이클
개뽀록훅숏
김세훈
김윤호
hubba****
흑엽
강정호

웅
김준우
김종보
Der Neugierige
Jan
perry****
황병우
타조알
으캉캉
Ego
드림숏
픽션액션
JaeGun Kwak
이승환
퇴탕규
업템포원
toro****
judypa****
yuncastor
rook****
취미가
차라의숲
용주
박진호
개드리퍼
chajaei****
무장전선
지일상
dsfskf
널보면서지이방카야
bongso****
이보미
몬테스튜
행복지기 서울

프라샨티
햄톨이
건전지맘
이쁜아거
다인아인맘미션
아항
medikn****
fullofl****
kcors****
도루왕이승엽
lsw****
rlarms****
작은콩
훈빈
가익가 해준
유노
허플퍼프
김성배
jck****
664****
존테리
darklunacy
엘제이
be****
tjgml****
Taeyung Kang
Janus
번아웃12번
히히
이진성
얀수기
우타우이누
구민회
Kim Jin Su

나다
e024****
노경용
박상익
oko****
뉴듀
박장대소
praxis****
화니
bboy****
patien****
숨은바람
피자왕
서준아빠
나다나양ㅇㅇ
종선v
용기
싱기후니
누룽지
김병국
yangwenli
아이재우
영원
pureu****
씨엘
하이도
정우현
이덴트
비기비기
갸하
럽농구
sa****
Hoon421C
alci****
동해와서해
초고리
g***
김주현
리프

Baloncesto
웅꽈웅꽈
lhs****
FelixCulpa
배용현
cruelass****
Blue4Motion
한아름
공굴리김
오왕굳
시종연
황승주
김평
bugl****
구르는돌
Seokjoo Lee
jumpba****
치즈듬뿍나쵸
Jin Cheul Kim
DW롸잇
y****
1203a
jcr
델피에로
ㅇㅇ
털보마왕
인디공
HONEYBEE
지호
--
일스Ofiicial
피프티로즈
Seokmin Lee
Wbc no7
yellowcard
안서니데이비스
휘리
제이공주맘
nyw****

why00
김태준
j****
뚜껑뽕따
박재수
비-
주장훈
최중복
몽상가
권혁
김지완
내가떴다
김무성
샌포포비치
꼬맹이
박준영
스다만커리
장태빈
qjarn0523
d역전의명수b
이동준
exe****
오영호
--
호룽
보아레스
히든
Sang-Hoon Kim
양작가
toyw****
코크홀릭 외계오징어
kooolil
swi
Kappa
Junmin Kim
사과나무

시대를 앞서간 농구코치 전규삼

오른손을 묶어라

© 손대범

지은이 | 손대범

펴낸곳 | 팩트스토리㈜

기획자 | 고나무

표지디자인 | 김진영

주소 | 서울특별시 마포구 효창목길 6, 4층(공덕동)

출판등록 | 2017. 12. 29 (제2017-000335호)

전자우편 | dokko@factstory.kr

ISBN | 979-11-91564-01-3 03800